高职高专全息化经济管理类教材

精睿

世纪精睿

连锁企业门店经营实务

主　编　王志伟

上海交通大学出版社

内 容 提 要

本书围绕连锁企业门店经营实务展开,内容涉及开店规划、开业登记、商店设计、商品采购、陈列、销售、人员、财务、日常、后勤管理,全书采用项目式教学编写,配有丰富的批注、资料、案例,适合高职高专经济管理类专业学生使用。

图书在版编目(CIP)数据

连锁企业门店经营实务/王志伟主编. —上海:上海交通大学出版社,2012(2020重印)
全息化经济管理类教材
ISBN 978-7-313-08017-2

Ⅰ.连... Ⅱ.王... Ⅲ.连锁店—经营管理—高等职业教育—教材 Ⅳ.F717.6

中国版本图书馆 CIP 数据核字(2012)第 276255 号

连锁企业门店经营实务
王志伟 主编
上海交通大学出版社出版发行
(上海市番禺路 951 号 邮政编码 200030)
电话:64071208
苏州市古得堡数码印刷有限公司 印刷 全国新华书店经销
开本:787mm×1092mm 1/16 印张:19.25 字数:472 千字
2012 年 7 月第 1 版 2020 年 7 月第 2 次印刷
ISBN 978-7-313-08017-2 定价:68.00 元

前　　言

根据《面向 21 世纪教育振兴计划》提出的实施职业教育课程改革思路与高等职业院校人才培养目标的要求,同时为满足高等职业院校人才培养和全面素质教育的需要,我们编写了《连锁企业门店经营实务》这本教材,以供高等职业院校商贸类专业的学生使用。

本教材主要有以下特点:

(1)着重培养学生的职业素养和岗位实践能力。本教材对教学内容的选择标准作了根本性改革,打破以知识传授为主要特征的传统教材模式,转变为以项目与任务为中心组织教材内容,让学生在完成具体项目的过程中来构建相关理论知识,并发展职业能力。同时,本教材以"连锁企业门店开设——门店展业经营——门店经营管理——门店拓展或退出"为主线,着重阐述在连锁企业门店经营活动中的各种问题以及如何实际解决这些问题的思路、方法和程序,使学生能运用所学的连锁企业门店经营实务知识对门店开办、经营过程中的有关业务进行实际操作、有关问题进行实践解决。

(2)面向未来市场发展,突出实用性和新颖性。本教材内容以介绍连锁企业门店经营领域的典型项目和工作任务为主,共分十个项目、三十四个任务。其中前六个项目是以"连锁企业门店开设—门店开业登记—门店设计—门店商品采购—门店商品陈列—门店售出商品"为线索,促使学生通过这六个项目的学习,掌握未来从事职业店长职务所需的展业开店能力,同时着重提高学生在展业开店过程中所需的调查分析与市场预测能力、商务谈判与营销能力、设计美学运用能力与消费态势把握能力,后四个项目则着重促使学生掌握连锁企业门店日常经营管理过程中的主要操作技能,这既是学生未来从事连锁企业门店店长职务工作所需的各项基本技能,同时也是从事连锁企业门店员工工作的基本要求。在教材的编写中,我们尽可能做到对学生有用的就编入教材,对学生无用的就不编,对学生作用不大的则作简单介绍。力求做到内容与形式的新颖性,以适应我国商业经济与市场发展变化的新趋势,以缩短教学与经济建设的距离,缩短学生毕业后的适应期,并兼顾学生的发展。

(3)增加图表比例。对教材中可用图表表示的知识点,尽量用图表表示,教材中大量的图片和表格使本教材内容更加易于理解,更易于讲授,更便于学生掌握。

(4)注重实践教学。本教材要求教师在教学过程中以实地调查、模拟操作、课堂讨论等方式展开实践教学,其要求可操作性强、步骤清楚,留有让学生思考和发挥的余地,能很好地培养学生的实践操作能力。

本教材除作为高等职业院校商贸类专业的专业课教材使用以外,也可作为社会各界从事连锁企业门店经营活动人员的自学用书和各类商贸培训活动的培训教材。

本教材每个项目卷首有"项目结构图"、"学习目标"、"驱动任务"与"案例导读",每项目内还穿插了"相关知识链接"、"案例分析"、"批注栏"等栏目,每个项目后有相应的"经典案例赏析"、"思考与练习",这些都能很好地开阔学生的眼界,启发他们的思维,帮助他们理清思路和检查学习效果。

本书在编写过程中,参考了大量的报刊书籍资料,谨向原著作者深表谢意!

由于编者水平有限,书中不足之处在所难免,敬请同行及读者不吝赐教。

编 者

2012 年 4 月

目 录

赠送课件说明：

充实教学内容、丰富教学资源、改进教学方法是高校教师提高教学质量的基本思路，也是我们编写教材的宗旨。为方便教师教学，我们配套制作了本教材的教学课件，免费提供给使用本教材的教师。为保证教师获得课件，请授课教师填写开课情况证明，同时注明联系方式，并邮寄（或传真）至下列地址，我们将在 48 小时内寄出课件，或向教师提供用户名和密码，在本社网站（www.jiaodapress.com.cn）上下载课件。

联系人：王华祖

地址：上海交通大学出版社职教事业部　　上海市番禺路 951 号

邮编：200030

电话：(021)61675235,(021)64073126(fax)

Email:jimshua@hotmail.com

项目一 开店规划

本项目内容结构图

```
                          学习目标
        ┌──────┬──────┬────┼──────┬──────┐
     驱动任务  案例导读  知识讲解  经典案例分析  思考练习
                          │
              ┌──────┬────┼──────┬──────┐
            任务一   任务二   任务三   任务四
            准备     确定     选择     进行
            开设商店  商店定位  商店店址  投资分析
```

学习目标

- **终极目标**

能根据自己的实际情况正确选择开店方向、店铺业态,能为店铺选择合适的店址,并能进行开店投资概算。

- **促成目标**

(1)理解创业、开店方向选择与店主自我评价的基本内容与方法,并能根据实际情况正确选择开店方向。

(2)理解并掌握市场调查与零售业态的基本内容,并能实际运用选择店铺合适业态的技巧。

(3)理解并掌握商圈分析与店址选择的内容与技巧,并能运用所学知识为店铺选择合适的店址。

(4)理解并掌握投资概算与资金筹措的方法与内容,并能为新开店铺概算所需资金。

驱动任务

(1)在了解市场动向与科学自我评价的基础上,为开店创业选择开店方向。

(2)为确定的开店方向,选择合适的零售业态。

(3) 通过商圈分析,为店铺选择合适的店址。

(4) 为新开店铺作投资概算,选择合适的筹资方式。

📝 案例导读

连锁经营时代独立小书店的生存之道

20世纪70年代末期,美国许多独立小书店经营摇摇欲坠,好像即将迈入历史。由于连锁书店来势汹汹,连百货公司也因无法竞争而放弃进书,全美有近7000家书店成为连锁书店的一环,美国国内近半数的书就是在这类书店中贩卖出去的。

面对连锁书店的威胁,独立小书店不少被迫关门。但有些小书店却不甘败北,他们对自己的书店进行了改革,如亚特兰大的牛津书店,为了让顾客有更多的翻阅时间,每天午夜才打烊,周末甚至开到凌晨两点,还附设美食咖啡厅,提供三明治、甜甜圈、咖啡和茶;丹佛市一家名为"断简残编"的书店,为顾客代寻罕见书籍,每周至少吸引2000名顾客。利用诸如此类的举措不仅使这些书店在竞争激烈的图书市场中得以生存下来,而且取得了良好的经济效益。不仅如此,一些新开的小书店也以自己的差异化服务获得了市场,赢得了顾客,取得了成功。

> 分析:那么这些书店是如何做到这一点呢?为什么他们能在竞争激烈的市场中取得成功呢?(通过对本项目的学习,你将找到这些问题的答案。)

任务一　准备开设商店

📖 学习目标

- **终极目标**

能根据自己的实际情况正确选择开店方向。

- **促成目标**

(1) 了解商店经营的4个阶段、经营的原则及赚钱店铺的特征。

(2) 了解开店方向的选择与店主自我评价的基本内容与方法。

📚 工作任务

工作任务书(1-1)

总体任务	店铺的成功因素分析、自我评价和开店方向确定
具体任务	(1) ××成功店铺的成功因素分析 (2) 店主自我评价与开店方向的确定

📢【活动】一　　　××成功店铺的成功因素分析

【活动目标】

(1) 培养学生观察判断的能力。

(2) 培养学生分析评价的能力。

【活动内容与要求】

(1) 将全班分成 A、B 两组,相对而坐,围成圆圈。

(2) 教师通过抽签,给每组发放一份经营得比较成功的连锁门店资料。

(3) A、B 两组分别根据发放的资料分析评价门店成功的因素,然后互换资料,再由 A 组来评价 B 组的分析有没有问题,反之亦然。

(4) 分析的重点:在较短的时间内扫描资料,找出重点,探究原因,并对其归纳总结。

【成果与检测】

(1) 能分析出 3 个成功要素的组为良好,5 个以上者为优秀。

(2) 评价方态度积极、观点正确为良好,表现突出为优秀。

📢【活动】二　　　店主自我评价与开店方向确定

【活动目标】

训练学生根据自己兴趣、爱好、技能以及市场发展情况来选择开店方向的能力。

【活动内容与要求】

(1) 课前要求学生向同学、家人、老师征询,了解他人眼中自己的个性、兴趣、爱好、人际关系,同时了解当地的商业市场情况。

(2) 事先为学生准备"个性测试表"、"你适合开店创业吗"测试表、"你的人际关系如何"测试表、"你适合这个行业吗"测试表等,课堂上请学生进行自我检测。

(3) 每位学生综合自我测试和征询意见,全面地认识自己,然后请每位学生根据自己对现在市场的理解,选择一个开店方向。

(4) 课后每位学生应书面上缴自己所选择的开店方向及原因。

【成果与检测】

(1) 选择开店方向较合理,考虑较全面的为良好。

(2) 选择开店方向合理,考虑全面的为优秀。

🔍 知识讲解

开店是一种人们熟悉的生意形式,店铺经营得好,小可以养家糊口,大可以发家致富。不少成功的富豪,起步都是从店铺经营开始的。因此,独立开店、自己给自己当老板成了许多人的梦想。然而,"开什么店?"、"怎么开店?"并非一念之间就能搞定的,其中大有学问。如果在开店之前没有一个很好的规划和准备,不掌握其中的基本规律,要想取得成功几乎是不可能的。

（一）商店经营的四个阶段

常言道:生意做遍,不如开店。店铺经营可分为 4 个阶段,即准备期、规划期、创建期、创业期。理解这 4 个阶段的特点、实质、重点,可以大大降低经营店铺的风险,并打下一个良好的基础。

（1）准备期。可分为:①训练期,即从各方面训练自己,包括专业知识、经验和业务关系,当然还要有一定的资金;②等待期,即等待合适的时机,包括合适的开店构想、良好的店址或者其他导致开店的直接机会。

（2）规划期。可分为:①明确开店构想,即明确店铺经营什么、怎么经营,如何才能经营得好;②规划店铺创建,即规划如何创建自己的店铺,将开店构想变为现实。

（3）创建期。店铺的创建是一个按照创建计划实施建设的过程,其过程相对比较轻松。

（4）创业期。创业是一个高风险的过程,因此特定的创业实践可能在任何一个阶段夭折,尤其是在规划阶段。由于许多开店构想不切实际,在评估过程中就被淘汰。

（二）商店经营的原则

（1）顺应地理环境的原则。开店,最基本的考虑就是要选定合适的地理位置与商圈,还要事先考虑好经营哪些品种以及经营的方针,并且在经营过程中能随着商机的转变,尽快转行或迁址。

（2）适合顾客阶层的原则。开店前,必须对开店后顾客的年龄、收入、性别、职业、消费倾向、地域性、作息规律等因素有明确的判断,然后依据适合顾客阶层的原则开设店铺。

（3）积极宣传的原则。店铺要充分利用其本身可利用的任何媒介,加强对消费者的宣传,以激起消费者的消费欲望。店面设计一定要吸引人。

（4）通道顺畅的原则。店铺的通道设计,不能有过多的回旋环绕,要让顾客能在无意之中顺路参观完所有的商品。此外,通道的宽度至少要让相向而行的顾客能比肩而过。

（5）容易选购的原则。商品的陈列应让顾客一目了然,容易挑选、购买方便。同时,商品本身也要分类妥当,摆置整齐,以便消费者能不费力地找到所想要的物品。

（6）购物乐趣的原则。现今的顾客不再仅仅满足于购买到其所想要的商品,他们还要求享受到购物过程中所带来的乐趣。所以,店铺在内外设计和提供售货服务时都必须加以注意。

（7）注重效率的原则。店铺从接待开始到包装、收款等环节,都应给店员留有适当的活动空间,以便这些动作能快速、有效、适时进行。同时,商品的补充和商品库存的管理等也都必须制度化。

生意场上,眼光起了决定性作用。很多资金不多的小店创业者,都是依靠准确抓住某个不起眼的信息而挖到"第一桶金"的。只要你有足够的胆量和能力,及时而准确地抓住商机,你就是"微利时代"的创富者。

（8）可变性的原则。目前大部分的店铺都是相当牢固的建筑,这样,需要改造时就非常困难,因此店铺的设备或构造在设计时要尽量选择能适时变化、可变性较高的材料。

（9）安全性的原则。店铺的安全主要包括:消防安全、设备安全和防盗防抢防损安全。

（10）经济性的原则。不少竞争者为了脱颖而出,在店铺装潢上下大工夫,考虑到任何资金的投入都是要谋求更高的利润回报的。因此投资时一定要有计划,应慎重。

（三）赚钱店铺的特征

（1）拥有一个"灵魂"人物。店铺是市场竞争的最前沿,面对复杂、激烈的市场环境,要求店内必须有一个核心人物,以便及时处理各种琐事、做出各种决策,这个人或许是老板,也可能是店铺经理、营业员。

（2）创新,创新,再创新。店铺生意通常是"扎堆"的生意,只有致力创新的店铺,才能打造出自己的特色,创造出附加价值,从而不断增加顾客,找到"赢"的机会。

（3）致力追求成长。只有想把生意做好、做大的店铺"核心"人物才会有足够的动力提高店铺的经营水准,才能应对同行的竞争以及市场的挑战。

（4）确保合理的利润。所谓合理利润是指除了赚钱之外,还必须赚到一定水平的利润。如果开店开到最后,只是赚了一些存货,那无疑是最大的失败。

（5）以顾客为出发点。经营店铺,必须把自己当做顾客,经常换位思考,了解和满足顾客的需求,开店才会成功。

（6）倾听顾客的声音。了解顾客最好的办法就是倾听。如果只顾推销商品或服务,不听取顾客的意见,就很难迎合消费者的口胃,博得大众的欢迎。

（7）把握良机。时机就是店铺生意中的"天时","地利"就是店铺的店址,"人和"就是顾客的心以及店铺工作人员的凝聚力。店铺生意能否维持,取决于地利与人和;能否赚钱尤其是赚大钱,则完全取决于天时。所有赚大钱的店铺都是能够把握关键时机的店铺。

（8）发挥特色。店铺的特色,并不仅限于商品,比如良好的服务、让人感觉惬意的店面、诚恳友善的店员等,都能成为店铺的一道风景,足以吸引顾客上门消费、购物。

（四）开店准备

1. 确定目标

1）了解创业

创业并非像一些未涉商海的人所想象的或像文学影视作品中所描绘的那样潇洒有趣。实际上,对一个创业者来说,创业的艰辛是很难用语言来表达的。在创业过程中可能会有数不清的障碍和困难。只要有一个问题没解决,有一个障碍无法克服,就可能前功尽弃。所以,要明白创业是一件很艰辛的事,不论投资者从哪开始创业,都有可能会遇到困难与挫折,可能出现意想不到的问题,要有充分的

（1）"商店没有高价格,只有卖不出去的价格。"
（2）"不能指望所有的客人都是自己的客人,只能找自己能抓住的客人"。

心理准备。

2) 确定目标

确定目标应从投资者的投资动机开始分析,即投资者要分析为什么要开一个商店? 一般来说,可分为两类:

(1) 开店是为了选择一项有可能获得高利润的生意。

(2) 开店是为自己选择一个所喜欢的工作,开创一分真正属于自己的事业。

如果投资者把利润作为出发点,其应考虑的问题是:这个店铺将来的经营能否与投资者的财务状况相匹配? 能否提供丰厚的收入? 能否让投资者目前都保持有进账? 在开办之前,投资者必须弄清楚自己的财务需求,确定自己的全部生活花费状况。这能使投资者恰当地评估店铺经营过程中每月所需的现金流出量,从而在开店前就对此有所准备。

如果投资者是以所热爱的店铺工作为出发点,则其应该思考的问题是:是否有一个能支持梦想的市场存在? 这个梦想能否有足够的盈利潜力使之成为一项有利可图的行业? 因此,投资者在投入金钱和精力开办商店之前,应学会如何确定店铺的盈利能力。

一个成功的商店能使投资者在享受工作乐趣的同时获利,其中的关键就是研究和计划。

> 中国有句俗语:"女怕嫁错郎,男怕入错行"。开店选择行业是至关重要的。如果你一开始选错了行业,那么"一步错,步步错"。而一旦选对了行业,可以说,"50%的胜算就已经在手了"。可见,选择行业的重要性,是与你终生幸福有关的。

2. 探索开店方向

1) 开店方向与投资者的专业技能、兴趣爱好和个人素质

开店方向源于多个方面,往往与投资者个人的专业技能、兴趣爱好和个人素质有密切的联系。其中,专业技能是指投资者熟练运用所掌握的知识和技术进行实际操作及培训他人的能力;兴趣爱好是指投资者喜欢去做并从中感到乐趣的事;个人素质是指投资者区别于他人的特点和个性。

一般说来,开店方向的探索有以下建议(见表 1-1)。

表 1-1 投资者的性格特征与开店方向

投资者的性格特征	适合开店方向
浑身充满创造力,内心热情如火,外表光芒万丈	自助火锅店、传统小吃店、盒饭外送等餐饮服务业
酷爱精致有品味的物品	二手精品店、手工艺专卖店及小型咖啡屋等商店
极度敏感,有爱家、恋家情结	托儿所、幼儿园等
常常跟着感觉走,时时设身处地为别人着想	宠物店、花店、园艺店等

在考虑了个人的性格特征和兴趣之后,投资者还应注意自己的哪些专业技能对开店有用,如投资者拥有良好的摄影摄像技能,往往有利于开设一间摄影摄像店;如果投资者拥有良好的写作与书籍鉴赏技能,则往往有利于开一家特色小书店,等等。

投资者在探索开店理念时应将自己所有掌握的设备和技术都考虑进去,如清洁房间、居家修理、园艺技术、家具翻新技术等,这些专业技能所提供的服务,如果有足够大的市场,则完全有可能使投资者拥有与此相关的店铺。

除此以外,投资者应清楚了解手头上握有的资金数目和大概可以筹集到的资金数目,因为资金规模直接影响投资者开店方向的确立。

2) 科学选择开店方向的方法

(1) 预见选项法。即要求开店者结合本地实际情况,在产生创业想法时,注意通过报纸、电视、广播和互联网等渠道收集相关的市场信息,对市场做出准确判断。

(2) 借鉴选项法。即借鉴国外的先进经验、做法,将在国外已出现但在本地属于预见性的新兴项目,结合本地及自身实际情况进行有选择的改造并予以实施。

(3) 熟悉选项法。即尽力选择自己熟悉的行业和掌握相关知识的行业为开店目标,要充分发挥自身所掌握的知识和技能,将其作为选择投资项目的一个有利条件。

(4) 调查选项法。即注重市场调查,搞好市场的分析预测,测算出投资的最低和最高收益,然后再决定开什么店。

以上这些方法,投资者可以单独使用,也可以组合起来使用。投资者在利用这些方法时还需特别注意两点:一是一般应选择自己熟悉的领域;二是把握最佳的时机。

【案例 1-1】
长城书店成功的原因

长城书店是美国休斯顿华人社区中一块响亮的招牌,全美华人独资开设的大型书店之一。每天店内人员络绎不绝,长城书店已成为休斯顿华人寻求精神享受和文化娱乐的必临之地。书店王老板当初在选择开店方向时是经过深思熟虑的,他曾在中国外文局工作多年,在图书领域有着丰富的经验。此外,他在创业前居住在旧金山时,发现美国东西两岸的书店不仅数量多,并且已陷入恶性循环的竞争,而作为美国的第四大城市休斯顿,经济和人口都在迅速扩张,文化生活却被喻为一片沙漠,为此,王老板通过两个多月的市场调查,最终开了这家长城书店,取得了巨大成功。试从本案例中分析体现开店原则的具体方面,讨论该案例成功的原因。

3. 评价自己

对自己的评价分为性格、能力的评价和相关专业技能的评价。

1) 性格、能力的评价

在实践中,科学评价自己性格、能力的方法有以下几种:

(1) 征询意见法。即向自己的父母、亲人、同学、朋友、师长、同事征求意见,了解他们对自己的看法和评价。

(2) 自我反省法。即检讨一下以往几年间自己性格和"自我形象"的转变,其中有哪些明显的趋势,能否借以推断以后的转变方向及自身发展趋势。

(3) 心理、职业测试法。即利用目前社会上出现的不少有关性格、智力等方面的测验来认识和评价自己。

(4) 感觉法。即依赖直觉,如果创业者对自己所做的事情充满信心,则说明其在这一方面或许有一定才能。

(5) 求证法。即用事实作证明,如检验自己是否有经商才能,不妨先从摆地摊开始,试一试能否挣到钱。

(6) 考试法。即以各种公开的考试评价自己的才能。

(7) 自问法。即向自己提出须解决的问题,然后以自己回答的方式来了解自己。

2) 相关专业技能的评价

对于相关专业技能的分析,可以使投资者发现自己缺乏哪些方面的专长,使其明白自己的优势和弱点所在。投资者可以通过参加学习、雇佣员工或向专业人员咨询来补足自己的不足。

当投资者拿定主意要开办一个商店时,就应该去学习该领域中所有应掌握的知识。如在自己所感兴趣的领域里找一份事做,以获取第一手的经验,或到自己所在地区的社区学院、培训中心参加专门训练班学习等。

3) 开店理念的评价

在分析了自己作为企业主的优势和弱点后,投资者还需要分析开店方向的优势和弱点。这些是在投资者辞掉原有的工作、用自己的钱去投资开办新企业之前要做的事。

在投资者确定了目标之后,请回答以下的问题(见表1-2)。

表1-2 投资者需回答的问题

投资者需回答的问题
(1) 你有经营这个商店的专长吗?
(2) 你知道自己哪方面需要帮助并且从什么地方能得到这些帮助吗?
(3) 你有时间去学习你应该掌握的东西吗?
(4) 你有足够的资金来支付你的员工工资和咨询费用吗?
(5) 你真的对这一行感兴趣吗?
(6) 你有在这一行获得成功的信心吗?
(7) 你是否愿意花时间来开发一个成功的商店?

（续表）

投资者需回答的问题
（8）这个商店是否填补了某项空白？（可以是一定地域内的，如在某一居民聚集区还缺一家小吃店，而你去开办了，这是一种填补空白）
（9）你的商店所经营的项目是否存在有大量的消费需求？
（10）你是否在市场中占有竞争优势？
（11）你是否了解商店的资金流量、利润和损耗，以及资产负债等商业财务决算？
（12）你目前开发的这项开店计划是否能对所有这些问题的回答都是肯定的？

要想成为一家成功商店的老板，投资者必须对以上所有问题的回答都是"是"。仔细研究自己的开店理念，看其是否与自己的个性和背景相符，然后再分析自己的优势和弱点所在，设计能克服自己弱点的方法。如果这些方法涉及参加学习或聘请顾问和员工等环节，就要计算其花费的成本和投入的时间。所产生的成本费用应在现金支付表中表现出来。在没有获取必要的知识或帮助之前最好不要急着开张自己的商店。

4. 一个成功商店店主应该具备的八大素质

（1）自信心。想要开店创业，拥有属于自己的一片天地，自信是非常重要的，也是作为成功开店首当其冲要考虑的一个因素。

（2）张扬个性。商店经营者最重要的素质，主要表现在个性上，商店要做到个性化，使商店形象与经营者气质一致，就需要商店经营者敢于充分展示自己的个性。

商店创业开拓型人才的个性特征

作为商店创业开拓型人才的个性特征包括：①旺盛的斗志、强烈的求知欲和好奇心；②敏锐的洞察力、富于直觉；③善于变通、思想灵活；④善于提问、不盲目跟随别人；⑤富于独创力，有独出心裁的见解；⑥自信；⑦有百折不挠、坚持不懈的毅力和意志；⑧有想像力；⑨思想严密；⑩开朗、胸怀宽广；⑪有韧力、有勇气；⑫有野性、有狂劲。

（3）良好的心理承受能力、忍耐力。开店创业的过程是一个炼狱的过程，创业者在开店前首先要做好吃苦的心理准备；其次，开店过程中的心理调适至关重要；第三，开店者应该具有一定的风险意识。

（4）对所从事的行业有兴趣爱好。选择自己最感兴趣的项目开店创业，才会使自己乐在其中，全力以赴，取得成功。

（5）保持永恒的创业激情。创业者只有具备了永恒的创业激情，才会不断地去克服一个又一个困难。永恒的创业激情可以通过设定近期、中期和远期目标的方式来进行培养。

（6）拥有丰富的行业知识和从业经验。创业者的行业知识和从业经验对创业的成功非常重要,这些知识和经验是可以通过学习、咨询或聘用专业人士来获得。

（7）出色的管理能力。良好的管理可以使创业者经营的店铺提供有别于其他经营者的服务,取得自身经营特色,从而赢得自己的顾客。

（8）良好的人脉网络。俗谚道:"成功开店来自于70％的人际关系＋30％的知识。"明智的创业者,在创业之前会尽自己所能去结识这个行业里的知名人士,并把这些作为重要的资源储备起来,以便在将来发挥作用。

> 李小姐开了一间蜡烛屋,虽然在开店前做好了思想准备:打算用半年时间来培育市场。但令人意想不到的情况还是出现了,非典袭击了北京,租金加上产品损耗一下子就赔上了几万元。李小姐每天一睁眼就会想:"我今天那几百块的房租可怎么办?"就这样撑到非典过后,李小姐在各种杂费、人员费用支出后又投入了不少钱,总算让自己的店铺开张了。人们在非典期间蓄积的购买欲望瞬间爆发,李小姐店的生意十分红火,并开始盈利。

试思考并分析在开店创业过程中,创业者的哪一种素质对创业成功很重要?

任务二　确定商店定位

学习目标

• **终极目标**

能实际运用选择店铺合适业态的技巧。

• **促成目标**

（1）理解市场调查的内容、重点及注意事项。

（2）理解并掌握零售业态的特征、内在组成要素、种类。

工作任务

工作任务书(1-2)

总体任务	目前现有的零售业态种类与特点分析
具体任务	（1）连锁门店开业前需了解的市场因素分析 （2）市场上的零售业态种类列举与特征分析

【活动】一　连锁门店开业前需了解的市场因素分析

【活动目标】

（1）提高学生对社会生活中经济信息的敏感度。

（2）培养学生分析运用经济信息为门店服务的能力。

【活动内容与要求】

(1) 将全班分成 A、B 两组,并相对而坐,围成圆圈。

(2) 教师创设一个××连锁企业欲在×地开设门店的情境,准备系列资料提供给 A、B 两组。

(3) A、B 两组分别根据发放的资料讨论门店开设前需了解的市场因素有哪些? 总结后提供给教师。

(4) 教师根据两组所选择的市场因素分类汇总后,请学生分别说明选择其的理由,尤其是两组选择不同的因素,请每组学生进行重点讲解。

(5) 分析的重点:在较短的时间内扫描资料,以学生目前的人生经历与知识结构找出开店前投资者应了解哪些因素? 并对其归纳总结。

(6) 课后每位学生根据课上涉及的市场因素设计一份市场调查问卷。

【成果与检测】

(1) 能分析出 5 个需要了解的市场因素的组为良好,5 个以上的为优秀。

(2) 设计的市场调查问卷实际运用时,能基本获得所需市场因素资料的为良好,能全部获得所需资料的为优秀。

📢 【活动】二　市场上的零售业态种类列举与特征分析

【活动目标】

培养学生甄别市场上不同业态商店的能力。

【活动内容与要求】

(1) 教师利用日常生活中学生所见过的各类型商店为基础,请学生列举所见过的店铺。

(2) 教师利用黑板将学生列举的不同商店归类汇总,形成业态表。

(3) 每位学生根据业态表中所列的众多不同名称的店铺来归纳整理这一业态商店的特点,教师作相应的引导。

(4) 最终将"零售业态及其特征"列表展示在黑板上。

【成果与检测】

能积极思考、认真作答且基本正确的为良好;完全正确的为优秀。

🔍 知识讲解

(一) 市场调查

在开店之前,进行市场调查是十分必要的。同时,在市场调查的基础上结合自身和市场实际,选择合适的商业零售业态则是开店成功的另一关键所在。

1. 市场调查的内容

(1) 针对开店的可能性作全面的调查,重点在于提供开店预定营业额的推算及店铺规模大小决定的参考因素。调查的内容应该包括两个方面:即该地区的市场特性和消费特征。

（2）对该地区消费者的生活形态作深入的研究，作为决定商品结构与整体营业的参考。调查的重点在于店铺结构、价格与促销方法等。调查的内容应该包括两个方面：即消费者生活形态的深入分析和设定店铺格调的基础资料。

2. 市场调查的重点

市场调查的 3 个重点方面是对生活结构、都市结构与零售结构的调查（见表 1-3）。

表 1-3 市场调查的重点

市场调查的重点	重 点 内 容
生活结构调查	重点在于对人口结构、家庭户数构成以及收入水平、消费水平、购买行为的调查
都市结构调查	重点在于对地域、交通、繁华地段、各项都市机能的调查，以及都市未来发展规划的预测
零售结构调查	重点在于对地域购买动向、行为构成及店铺构成、大店名店销售动向的调查

3. 市场调查的注意事项

在从事市场调查的资料的收集、整理、分析和评估时，应特别注意以下两点：

（1）除对该地区的过去、现在的情况加以了解外，对于未来的趋势和发展都必须考虑到。

（2）在作分析比较时，与其以该商圈的成熟度作判断的基准，不如以类似的某一成熟商圈来作比较，这样更有利于对在该地区开店的研究。

只有通过市场调查，对于商圈内的消费能力、购买水平及竞争店铺的营业状况有所研究，才能据此作出有关店铺整体经营的策略、利润计划、设备配备计划以及融资计划等。

【案例 1-2】

闹市中的萧条

小张开了一家小吃店，他的店铺开设在城市一个服装商店聚集的商业区，旁边是一个公共厕所。小张当时选择这一位置开店是因为看中了这条商业街的人气和顾客上厕所的方便。商业街的人气非常旺盛，但小张的小吃店与这条街上的其他小吃店相比，生意却差很多。请问：这是为什么？

（二）零售业态选择和商店定位

零售业态是指零售企业为满足不同的消费需求而形成的不同的经营形态。零售业态的分类主要依据零售业的选址、规模、目标顾客、商品结构、店堂设施、经营方式、服务功能等确定。

零售业态选择和商店定位的具体内容。

1. 零售业态的特征与内在组成要素

1) 零售业态的特征

(1) 它是一种能让消费者很容易识别的零售经营理念和经营方式的外在表现,诸如消费者很容易将一家店铺归类于百货商店、超级市场、专卖店、便利店等形式。

(2) 这种经营理念和经营方式是根据不同消费需求和目标顾客而形成的,每一种零售业态都是为了满足某一特定目标市场需求而存在。

(3) 目标市场需求决定了零售商店的经营效率,只有采取与目标市场需求相适应的零售业态形式,零售商店的经营才是有效益的,否则很难立足。

2) 零售业态的内在组成要素

零售业态的内在组成要素包括目标顾客、商品结构、价格策略、服务方式、店铺环境等因素(见表1-4)。

表 1-4 零售业态的内在组成要素

零售业态内在组成要素	具 体 内 容
目标顾客	店铺所选择的服务对象
商品结构	店铺为满足目标顾客需求,所确定的经营各类商品的比例
服务方式	店铺采取的售货方式和提供的服务内容
店铺环境	店铺的装饰与商品展示状况
价格策略	店铺所采用的高价或低价策略

这些零售要素可以有千变万化的组合,于是就产生了各种各样的店铺形态:

如果一家商店采取了这样的组合策略:目标顾客是家庭主妇;经营的商品以食品和日用品为主;服务方式为有限服务和自我服务;店铺装饰明亮整洁但不豪华;价格策略采取低价策略等。那么这家商店就表现为超级市场业态。

如果一家商店采取了另外的组合策略:目标顾客是周边居民,尤其是单身或孤寡老人;24 小时全天营业;经营商品为日常便利品;地址设在居民区内;附加各种便民服务等。那么这家商店就是便利店业态。

可见,零售策略要素的不同组合形成了不同的零售业态。

相关知识链接

零售业态与零售业种

所谓零售业种就是按所经营的商品类型划分或组建的零售商店。这种商店自古有之,诸如古代就存在的布店、粮店、肉店、鞋店、杂货店等。这种商店的存在是与当时手工业作坊的生产方式、消费需求的单一化和偶然化、商业资本的小规模条件相适应的。

零售业态商店与零售业种商店的区别在于:①目的不同。业种商店的主要目的是推销自己所经营的商品,而业态商店的目的主要是为了满足目标顾客的需求。②核心不同。业种商店的经营是以商品为核心,而业态商店的经营是以顾客为核心,体现了营销观念由销售导向消费导向的转变。③经营重点不同。业种商店强调的是卖什么,而业态商店强调的是怎么卖。

2. 零售业态的种类

1）百货商店

百货商店是指经营包括服装、家电、日用品等众多种类商品的大型零售商店。它是在一个大建筑物内,根据不同商品部门设销售区,满足顾客对时尚商品多样化选择需求的零售业态。如新世界、无锡八佰伴、上海第一百货商店等。

2）超级市场

超级市场是指实行自助服务和集中式一次性付款的销售方式,以销售包装食品、生鲜食品和日常生活用品为主,满足消费者日常生活必需品需求的零售业态,普遍实行连锁经营方式。如家乐福、大润发、易买得等。

3）专业店和专卖店

（1）专业店。**专业店**是指以经营某一大类商品为主的,并且具备丰富专业知识的销售人员和适当的售后服务,满足消费者对某大类商品的选择需求的零售业态。如服装店、体育用品商店、家具店、花店、书店等。

（2）专卖店。**专卖店**是指专门经营或授权经营某品牌商品,适应消费者对品牌和中间商选择需求的零售业态。如"Fun"、"Adidas"、"Puma"、"金利来"等专卖店。

4）便利店

便利店是指一种以自选销售为主,销售小容量应急性的食品、日常生活用品和提供商品性服务,以满足顾客便利性需求为主要目的零售业态。如"可的"、"好德"、"7-11"便利店。

5）仓储式商店

仓储式商店是指一种仓库与商场合二为一,主要设在城乡结合部,装修简朴、价格低廉、服务有限,并实行会员制的零售经营形式。如德国的"麦德龙"商场。

6）购物中心

购物中心是指在一个大型建筑体（群）内,由企业有计划地开发、拥有、管理运营的各类零售业态、服务设施的集合体。如香港铜锣湾购物中心、华龙购物中心等。

7）无店铺零售业态

（1）自动售货机。**自动售货机**是指使用一种投币式售货机售货,只要顾客投入商品标价的硬币,就可以将商品取出的一种商品零售方式。自动售货机出售的商品主要是香烟、饮料、糖果、小食品、报纸、袜子、化妆品、唱片、胶卷等。

（2）邮购商店。**邮购商店**是指通过商品目录或广告宣传等资料,供顾客以电话或邮件订购,待收到订单后再寄送商品的商店（这里的商店不是真正意义上的商店,因为它没有供顾客选购商品的场所）。

（3）网络商店。**网络商店**是指通过互联网进行商品经营活动的一种商店形

(a)

(b)

(c)

(d)

(e)

(f)

(g)

(h)

(i)

(j)

图 1-1 零售业态商店实例

（a）百货商店（新世界百货）（b）超级市场（家乐福）（c）专业店（国美电器专业店）（d）专卖店（西单 TISSOT 专卖店）（e）便利店（好德）（f）仓储式商店（麦德龙）（g）购物中心（香港铜锣湾购物中心）（h）自动售货机（食品）（i）邮购商店（贝塔斯曼）（j）网络商店（淘宝网网上商店）

式,即零售商在互联网上开设虚拟商店、建立网上营销的网站,上网的消费者可以根据网址进入网站访问,浏览商店的商品目录等各种信息,找到合意的商品,可以发送电子邮件向零售商订货,通过电子转账系统用信用卡付款,零售商则通过邮寄或快递公司把商品送给购物者的一种零售业态。

3. 店铺零售业态的确定与商店定位

创业者通过前期考察确定自己欲从事的行业之后,根据市场调查结果与所选择的店铺位置,再经过进一步的详细考察之后,就可以确定自己所开店铺的零售商业业态。

明确店铺的业态之后,再对商店进行准确定位,这是避免开店失败的第一道防线。确定一家店铺的定位必须考虑以下几个因素:

(1) 商圈内的人口情况。在不同的区域(如商业区、大学区、住宅区、旅游区等)开店,创业者应相应地调整店铺的定位。根据"20/80 法则",店铺的业态与定位必须瞄准商圈内 20% 的主力顾客。

(2) 目标顾客的收入水准。如在城市各种高档社区和别墅区等富人聚居之处,可开定位比较高的店;反之,则应开一些档次和价位较低的商店。

(3) 消费意识和品味。不同层次的顾客,其消费的格调不同,因此在店铺定位时,要根据不同的主力顾客进行不同的定位。

> 小型店铺在定位时,特别应突出其"个性"。小型店铺的个性化定位可从以下 3 个方面着手:①经营商品的个性化;②提供服务的个性化;③商品价格定位的个性化。

任务三　选择商店店业

学习目标

• 终极目标

能运用商圈分析与店址选择的技巧为店铺选择合适的店址。

• 促成目标

(1) 理解商店选址的重要性及原则。

(2) 理解并掌握商圈的构成、影响因素、商圈分析的内容和步骤。

(3) 理解并掌握商店位置类型的设计、店址选择的技巧与注意事项。

(4) 能熟练运用商圈分析与店址选择的技巧。

工作任务

工作任务书(1-3)

总体任务	××零售店铺的商圈分析、店址选择多因素分析表设计
具体任务	(1) ××零售店铺的商圈分析 (2) 店址选择多因素分析表设计

📢 【活动】一　　　××零售店铺的商圈分析

【活动目标】

培养学生观察判断、分析评价的能力。

【活动内容与要求】

（1）将全班同学分成五或六人一组,利用本次课前的课余时间完成零售店铺商圈调查与分析工作。

（2）每一组选择一家零售店铺完成商圈调查,并形成"××商店商圈调查分析报告"和"××商店商圈示意图"（用地图制作）。

（3）每组的报告和示意图内要有各小组人员的分工说明。

（4）每组要将调查成果制作成PPT,并在课堂上用5~7分钟时间加以简单介绍。

（5）调查分析的要点:要有零售店铺商圈限度的示意图,主要从人口统计分析、购买力与需求分析、竞争态势分析和基础设施状况分析这4个方面进行分析。

【成果与检测】

（1）商圈分析报告与示意图齐全且分析内容符合规范的为良好;商圈分析报告与示意图齐全且分析内容完善的为优秀。

（2）课堂讲解顺利且有PPT课件的为良好;课堂讲解精彩且PPT课件制作精良的为优秀。

📢 【活动】二　　　店址选择多因素分析表设计

【活动目标】

培养学生根据市场实际情况来为连锁门店开设设计店址选择多因素分析表的能力。

【活动内容与要求】

（1）将全班学生分为五或六人一组,每组选择一类业态的连锁门店作为其选择店址的对象。

（2）教师选择3个学生都比较熟悉的地区作为进行店址选择多因素分析表设计时的备选店址所在地。

（3）每组设计一张店址选择的多因素分析表,设计项目包括"选址因素与权重",每组应简要说明设计这些店址选择因素和权重比例的原因。

（4）课后每组将设计的多因素分析表上交。

【成果与检测】

（1）选择选址因素较齐全、权重设计基本合理的为良好;选择选址因素很齐全、权重设计很合理的为优秀。

（2）课堂发言一般设计比较顺利的为良好;语言流畅、思路清晰的为优秀。

知识讲解

（一）商店选址的重要性和原则

店址选择是指根据商店发展战略，对可能建店的地址进行调查、分析、比较、选定，并最终确定对该土地或房产使用权的一项活动。

1. 商店选址的重要性

（1）店址选择是一项重要的长期性投资，关系着企业的发展前途。因此，店址选择要作深入调查，周密考虑，妥善规划。

（2）店址选择是对市场定位的选择，是影响零售店铺经济效益的一个重要因素。店铺只有选址适当，生意才会兴旺。

（3）店址是零售店铺确定经营目标和制订经营策略的重要依据。店铺经营目标和经营策略的制订与其所在地区的社会环境、地理环境、人口状况、交通条件、市政规划等特点密切相关。店址制约着店铺经营策略与目标的可实现性。

（4）店址选择影响顾客的接近度。合理确定店址既能很好地满足消费者的需求，又能更好地为消费者服务，这样，就能增加顾客的接近度。

2. 商店选址的原则

不管是选择在哪一个区域开设店铺，经营者都需要遵循以下这些原则（见表1-5）。

表 1-5　商店选址的原则

商店选址的原则	具 体 内 容
方便消费者购买原则	要以便利顾客，节省顾客的购买时间、交通费用为首要原则，分散或集中设立商店，但不能单纯理解为开设地点要最接近顾客。
方便货品运送	既要保证能及时组织所缺货物的供给，又要能与相邻商店相互调剂平衡。
有利于竞争	选择的店址应有利于发挥店铺的个性和特色，以便在与同行竞争过程中取得最大的经济效益。
有利于网点扩充	单店经营得好并想运用连锁经营方式扩充网点时，新门店店址选择时要尽量避免商圈重叠，以免在同一区域内重复建设。

（二）商圈分析

商圈是指零售商店以其所在地点为中心，沿着一定的方向和距离扩展，吸引顾客的辐射范围。商圈分析是商店对其商圈的构成情况、特点、范围以及影响商圈规模变化趋势的因素进行实地调查和研究分析。

1. 商圈的构成及影响因素

1）商圈的构成

（1）核心商圈，这是最接近商店并拥有高密度顾客群的区域，通常商店的55%～70%的顾客来自核心商圈。

如果商店的规模和地址是固定不变的，则商店的商圈也是不会变化的，这种说法是否正确，为什么？

商圈的结构及影响其形成的内、外部因素。

（2）次级商圈，位于主要商圈之外、顾客密度较稀的区域，约包括商店 15%～25% 的顾客。

（3）边缘商圈，指位于次要商圈以外的区域，在此商圈内顾客分布最稀，商店吸引力较弱，规模较小的商店在此区域内几乎没有顾客。

商圈的具体形状如图 1-2 所示。

一般说来，居民区的便利店几乎没有边缘商圈的顾客。而位于商业中心的零售店铺，核心商圈的顾客密度较小，并不是商圈的主要组成部分，次级商圈和边缘商圈的顾客密度大。大型零售商店，边缘商圈的顾客往往最多。

2）影响商圈形成的因素

影响商圈形成的因素是多方面的，可以归纳为店铺的外部环境因素和内部因素。

（1）店铺的外部环境因素主要有：

① 店铺所处地区的特点。店铺若在中心商业区，交通方便，流动人口多，其商圈规模较大；若设在交通偏僻地区，其顾客主要是分布在附近的常住人口，商圈规模一般较小，只有依赖店铺创出独特的经营特色，才有可能扩大商圈规模。

② 家庭与人口因素。商店所处外部环境的人口密度、收入水平、职业构成、性别、年龄结构、家庭构成、生活习惯、消费水平以及流动人口数量与构成等，都对商店商圈的形成具有决定性意义。

③ 竞争对手的位置。如果两家竞争的商店相距有一段路程，而潜在顾客又居于其间，则两家商店的商圈都会缩小；如果同业商店相邻而设，由于零售业的"群体竞争效应"，顾客会应有更多的选择机会面被吸引前来，则商圈可能因竞争而扩大。

④ 交通地理状况。位于交通便利地区的商店，商圈规模会因此扩大，反之则会限制商圈范围的延伸；自然的和人为的地理障碍，如山脉、河流、铁路以及高速公路等，也会无情地截断商圈的界限，成为商圈规模扩大的巨大阻碍。

（2）店铺的内部因素主要有：

① 商店经营商品的种类。如果店铺经营的是人们日常生活必需品，购买频率大，顾客往往就近购买，主要表现为求便心理，所以经营此类商品的零售店铺顾客主要来自居住区内的人口，商圈规模较小；如果店铺经营选择性、技术性强、需提供售后服务的商品以及满足特殊需要的商品，如服装、珠宝、家具、电器等，由于顾客购买此类商品时需要花费较多时间精心比较后才会确认购买，甚至只认准某一个品牌，因而零售商需要以数公里或更大的半径为其商圈范围。

② 商店的经营规模。随着商店经营规模的扩大，它的商圈也随之扩大。因为规模越大，它供应的商品范围就越宽，花色品种也比较齐全，因此可以吸引顾客的空间范围也就越大。商圈范围虽因经营规模而增大，但并非成比例增加。

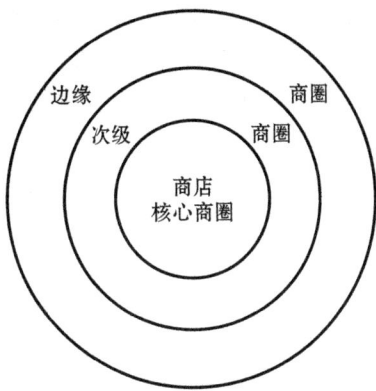

图 1-2 商圈形状图

> **商圈的形状**
> 商店的商圈范围及形状常常由于商店内外部环境因素的变化而变化，商圈实际并非呈同心圆型，而表现为各种不规则的多角型，为便于分析研究，一般将商圈视为同心圆型。

③ 商店经营水平及信誉。经营同类商品的两个商店即便同处一个地区的同一条街道，其对顾客的吸引力也会有所差异，相应地，商圈规模也不一致。那些经营灵活、商品齐全、服务周到、在顾客中树立了良好形象的商店，商圈规模相对地会较其他同行业商店大。另外有一种属寄生性质的商店，本身并无商圈，完全依靠因其他原因或前往其他商店购物而随机光顾的顾客。

④ 商店的促销策略。商店可以通过广告宣传、开展公关活动等活动来不断扩大知名度、影响力，吸引更多的边际商圈顾客慕名光顾，随之商店的商圈规模会相应扩张。

【案例 1-3】

买花的选择

某公司的白领陆小姐是鲜花消费的常客，经常要送花篮、花束给客户和朋友。她说，除了特别着急时有可能会就近找一家花店买花，绝大多数时候都是赶到体育场路上去买，因为那里花店多，花色品种齐全，选择余地较大。请问：陆小姐的选择说明了什么问题？

2. 商圈的确定

> 了解新开设商店、已开设商店的商圈确定方法及商圈确定的三种技术方法。

商店商圈的划定方法对于已设商店和新开设商店各有不同。对于已设商店，通过抽样调查、记录售后服务登记、顾客意见征询等途径搜集有关顾客居住地点的资料，从资料统计分析中即可掌握本企业客流量的大小，其中哪些人是固定消费群体，哪些是流动顾客，根据固定消费者住址，在地图上加以标明，即可分析出商店的核心商圈、次级商圈和边缘商圈。

对于新开设的商店，划定商圈主要根据当地零售市场的销售潜力，运用趋势分析，包括分析有关部门提供的城市规划、人口分布、住宅建设、公路建设、公共交通等方面资料，预测未来的发展变化趋势，还可应用各种调查方法，收集有关顾客为购物所愿花的时间与所行的距离以及其他吸引人们前往购买的资料。如果新建商店附近已建有同类型的商店，也可参考该店消费者客流量和购物距离进行统计调查。根据以上资料进行类比分析和综合分析，即可大体测出新建企业的商圈。

具体来说，划定商圈主要有以下几种方法：

1) 雷利法则

其基本内容是：在两个城镇之间设立一个中介点，顾客在此中介点可能前往任何一个城镇购买，即在这一中介点上，两城镇商店对此地居民的吸引力完全相同，这一地点到两商店的距离即是两商店吸引顾客的地理区域。此法则用公式表示如下：

$$D_{ab} = \frac{d}{1 + \sqrt{P_b/P_a}}$$

式中，D_{ab} 表示 A 城镇商圈的限度（以沿公路到 A 城镇的里程衡量）；P_a 表示 A 城镇人口；P_b表示 B 城镇人口；d 表示城镇 A 和 B 的里程距离。

假设 A 城镇人口 9 万人，B 城镇人口 1 万人，A 距 B 20 公里。代入公式得：

$$D_{ab} = \frac{20}{1 + \sqrt{1/9}} = 15 \text{公里}; \quad D_{ba} = \frac{20}{1 + \sqrt{9/1}} = 5 \text{公里}$$

则该中介点与 A、B 城镇的相对位置如图 1-3 所示。

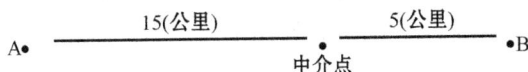

图 1-3　中介点位置图

计算结果表明，A 城镇吸引与中介点距离 15 公里内的顾客，B 城镇吸引与中介点距离 5 公里内的顾客。即中介点往 A 城镇这边的居民主要在 A 城镇购物，中介点往 B 城镇这边的居民主要在 B 城镇购物。这样就可以划定 A 城镇中的商店与 B 城镇中商店的商圈范围了。

雷利法则的成立必须有两个前提：一是两个地区同样地接近主要公路；二是两个地区的零售商经营能力一样。顾客之所以被吸引前往人口较多的城镇，主要由于当地的商店设施和商品种类较多，值得多花时间前往。

雷利法则既可用于不同城市商业区之间的定量分析，也可以用于同一城市内不同商业区之间的定量分析。利用雷利法则划定商圈的优点是计算简便，特别是在资料不全时尤为适用。

> 店铺面积：①30 000 平方米以上，设定商业圈的半径为 10 公里；②30 000～15 000 平方米，设定商业圈的半径为 5 公里；③15 000～6 000 平方米，设定商业圈的半径为 4 公里；④6 000～3 000 平方米，设定商业圈的半径为 3 公里；⑤3 000 平方米以下，设定商业圈的半径为 2 公里。
>
> ——日本·《改正大店法》

2）赫夫法则

其基本内容是：一个商店的商圈取决于它的相关吸引力，在数个商业区（或商店）集中于一地时，其吸引力是由商业区（或商店）的规模和顾客到该区（或商店）的距离决定的，即一个商店对顾客的相关吸引力取决于两个因素：商店的规模和距离。商店的规模可以根据营业面积计算，距离为时间距离和空间距离。大商店比小商店有较大的吸引力，近距离商店比远距离商店更有吸引力。此法则用公式表示如下：

$$P_{ij} = \frac{S_j / T_{ij}^\lambda}{\sum_{j=1}^{n} S_j / T_{ij}^\lambda}$$

式中，P_{ij} 表示 i 地区的消费者在 j 商业区或商店购物的概率；S_j 表示 j 商店的规模（营业面积）或 j 商业区某类商品总营业面积；T_{ij} 表示 i 地区的消费者到 j 商店或

j 商业区的时间距离或空间距离；λ 表示通过实际调研或运用计算机程序计算的消费者对时间距离或空间距离敏感性的参数；S_j/T_{ij}^{λ} 表示 j 商店或 j 商业区对 i 地消费者的吸引力；$\sum$ 表示同一区域内所有商业区或商店的吸引力。

消费者在诸多商店中选择特定的商店购买商品，取决于该商店的相关吸引力，该模型认为消费者到特定商店的可能性等于该商店对消费者的吸引力与在这一地区全部同类型商店的综合吸引力的比率。

该法则的实际运用如下列所示。

假定有一甲商店，营业面积 10 000 平方米，商店所在地还有两家同类型的乙、丙商店，营业面积分别为 5 000 平方米与 3 000 平方米，商店所对应的居住区域可分为 A、B、C 三个区域，A 区域的顾客至甲、乙、丙商店的时间距离分别大约为 20 分钟、20 分钟、30 分钟，假定参数 $\lambda=1$，则可计算 A 区域顾客到甲商店的购物的概率：

$$P_{A甲} = \frac{10\,000/20}{(10\,000/20 + 5\,000/20 + 3\,000/30)} \approx 0.588$$

根据商圈的构成理论可得知 A 区域应属于甲商店的核心商圈范围，B、C 两个区域对甲商店的意义也可用同法计算。

3) 实验法

实验法是通过观察或访问方式，对潜在顾客进行直接调查，搜集资料，进行分析，然后以此划定商圈的一种有效方法。具体有以下几种：

（1）实地调查。访问前往邻近其他商店购买商品的顾客，了解顾客住址及其所购商品，以此推断新设同类型商店的商圈范围。

（2）电话询问。通过电话了解顾客住址和购买情况。

（3）邮寄问卷。通过邮寄方式询问潜在顾客，由返回的资料推断开设商店的地理区域，划定商圈。

（4）提供服务。向顾客提供信用购买、售后服务时获得顾客住址及工作地点等资料。

3. 商圈分析的内容和步骤

1) 商圈分析的内容

商圈分析主要由 9 个部分组成：人口规模及特征；劳动力保障；产品供应情况；促销措施；经济情况；竞争情况；商店区位的可获得性；法律法规（如税收、执照、营业限制、最低工资保障、规划限制等）；其他（如租金、投资的最高金额、必要的停车条件等）。

在对上述内容进行分析的过程中，应特别注意对以下 4 个方面的内容进行分析：

（1）人口统计分析。这是对商圈区域内人口增长率、人口密度、收入情况、家庭特点、年龄分布、民族、学历及职业构成等方面的现状和发展趋势做调研。通过这些统计资料调查，有利于把握商圈内未来人口构成的变动倾向，并为市场细分和企业定位提供有用的第一手信息。需要注意的是，在商圈分析中，要注意分析有没有人口增加的潜在趋势。一个人口逐渐增加的新区开店容易成功,在一个人口逐渐减少的老区开店容易失败。

(2) 购买力和需求分析。商圈内的住户有了主观的购买需求,但还要有足够的购买力,这涉及商圈内经济结构是否合理,区域的经济稳定性,在较长时间内居民收入增长的可能性等。需求是人口和购买力的函数,比较不同商圈的购买力指数,可为发现潜在的消费市场提供依据。

购买力指数$=A\times50\%+B\times30\%+C\times20\%$。其中 A 是商圈内可支配收入总和(收入中去除所得税、偿还的贷款、保险费和不动产消费等的余额);B 是商圈内零售总额;C 是具有购买力的人口数量。

(3) 竞争态势分析。对商店开设地点选择时必须分析竞争对手,一般来说,在开设地点附近如果竞争对手众多,而该商店经营独具特色,将会吸引大量的客流,促进销售增长,增强店誉。否则与竞争对手比邻而设,将难以获得发展。

商圈饱和度是判断某个地区商业竞争激烈程度的一个指标,分析商圈饱和度对于新开设商店选择店址很有帮助。通常位于饱和程度低的地区,商店的成功可能性较高度饱和地区的商店要大。商业圈饱和度指标计算公式为:

$$IRS = \frac{C \times RE}{RF}$$

式中:IRS 为某地区某类商品零售饱和指数;C 为某地区购买某类商品的潜在顾客人数;RE 为某地区每一顾客用于购买某类商品的费用支出;RF 为某地区经营该类商品商店营业总面积。

例如,为一家新设果品商店测定零售商业市场饱和系数,根据资料分析得知,该地区购买果品的潜在顾客人数是 14 万人,每人每周在果品商店平均购买 8 元,该地区现有果品商店 10 家,营业总面积 17.5 万平方米,则据上述公式,该地区零售商业中果品行业的市场饱和指数可计算为:

$$IRS = 140\,000 \times 8/175\,000 = 64 \text{ 元}$$

64 元表明该地区果品商店每周每平方米营业面积销售额的饱和系数。用这个数字与在其他地区测算的数字比较,IRS 越高,表明该市场尚未饱和,成功的可能性越大。

根据商圈饱和度计算的结果,可以将分析的零售区域分为商店不足区、商店过多区和商店均衡区。很显然,新店址选在商店不足区更容易成功。

【案例 1-4】

商 圈 分 析

一家经营食品和日用品的小型超市需测定所在地区商业圈饱和度,假设该地区购买食品及日用品的潜在顾客是 4 万人,每人每周平均购买额是 50 元,该地区现有经营食品及日用品的店铺的营业面积为 50 000 平方米,请问:该地区商店每周每平方米营业面积的食品和日用品销售额的商圈饱和度指标是多少?

（4）基础设施状况分析。区域内的基础设施为商店的正常运作提供了基本保障。尤其是连锁经营的零售企业需要相应的物流配送系统，这与区域内交通通讯状况密切相关，此外，还与区域内软性基础设施有关，包括相关法律、法规、执法情况的完善程度等，这些都需要认真分析。

2）商圈分析的步骤

店铺商圈分析的具体步骤如图1-4所示。

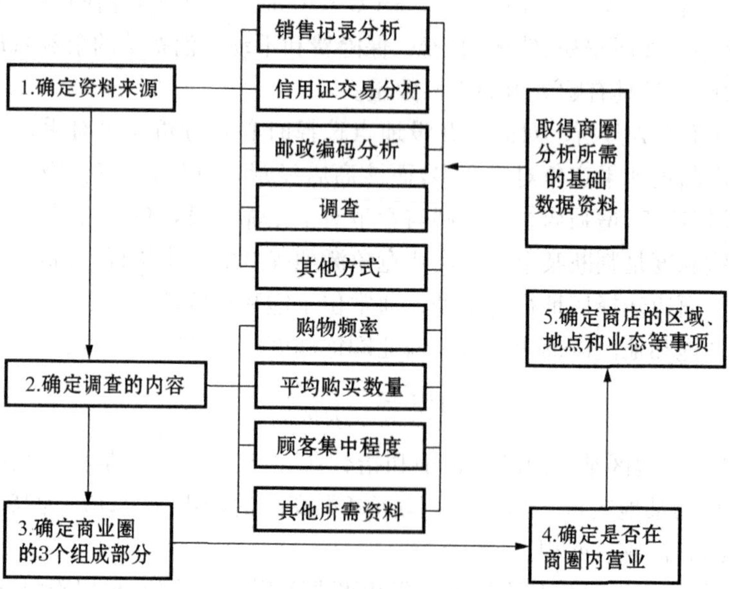

图1-4　店铺商圈分析步骤

商圈调查应在市场调查过程中一起进行，对于商圈调查的有关材料和数据则应是新开店铺进行市场调查的重点内容之一。

（三）店址选择

1. 商店位置类型的选择

商店位置类型的确定有哪些方法？

在选择具体位置之前，零售商首先要确定新设商店应处于何种环境中，这就需要对商店位置的 3 种类型进行分析，不同的位置类型具有不同的优势和劣势，零售商关键是要找到自己商店的位置类型。

（1）孤立店。此类商店独立开店，不与其他竞争对手比邻而设。一般来说，其比较适于大型综合超市和仓储商店等零售业态，如德国麦德龙仓储超市无锡店等。

（2）经规划的商业购物中心。经过仔细规划设计并集中管理的商店群，通常是由房地产公司事先规划设计，兴建完工后再把各商店出租或出售给零售企业等。

（3）自然形成的商业中心。可分为 4 种类型：

① 中心商业区。城市商业网点最密集的购物区，吸引着来自整个市区的消费者。一般是百货商店或专卖店的首选地址。

② 次级商业区。分散在一座城市的多个繁华程度较低的购物区域，通常位于 2 条主要街道的交叉路口，至少有一家百货商店或大卖场和几家专业店或专卖

店,此外周围还聚集许多小商店,这一商业区主要面向城市某区域的消费者,以销售家庭用品和日常用品居多。

③ 邻里商业区。为了满足住宅区居民购物和服务方便而自发形成的一个小型商业区,主要由若干小商店组成,如标准超市、便利店、冲印店、快餐店、干洗店、美容院等。

④ 专业一条街。由若干经营类似商品的商店聚集在一起形成的一条商业街,如北京著名的古玩一条街、广州的文化用品一条街等,是小型专业店重要的位置选择之一。

2. 店址选择的注意事项

1) 客流规律

其主要包括以下 3 个方面的内容:

(1) 客流性质。一般来说,任何一家商店的客流都可分成 3 种类型:

① 分享客流,是指从邻近其他商店形成的客流中获得的,而不是本身产生的客流,这种客流往往在大型商店与小商店之间或同类商店之间产生。如邻近大商店的小商店,顾客主要目的不是到小商店来选购商品,而是专程到大店购买,顺便进入邻近的小商店逛逛,这些客流是小商店的分享客流。

② 派生客流,是指顾客到某地并不是专程购买商品,而是因其他目的,顺路进店所形成的客流。如设在火车站旁的商店,顾客来此地的目的主要是乘坐火车,在候车时间顺便进店看看,还有设在交通枢纽附近及旅游点附近的商店,其大部分客流均是这种派生客流。

③ 本身客流,是指专程到此商店来购买商品形成的客流,大中型商店的客流大部分均属本身客流。本身客流的形成和发展是零售企业获得经营成功的重要因素。

(2) 潜在固定顾客。要了解商店的客流规律,必须分析当地的人口总数、人口密度、人口分布及年龄结构等。人口最多的区域产生最多的潜在顾客,未来人口成长的趋势决定着商店的发展规模,商圈内人口的增长情况、新婚家庭的增加、人口年龄结构等都是开设新商店必须事先了解的。

(3) 流动顾客。过往行人也是商店客流来源的一个重要组成部分,其流动规律同样不能忽视。首先要了解行人的年龄结构,因为有些过路者如儿童、青少年不一定是顾客;其次要了解行人来往的尖锋时间和稀薄时间;最后要了解行人来往的目的及停留时间的长短,以便于采取不同的宣传措施。

2) 周边商店的聚集状况

一个地区零售业态的聚集可分为 4 种情况(见表 1-6)。

> 店址选择时应注意店址所在地的客流规律、周边商店的聚集状况、竞争对手、交通地理条件及其他因素。

表 1-6　一地区零售业态聚集状态分析

不同业态的聚集状态	涵　义	实　例	效　应
异种零售业的聚集	经营商品种类完全不同的零售企业的聚集	如超级市场与服装专卖店、电器专卖店的聚集	商店之间不会产生竞争,反而还会给商店带来更强的市场吸引力

（续表）

不同业态的聚集状态	涵 义	实 例	效 应
有竞争关系的零售业的聚集	经营同类商品的商店在同一个地区的聚集	如专业商品一条街，比较适合工艺品、礼品、古玩、服装、书画等专业店零售业态的经营	加剧商店之间的竞争 产生集聚放大效应，吸引更多的消费者来商业区购物，扩大购物商圈
有补充关系的零售业聚集	两个以上的商店经营商品互为补充，以满足消费者的连带需求作为目的	如百货商店周围聚集的服装专卖店、饰品专业店、鞋帽专业店、快餐店等	提供互相补充的、更加全面的商品种类 共同吸引客流
多功能聚集	零售业与饮食业、服务业、娱乐业以及邮电、银行的聚集	如购物中心	有利于产生放大的聚集效应 能有效地扩大该地区的购物与服务商圈

请分析一家服装专卖店与一家自行车或摩托车修理店相邻所带来的聚集效应？

3）竞争对手分析

对竞争对手的分析主要包括以下内容：①竞争店与所开设新店的距离；②竞争店的销售规模与目标定位；③竞争店的目标顾客层次特点；④竞争店的商品结构和经营特色；⑤竞争店的实力和管理水平。

4）交通地理条件

对交通地理条件的分析主要包括以下内容：

（1）交通的便利性。方便的交通要道，如接近公共汽车的停车站、地铁出站口等地，由于来往行人较多，具有设店的价值。交叉路口的街角，由于公路四通八达，能见度高，也是设店的好位置。但是，在有些地方，其道路间间隔了一条很长的中央分离带或栏杆，限制行人、车辆穿越，则会影响设店的价值。

（2）街道特点。由于交通条件、公共场所设施、行走方向习惯、居住区范围及照明条件等影响，一条街道的两侧客流往往并不均衡，或者同一街道也可能因地段不同而客流量不同，因此在选择店址时要分析街道客流的特点，选在客流较多的街道一侧或地段。

（3）地形特点。新商店通常应设在能见度高的地方，如两面或三面临街的路口，公共场所的迎面处等，其能见度较高，还可通过尽量扩充橱窗面积、增开出入口等方法提高可见度。

此外，还应研究该地点过去的情况，是否曾是商店？其经营状况如何？有无失败记录，失败原因为何？虽然过去商店的成败并不能意味着新设商店的成败，但研究这些资料可为新设商店选择地址提供参考的依据。

5）其他因素分析

其他因素的分析主要有：对城市规划的分析（如对店址所在区的街道、交通、市政、绿化、公共设施、住宅及其他建设和改造项目规划的分析）；对店址周围环境的分析（如对建筑、治安、卫生及人们购买习惯的分析）；对物业成本的分析（如物业成本与销售潜力不相上下就不值得去开发，物业面积和形状也要与零售商的设计思路相吻合等)。

3. 店址选择的技巧

店址选择的方法——多因素分析法。

店址选择的方法有多种,如市场需求与供应密度分析法、多因素分析法等,这里只介绍多因素分析法。这种方法是先确定影响商店位置的各种因素及其重要程度,然后对各个备选店址进行评分,最后确定最佳店址的方法。其步骤如图 1-5 所示。

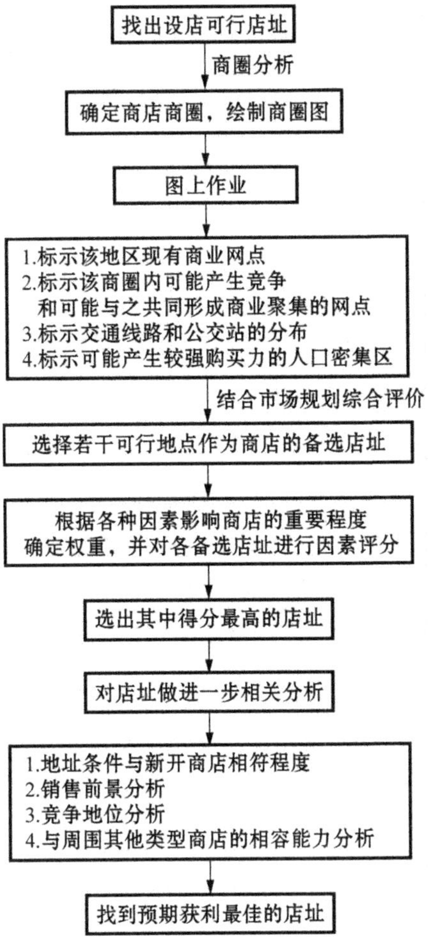

图 1-5　店址选择的具体步骤

假定有三个备选店址,对这三个备选店址进行多因素分析,如表 1-7 所示(每一因素按重要程度分成 1～5 的 5 个等级,每个地址各因素评分分布在－10～10 区间内):

从这三个备选店址的参数得分中可知:①店址 1 竞争激烈,进入这一市场可能会因竞争过度而无利可图,甚至可能会拖垮企业;②店址 2 位于流动人口多、居住人口少的商业区,如果新开商店是便利店的话,则与该业态接近居民区的要求相差较远;③店址 3 的流动人口大,人口分布集中,竞争者少,交通运输和场地条件较好。相比之下,店址 3 是最优店址。

表 1-7　商店选址的多因素分析

选址因素	权重	预选店址得分			权重×预选店址得分		
		店址 1	店址 2	店址 3	店址 1	店址 2	店址 3
商圈内人口多	5	8	7	9	40	35	45
商圈内收入高	5	5	7	6	25	35	30
接近目标顾客	5	6	5	6	30	25	30
机动车流量大	3	7	8	7	21	24	21
非机动车流量大	3	5	5	6	15	15	18
行人流量大	5	5	6	6	25	30	30
与邻店关系融洽	2	−4	3	4	−8	6	8
物业费低	4	6	5	−3	24	20	−12
广告费低	2	5	6	3	10	12	6
商店能见度高	3	3	5	5	9	15	15
营业面积合适	3	4	−2	6	12	−6	18
店面可扩充	2	−6	−2	−2	−12	−4	−4
停车位充足	3	−5	3	6	−15	9	18
与开发商关系融洽	2	7	5	4	14	10	8
合计					190	226	231

4. 店址选择分析报告

商店选址分析报告的内容如下：①新店周围地理位置特征表述（必要时附图说明）；②被选店址周围商业环境；③新店址周围居民及流动人口消费结构、消费层次；④新店开业后预计能辐射的范围；⑤新店的正常营业面积；⑥新店日后前景分析；⑦计划所进商品结构；⑧预算日营业额；⑨新店的市场定位。

任务四　进行投资分析

学习目标

• 终极目标

能为新开店铺概算所需资金，并能运用筹资方法解决开店所需资金。

• 促成目标

（1）能概算店铺运营费用。

（2）能实际运用资金筹措方法。

（3）能为新开店铺进行经营潜力测算和损益平衡点分析。

（4）能撰写开店所需的商业计划书。

工作任务

工作任务书(1-4)

总体任务	××新开店铺投资概算与商业计划书的撰写
具体任务	(1) ××新开店铺所需资金概算分析 (2) ××新开店铺商业计划书的撰写

📢【活动】一　　××新开店铺所需资金概算分析

【活动目标】

(1) 培养学生细致严谨的工作态度。

(2) 培养学生运用数据资料解决店铺实际经营问题的能力。

【活动内容与要求】

(1) 教师事先准备"××新开店铺基本情况"的材料,其中包括该店铺所在地区房租、税收、水电等费用及已测定的商圈等情况。

(2) 全班同学分成5或6人一组,根据资料制作"××新开店铺运营费用预算表"。

(3) 全部完成后,每组推举一位代表来解释为什么预算表中要有这些项目?这些项目的金额为什么是这么多?

(4) 课后,每组将打印好的预算表上交。

【成果与检测】

(1) "××新开店铺运营费用预算表"制作内容较全面为良好;"××新开店铺运营费用预算表"内容全面且费用预计合理的为优秀。

(2) 课堂讲解流畅的为良好;课堂讲解精彩的为优秀。

📢【活动】二　　××新开店铺商业计划书的撰写

【活动目标】

(1) 培养学生根据市场实际情况进行商业文件写作的能力。

(2) 培养学生分析判断和修正商业文件错误的能力。

【活动内容与要求】

(1) 教师事先准备一些存在问题的商业计划书,并按5或6人一组,将全班学生分成若干组,每组发1～2份有问题的商业计划书。

(2) 按组对这些商业计划书进行讨论,指出错误之处并提出修改意见。

(3) 每组推举一名代表阐述对商业计划书的修改建议。

(4) 教师将事先准备的"××新开店铺基本情况"提供给每组学生,要求每组为其店铺制作商业计划书并上交。

【成果与检测】

(1) 商业计划书的错误修改较齐全的为良好;商业计划书的错误修改完全正确并十分完善的为优秀。

(2) 课堂发言阐述较顺利的为良好;语言流畅、思路清晰的为优秀。

(3) "××新开店铺商业计划书"书写项目齐全、条理清楚的为良好;计划书的书写项目齐全、重点突出、详略得当、条理清晰的为优秀。

知识讲解

(一) 资金预算

1. 概算店铺运营费用

一般而言,开店资金主要由以下几个部分组成(见表1-8):

> 确定开店所需的各项资金。

表1-8 开店资金的组成部分

开店资金组成部分	细目划分
一次性费用	店铺场地购买费用或店铺场地租金(租金按合同采用年付或其他方式支付,采用月付方式的,则可将此项列入日常支出费用的月开支中)
	店铺装修费(包括招牌、门面、灯光、地板等)
	店铺登记注册费
	店铺柜台、货架等设备购置费
	进货费
	橱窗或商品展示装潢费
	收银机、计算器、秤、电脑等经营必需品购置费
	其他杂项费用
日常支出费用	聘用员工的工资报酬
	水电费
	保险费
	税费和管理费
	办公用品费,例如纸、笔、电脑耗材等
	借贷利息(假如有借贷的话)
	广告费
	其他杂费

表1-8所示的细目划分只是给投资者在开办店铺时提供一个基本的参考,在实际过程中,投资者应该根据自己的情况再做一个细致的规划。

开店初期除了会发生上述费用外,还要注意在开店后的若干个月内(通常是3~6个月)店铺生意可能比较清淡,这段时间店铺的投资往往是大于收益的,因此,此时创业者必须不断地投入资金才能维持商店运行,这笔资金也应在开店前有所估计。另外,有时可能会出现一些意想不到的开支,因此在开店前也应有所准备。这两项开支可以放入日常投入的其他杂费项目中来处理。

相关知识链接

开店后经营费用预估注意事项

一般来说,投资者对开店后经营费用预估过程中,应注意的事项有:①货损应控制在4%以内;②店员薪资总额不得超过总费用的一半;③总费用与销售额的比例:便利店要在18%以内(以25%的毛利率为基础),超市要在12%以内(17%

的毛利率为基础);总费用与总利润之比要维持在 80% 之内;固定费用占总费用的比例应为 85% 以上。

筹措开店资金的方法。

2. 筹措资金

目前,我国可供投资者选择的筹资渠道主要有:

(1) 自有资金的积累。自有资金是投资者在以往的生产经营或工作过程中积累下来的,拥有所有权,完全由其自主支配,使用不需要支付利息的资金。

(2) 合伙筹资。合伙筹资是当店铺投资额较大,个人积累资金无法满足投资所需时,可以通过寻找合伙人,由全体合伙人共同出资来筹集开店资金的一种筹资方式。

(3) 银行贷款筹资。银行贷款筹资是投资者通过与银行达成借贷协议,向银行借贷相应资金并按约使用、支付利息、按期偿还的一种筹集开店资金的方式。主要有个人小额质押贷款、开业贷款、商铺贷款等。

(4) 商业信用筹资。商业信用是经营者在商品或劳务购销活动中因延期付款或预收货款以及票据贴现而发生的信用。实践中,如特许商提供的加盟设备资金支持、一些新办市场提供的免除摊位租金或允许租赁者延付租金的支持等都可算作商业信用的范畴。

(5) 租赁筹资。租赁筹资方式主要有两种:经营性租赁和融资性租赁。

经营性租赁筹资是指出租人与承租人通过订立租赁合同,由出租人提供租赁设备与承租人,承租人按合同约定向出租人支付设备租金的一种筹资方式。

融资租赁筹资是指出租人根据承租人对出卖人、租赁物的选择,向出卖人购买租赁物,提供承租人使用,承租人支付租金的一种筹资方式。

除了以上筹资渠道以外,当然还有一些其他的方式:如典当融资;利用政府为各种创业者身份提供的优惠条件,低利筹措资金;向亲朋好友融资;利用风险投资机构的风险投资基金,等等。

相关知识链接

创业者在运用所筹措资金时应注意的原则

创业者在运用所筹措资金时应注意的原则有:①确定的原则,即创业者要确实掌握资金需求的数量;②利息低廉原则,即以贷款方式筹措资金时,要尽量选择利息低的融资对象;③确保周转资金原则;④确保有自有资金投入的原则,一般而言,创业者投入的资金应占总投资的 20%～30% 左右。

【案例 1-5】

服装企业的筹钱路

小张在学校学的是服装设计,在一家私营服装企业打了五年工,积蓄一点钱后,她与自己的表姐也准备合资办一家服装企业。由于她和表姐工作的年限都不长,两人积蓄的钱加在一起也只有 10 万元,而开办一家小型服装企业起码要 50 万元资金。小张又动员家人一起凑了 15 万元,将自己的房子抵押向银行贷了 10 万元,同时由于她表姐的朋友是一家租赁公司的负责人,于是她们花了 5 万元的代价租了价值 25 万元的机器设备,而租赁厂房的所有人恰好又是她父母的朋友,因此她父母出面与对方谈好厂房租金,等第一年年终时再支付 10 万。这样,小张与她的表姐终于开了一家生产服装的企业。试分析上例中小张运用了哪些融资手段?

新开店铺经营潜力与损益平衡点、经营安全率计算。

(二) 盈亏预测

1. 新开店铺经营潜力测算

新店营业潜力可通过预测商店销售额来确定。现举例说明商店销售额估计值的计算。

假设新开超级市场的商圈有三个层次,第一层次核心商圈内的居民户数为 2 000 户,第二层次即次级商圈内的居民户数为 4 000 户,第三层次边缘商圈内的居民户数为 6 000 户。若平均每户居民每月去商店购买食品和日用品为 500 元,则

核心商圈居民支出总额:500×2 000=100 万元

次级商圈居民支出总额:500×4 000=200 万元

边缘商圈居民支出总额:500×6 000=300 万元

据调查分析,新开超级市场的市场占有率在主要商圈为 30%,在次要商圈为 10%,在边际商圈为 5%,则

核心商圈购买力为:100×30%=30 万元

次级商圈购买力为:200×10%=20 万元

边缘商圈购买力为:300×5%=15 万元

该新开商店营业潜力可估计为:30+20+15=65 万元

2. 损益平衡点分析

损益平衡点是指店铺收益与支出相等时的营业额,超过此点店铺即有盈利,低于此点表示亏损。

损益的计算方法如下:

实际损益=税前损益-分担总部费用

税前损益=销售毛利-变动费用-固定费用

销售毛利=营业收入-销售成本

式中,分担总部费用是因为有些商店是连锁经营的,分店在经营过程中要分担一定的总部费用,所以实际损益计算中要扣算这一项,但如果不存在这种情况,商店属于独立店,则实际损益即为税前损益。

损益平衡点的计算方法如下:

$$损益平衡点销售额=\frac{固定费用}{毛利率-变动费率}$$

式中:固定费用是与销售额的变动没有直接关系的费用支出,如工资、福利费、折旧费、水电费、管理费等;毛利率是商店未扣除费用和税收前的利润率,等于销售毛利除以营业收入;变动费率是变动费用与营业收入的比例,变动费用是随

商品销售额的变化而变化的费用,如运杂费、保管费、包装费、商品损耗、借款利息、保险费、营业税等。

经营安全率计算方法如下:

$$经营安全率=\left(1-\frac{损益平衡销售额}{预期销售额}\right)\times100\%$$

此比例是衡量店铺经营状况的重要指标,一般测定为:安全率处于30%以上为优秀店;处于20%～30%为优良店;处于10%～20%为一般店;10%以下为不良店。

【案例1-6】

计算损益平衡点

假设有一服装商店,预计其2007年的年营业收入100万元,年工资和福利费总支出为10万元,年折旧、水电和管理费为8万元,销售毛利为50万元,年变动费用为10万元。请计算其的损益平衡点和经营安全率。

> 为什么商店的经营安全率为10%以下,该店铺为不良店铺?

此外,有些零售商还会对新商店未来的销售利润率、资产利润率和资金周转率等指标进行测算评估,以全面分析该店址的综合经济效益。

(三)计划安排

> 商业计划书的内容。

创业者在开店之前,对开店投资活动制订一份详细的计划是非常有必要的,这种计划可称之为商业计划或创业计划。

对于一般的商店来说,计划主要是做给创业者自己看的,因此这种计划可以是成文的,也可以是存在于创业者头脑中的;但对于一些想获得风险投资者资金支持的商店创业者来说,商业计划的撰写是非常重要的,在这里主要简单介绍这种商业计划书的内容。

商业计划书的内容涉猎较广,具体行业具体分析,严格来讲是没有规范要求的,但总结一下,还是能找出可供参考的一般构成要素,其主要有(见表1-9)。

表1-9 商业计划书的构成要素

商业计划书构成要素	具 体 内 容
计划摘要	企业介绍、主要经营的产品和业务范围、市场概貌、营销策略、销售计划、经营管理计划、管理者及其组织、财务计划、资金需求状况等
产品(服务)介绍	主要产品(服务)介绍、产品(服务)的市场竞争力、产品(服务)的研究和开发过程、拓展新产品(服务)的计划和成本分析、产品(服务)的市场前景预测、产品(服务)的品牌等
人员及组织结构	商店的组织机构图、各部门的功能与责任、各部门的负责人及主要成员、企业的报酬体系、企业的股东名单(包括股权、比例及特权)、企业的董事会成员、各位董事的背景资料等
市场预测	需求预测、竞争预测、客户群预测、销售预测等
营销策略	市场机构和营销渠道的选择、营销队伍和管理、促销计划和广告策略、价格决策等
财务规划	预计的资产负债表、预计的损益表、预计的现金流量表等

以上只是一般商业计划应具有的内容,创业者可根据不同的行业、不同情况具体增删。

相关知识链接

商业计划书的检查

在商业计划书写完之后,创业者最好再对其检查一遍,看一下该计划书能否准确回答投资者的疑问,争取投资者对企业的信心。通常,可以从以下几个方面进行检查:一是查看商业计划书中有无显示自己管理企业的经验和能力;二是查看计划书有无显示创业者有能力偿还借款,要保证给预期的投资者提供一份完整的负债比率分析;三是查看计划书有无显示创业者已进行过完整的市场分析;四是查看计划书是否易读易懂,是否容易被投资者所领会;五是查看计划摘要是否足够吸引人;六是查看计划书在文字、语言、语法方面是否全部正确;七是查看计划书能否打消投资者对产品(服务)的疑虑。

> 讨论:品析案例,分析相关开店规划知识点在案例中的体现。

经典案例赏析

优惠卡 = 集资卡

有一家位于广州市内商业闹市区、开业近两年的某理发店,吸引了附近一大批稳定的客户,每天店内生意不断,理发师傅难得休息,加上店老板经营有方,每月收入颇丰,利润可观。但由于经营场所限制,始终无法扩大经营,该店老板很想增开一家分店,但由于本店开张不久,投入的资金较多,手头还不够另开一间分店的资金。平时,有不少熟客都要求理发店打折、优惠,该店老板都很爽快地打了九折优惠。正当该店老板苦思开分店的启动资金时,突然灵机一动,想出了一个点子,即推出理发优惠卡:对购买 10 次卡的客户给予 8 折优惠;对购买 20 次卡的客户给予 7 折优惠。该店通过这种优惠让利活动,吸引了许多新、老客户购买理发卡,结果大获成功,2 个月内该店共收到理发预付款达 7 万元,解决了开办分店的资金缺口,同时稳定了一批固定的客源。通过这种办法,该理发店先后开办了 5 家理发分店,2 家美容分店。

思考(结合所学知识分析下列问题):这位店老板为什么能够在自有资金不足的情况下还能开设这么多家分店?他运用了什么样的筹资手段?他成功的原因是什么?

思考与练习

(1) 假设 A 城镇人口 24 万人，B 城镇人口 6 万人，A 距 B100 公里。试利用雷利法则分析处于 A、B 两城镇的甲、乙两商店的商圈范围。

(2) 美国俄勒冈州有一家餐馆，这家餐馆的建筑、布置、供应的食物、招待的方式均无什么特殊，只是名字独特。其店名为"最糟菜"餐馆，其广告牌上写着"食物奇劣、服务更坏"，墙上贴出的菜谱则命名为"隔夜菜"等。奇怪的是，尽管餐馆主人将自己的餐馆贬得一无是处，但开业近 20 年来不论是当地人，还是外地游客，都会慕"最糟菜"之名而来，生意十分火爆。

请分析其成功的原因。

（3）有一个从事飞行工作 12 年的飞行员，由于公司裁员而转业到一个热门行业：推销饮料。一开始其满怀期待迎接着新事业的到来，后来才发现自己一点也不快乐，除了不自由之外，营运上的困扰，也使他备感烦心、心力交瘁，进而怀念起以前自由自在飞翔的日子，对饮料事业自然就不再专心地投入，最终踏上了失败之途。

请分析其失败的原因。

（4）假设新开商店的商圈有三个层次，第一层次核心商圈内的居民户数为 3 000 户，第二层次次级商圈内的居民户数为 6 000 户，第三层次边缘商圈内的居民户数为 9 000 户。若平均每户居民每月去商店购买食品和日用品为 400 元，另据调查分析，新开商店的市场占有率在核心商圈为 35%，在次级商圈为 15%，在边缘商圈为 5%，则该新开商店的营业潜力为多少？

商店开业登记

本项目内容结构图

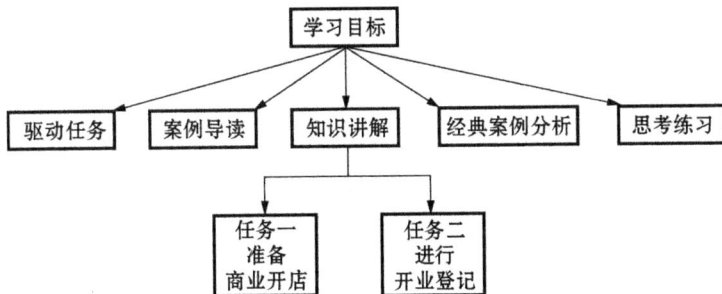

```
                        学习目标
        ┌──────┬───────┬─────┼────────────┬────────┐
     驱动任务  案例导读  知识讲解   经典案例分析    思考练习
                    ┌─────┴─────┐
                 任务一        任务二
                 准备          进行
                 商业开店      开业登记
```

学习目标

• **终极目标**

能为商店合理命名,能正确填写各种不同性质商店的开业登记资料并能完成不同性质商店的开业登记工作。

• **促成目标**

(1) 理解各种不同类型商店设备购置的内容与商店命名的原则、方法,并能为商店进行合理命名。

(2) 理解并掌握个体户性质、合伙企业性质、个人独资企业性质、公司性质商店开业登记的内容,并能完成不同性质商店的开业登记工作。

驱动任务

(1) 合理配置商店设备并为不同类型商店合理命名。

(2) 填写不同性质商店的开业登记资料,并熟悉不同性质商店的开业登记程序。

案例导读

谁来清偿贷款

甲、乙、丙 3 人大学毕业后,于次年即 2009 年 11 月 1 日书面订立一份合伙协议。合伙协议约定,甲出资20万元,乙出资20万元,丙出资10万元开设了一家中型超市,并按各自出资比例分享收益、分担亏损。合伙企业(超市)成立后,为解决资金周转困难,超市于2010年8月20日向本地商业银行贷款30万元,期限为1年。2010年10月甲经乙、丙同意将甲在超市的全部财产份额以20万元的价格转让给丁后,退出合伙企业。合伙企业修订了合伙协议,并向原登记管理机关办理了变更登记手续后,继续运营。2011年6月底,该超市因严重亏损无法继续维持正常营业,所以决定解散合伙企业,并将企业现有财产人民币30万元予以分配,但对未到期的银行贷款未予清偿。银行贷款到期后,银行找超市清偿债务,发现该企业已解散,遂要求甲偿还,但甲以自己早已退出合伙企业为由拒绝偿还,银行要求丁代甲偿还,但丁称该笔贷款发生在自己入伙前,自己没有清偿责任。最后银行又找到乙、丙,乙、丙表示只按合伙协议约定的比例偿还应由其负担的部分。

分析:甲、乙、丙、丁各自的主张能否成立?并说明理由。超市所欠银行的贷款本息应如何清偿?(通过对本项目的学习,你将会找到答案)

任务一　准备商业开店

学习目标

- **终极目标**

能为不同类型新开店铺配置设备,并能为其合理命名。

- **促成目标**

(1) 理解并掌握商店设备购置。

(2) 理解并掌握商店命名的原则与方法。

工作任务

工作任务书(2-1)

总体任务	合理配置商店设备并为不同类型商店合理命名
具体任务	(1) 新开店铺设备购置分析 (2) 新开店铺的命名

【活动】一　　　　新开店铺设备购置分析

【活动目标】

(1) 培养学生谨慎细致的工作态度。

(2) 培养学生由此及彼、举一反三的知识与经验运用能力。

【活动内容与要求】

(1) 将全班学生分成3组,教师准备三种常见类型的商店新开设时的相关资料,分别发给这3组学生。

（2）每组学生根据自己的生活经验与已有知识，完成这三类商店开店时设备购置方面的问题，并推举一名代表阐述自己组负责的这类型商店所需购置的设备有哪些以及为什么要购置这些设备，其他小组可对发言小组指出不足或提供补充意见。

（3）分析的重点：在较短的时间内扫描资料，并能根据自己的生活经验与已有知识进行举一反三的判断与分析。

【成果与检测】

（1）商店设备购置设想基本正确的为良好；设备购置设想十分完善的为优秀。

（2）阐述完整、流畅的为良好；阐述语言流畅、思路清晰并能为其他小组提出不足或提供补充意见的为优秀。

【活动】二　　　　　新开店铺的命名

【活动目标】

培养学生根据店铺实际情况进行店铺命名的能力。

【活动内容与要求】

（1）教师准备12家左右不同行业、不同类型的店铺资料。

（2）将全体学生分成3组，每组给4家不同行业、不同类型的店铺，请小组为其命名。

（3）每组推举一名代表阐述自己的店铺名称及命名原因，其他小组进行评价。

（4）分析重点：能根据店铺的不同实际情况命名，且有好的创意。

【成果与检测】

（1）店铺命名基本符合命名规范的为良好；店铺名称不仅合乎命名规范且创意较好的为优秀。

（2）阐述清楚的为良好；阐述清楚且能对其他小组的命名指出缺点或提供建议的为优秀。

知识讲解

（一）商店设备的购置

商店的物质设备，按照使用场所的不同可分为两部分：用于营业场所的和用于辅助业务场所的。这里主要介绍用于营业场所的物质设备，包括货架、购物车及购物篮、冰冻设备、空调、收款机及电脑、打码机等。

1. 货架

货架（见图2-1）是商店不可缺少的主要物质设备，其功能大致可分为吸引、展示和诱导三方面：具有吸引力，能激发顾客对货架上的商品产生兴趣，趋之而来；

具有丰富感,能使顾客感到丰富多彩,流连忘返;具有诱导性,能诱导顾客光顾下一个货柜,组织合理的消费流,增加商场的销售额。

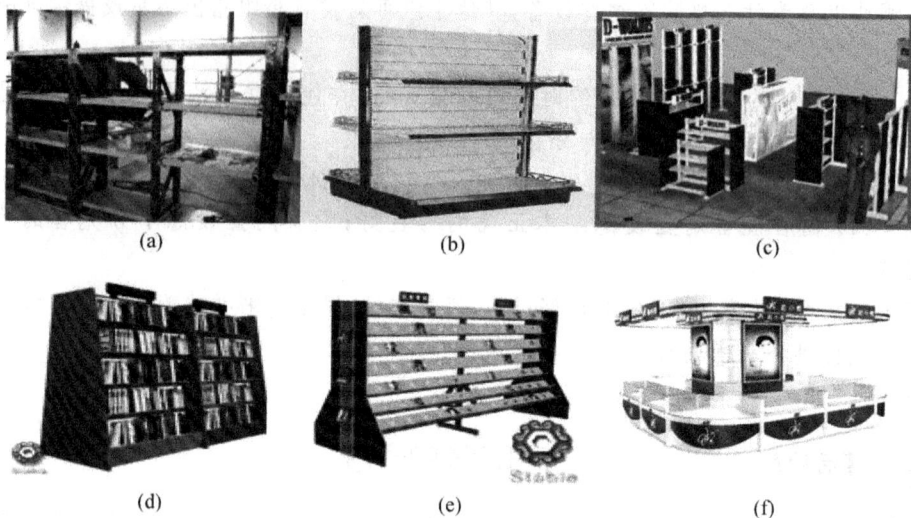

图 2-1　货架

（a）抽屉式货架　（b）超市货架　（c）服装货架　（d）图书货架　（e）音像制品货架　（f）金银首饰柜台

2. 购物车及购物篮

一些商场如超级市场通常在入口处准备一定数量的购物车及购物篮(见图 2-2)供顾客使用,其数量因店而异,一般为高峰期入店顾客数的 $1/10 \sim 3/10$。

图 2-2　购物车和购物篮

（a）购物车　（b）购物篮

3. 冰冻设备

冷冻设备一般有敞开式(又称岛式冰柜)和立式两种。市场上冷冻设备的型号及牌子有很多种,在选择冷冻设备时要考虑其常有功率、陈列面积、有效容积、柜内温度、外形尺寸等指标是否符合商店需要。

冷冻设备的投资要一次到位,要选择质量好的,如果冷冻设备出了毛病,既影响商场正常营业,又会使冷冻商品变质,得不偿失。

4. 空调

空调设备也是现代化商店所必需的物质设备。在选择空调设备时可以选择中央空调、分体式空调、柜式或挂壁式空调,国产空调质量已经过关,价格较低,完

图 2-3　冰柜

（a）立式冰柜　（b）岛式陈列冰柜

全可以满足商场需要。一般来说，小型商店可以选择挂壁式空调，稍大一些的商店可以选择柜式空调机，更大一些的商店可以选择分体式空调，大型或超大型商店可以选择中央空调。

5. 收银机与电脑

收银机（见图 2-4）是顾客统一付款交易结算点，是商店最重要的经营设备之一；电脑也是现代商店必须具备的设备之一，随着现代化管理技术 POS 条形码与信用卡结算系统的推行，电脑已走入了各种不同类型的商店，尤其是大型的连锁商店和百货商场。

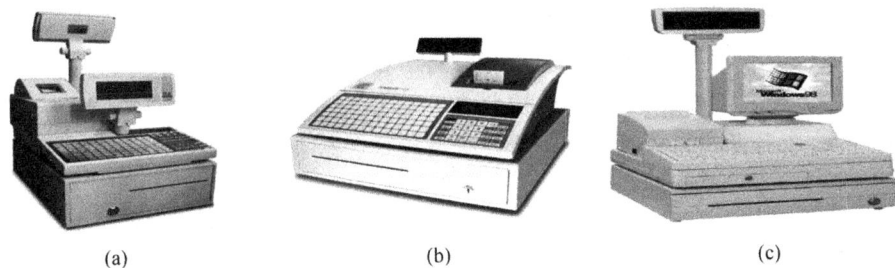

图 2-4　收银机

（a）（AP1X）收银机　（b）（CR2X）收银机　（c）（PCPOS）收银机

相关知识链接

商店选择收银机的注意事项

商店在选择购买收银机时应注意：①要尽量选择功能齐全的收银机；②收银机必须具备可连接多种外部设备，如扫描器、读卡机等；③必须具有小计、现金找零、折扣、加成、立即更正、退货、作废等功能；④收银机必须具有装纸、换纸方便，收执联自动切纸、打印速度快，字体清晰等功能；⑤收银机必须保密性能好，能忠实记录收银员业务，并具有单机工作和联机运行功能。

6. 打码机

由于许多商店采取的是开架自选、顾客自助服务的售货方式，商场内陈列的每一件商品都必须打出价码，有的还需打上条形码。因此，商场有必要购置几部打码机（见图 2-5），有些打码机仅能标价，有些打码机能同时将价格与条形码标上,商场应选择功能齐全的,以便商场自编商品条形码时有备无患。

图 2-5　打码机

(a) PC 接驳式电脑打码机　(b) 接驳便携式电脑打码机　(c) 手动色带打码机

以上设备并不是要求所有的商店都必须备齐,因为不同行业、不同类型的商店有不同的设备要求,应择需选择。

【案例 2-1】

入口处的学问

某大型超市在某一地级市开办了一家连锁店,规模较大,但由于想抢在 9 月份开业,故开业准备比较仓促。因此在开业的一周内,其为顾客准备的购物车和购物篮远远不够,引起顾客的抱怨;于是,商店在第二周急速准备了一批购物车和购物篮。由于准备得太多,多余的购物车和购物篮大量堆积在入口处,影响了顾客的进入,又引发了顾客的抱怨。请分析造成这种结果的原因?

> 商店命名的原则及具体方法。

(二) 商店命名

开设加盟连锁商店或连锁直营店不存在商店命名的问题,但如果开设单体独立商店则会涉及店铺命名的问题,而且单体店经营得好,投资者就会考虑开设直营分店或建立自己的特许经营体系,这时仍然会涉及原有的店铺名称是否适合连锁体系的问题,因此,店铺命名也是投资者开设商店时所必须了解的重要内容。

1. 商店命名的原则

(1) 易读、易记原则。这要求经营者在为零售店铺取名时,要注意以下几点:一是简洁明快,如"可的"、"家乐福"、"大润发";二是独特醒目,如"7-11"零售店铺连锁集团;三是新颖别致,如"一桌"饭店、"伊彩缘"数码彩绘服务店;四是响亮动听、朗朗上口,如"金海马"家具城、"星巴克"咖啡馆、"百安居"家装商品店。

(2) 反映商店经营范围原则。店名应该与店铺所经营的商品、服务、其某种性能或用途有关,但在进行店铺命名时应掌握一个"度",即既能暗示经营商品或服务的种类和属性,又不至于限制店铺以后的发展。如"伊彩缘"数码彩绘服务店如果将其取名为"伊彩缘"数码美甲服务店,则明显限制了它的经营范围只有美甲这一项,其实它还可以为鲜花、工艺花彩绘,提供冲印数码照片等服务。但光看店名,有这些需求的顾客就不会走进店门。

（3）易引起消费者联想原则。如"家乐福"这一商店名称,很容易使人联想到,去那儿购物消费能给全家带来幸福、快乐,而更进一步,则会使人觉得其之所以能给全家人带来幸福快乐,是由于这商店的商品优质又实惠,从而使得人们乐意前往采购。所以取了这样店名的商店是不会不兴旺的。

（4）与商店外部标志物相一致原则。**零售店铺店标**是指零售店铺中可被识别但无法用语言表达的部分。如"麦当劳"醒目的黄色"M"标志,"东风雪铁龙"4S店的两个向上箭头"∧"的标志等。当零售店铺店名能够刺激和维持零售店铺店标的识别功能时,零售店铺店面识别系统的整体效果就加强了。

（5）符合消费者心理原则。经营者在为店铺命名时,必须仔细考察该地区消费者的文化价值观念,好的店名应是符合消费者心理的,符合当地文化习惯的。如在信奉伊斯兰教的地区,开店时用带"猪"的字眼作店名,肯定没有人光顾。

（6）合法原则。零售店铺经营者还应该注意,所取的名字不得违反法律的规定,要使自己的名字得到法律的保护,要注意以下两点:

① 该零售店铺店名是否有侵权行为。如我国法律规定,在商店登记机关的管辖范围内后登记商店的店名不得与先登记商店的店名相同或近似,否则就是侵其他商店的名称权。

② 检查店名能否注册。如根据我国《公司登记管理条例》的规定,如果商店采用公司组织形态的,商店名称不能有损国家社会公共利益或可能会对公众造成欺骗或误解,不能用外国国家名称、国际组织名称、政党名称、党政军机关名称、群众组织名称、社会团体名称及部队番号,不能用汉语拼音(外文名称中使用的除外)、数字等。

2.　商店命名的方法

（1）以商品属性命名。如"菜根谭"素菜馆、"舒步"鞋店就属于这种命名方式,它使顾客易于识别,并产生一睹为快的心理,以达到招徕生意的目的。

（2）以服务特色命名。如"半分利"小吃店、"九十九分"商店,这种命名反映了商店文明经商的精神风貌,其中寓意着经营者薄利多销的经营宗旨。

（3）以经营地点命名。如"无锡商业大厦"、"上海第一百货公司"、"广州百货大楼",这种命名反映商店经营所在的位置,易突出地方特色,使消费者易于识别。

（4）以著名人物或创办人命名。如"乾隆"古董店、"太白"酒楼等是以著名人物命名的,使顾客闻其名而知其特色,便于发挥联想和记忆,而"王开"照相馆、"亨利"表店等则是以创办人命名的,能反映经营者的历史,使消费者产生浓厚兴趣和敬重心理。

（5）以美好愿望命名。如天津劝业商场就是将其在商场内悬挂的大字招牌"劝吾胞舆,业精于勤,商务发达,场益增新"中每句话的头一个字联结起来而命名的,反映了振兴民族商业的文化意识。

（6）以外文译音命名。如"佐丹奴"、"甘迪安娜"、"肯德基"等这种命名大多为外商在国内的合资店或代理店采纳,便于消费者记忆与识别。

(7) 以物品价格幅度命名。如"五元"杂货店、"十元"饰品店等暗示消费者该店铺的货品都为五元或十元左右,反映了经营者以物美价廉来吸引消费者的经营理念。

(8) 以服务对象命名。如"老年人"用品店、"大学生"书屋、"孕妇"用品专卖店等以命名方式锁定服务对象,占领相关细分市场。

(9) 以营业时间命名。如"不夜城"歌舞厅、"24 小时"加油站等表明店铺为消费者全天候提供服务。

(10) 以典故、诗词、历史轶闻命名。如北京的"张一元"茶庄,取自"一元复始,万象更新"的典故,又暗含老板以一元钱起家的经历,简单明了,易读易记。

(11) 以丑极生美的辩证美学思想命名。如天津的"狗不理",其名巧用"肉包子打狗,一去不回头"的民间俚语,以极丑的名字烘托新鲜生动的内容,迎合了消费者"求奇"的心理,引起购买兴趣,而使其名扬天下。

(12) 其他命名方式。如以新奇幽默命名,像国外一些商店以"Flea(跳蚤)"、"Happy Morning"、"Uncle Tom's House"、"Mark house"等命名显得十分风趣诙谐,容易使消费者记忆,也反映了西方人追求奇特,富于幽默的文化心态。

> 浙江绍兴鲁迅纪念馆附近的酒家将自己的商店名称取名为"咸亨酒店",请问这是一种什么样的取名方法?

任务二 进行开业登记

学习目标

• 终极目标
能正确填写各种不同性质商店的开业登记资料并能完成不同性质商店的开业登记工作。

• 促成目标
(1) 理解并掌握个体户性质商店的开业登记程序。
(2) 理解并掌握个人独资企业性质商店的开业登记程序。
(3) 理解并掌握合伙企业性质商店的开业登记程序。
(4) 理解并掌握公司性质商店的开业登记程序。

工作任务

工作任务书(2-2)

总体任务	填写不同性质商店的开业登记资料,并熟悉不同性质商店的开业登记程序
具体任务	××新开店铺开业登记资料操作

【活动】　　　　××新开店铺开业登记资料操作

【活动目标】

培养学生从网上查找资料、正确填制店铺开业登记表格的能力。

【活动内容与要求】

(1) 全班学生分成 5 组,每组负责一种性质商店开业登记资料的填制工作,具体有个体工商户、个人独资企业、合伙企业、有限责任公司、股份有限责任公司等五种性质。

(2) 上次课结束前教师将任务布置给每组学生,要求学生课后从网上查找自己分配到的商店的开业登记程序、需要制作的资料内容及其填制要求。

(3) 教师将准备好的 5 种不同性质商店开业登记所需的表格发给每组,要求各组完成表格的填制及相关资料的准备工作。

(4) 每组推举一名代表阐述本组准备的这种性质商店的开业登记程序。

(5) 每组课后将填制完成的表格与资料上交。

【成果与检测】

(1) 表格填制 80% 正确、资料准备基本齐全的为良好;表格填制 95% 正确、资料准备齐全的为优秀。

(2) 开业登记程序阐述 80% 正确的为良好;开业登记程序阐述 95% 正确的为优秀。

知识讲解

(一) 个体户性质商店的开业登记程序

个体户(全称为个体工商户) 是指资产所有权属于个人,不雇用或少量雇用他人,以营利为目的,从事生产经营的个体经济。我国的许多个体工商户都是以小型或微型商店的形式活跃在社会经济生活中的。

1. 个体工商户申请人资格

根据我国《城乡个体户管理暂行规定》的规定,凡是有经营能力的城镇待业人员、农村村民以及国家政策允许的其他人员,都可以申请从事个体工商业经营,依法经核准登记后为个体工商户。

2. 个体工商户可从事的行业

个体工商户可以在国家法律和政策允许的范围内,经营工业、手工业、建筑业、交通运输业、商业、饮食业、服务业、修理业及其他行业。

个体工商户,可以个人经营,也可以家庭经营。个人经营的,以个人全部财产承担民事责任;家庭经营的,以家庭全部财产承担民事责任。个体工商户可以根据经营情况请 1~2 个帮手;有技术的个体工商户可以带 3~5 个学徒。

3. 个体工商户性质商店的开业登记程序

个体工商户的开业登记程序如图 2-6 所示。

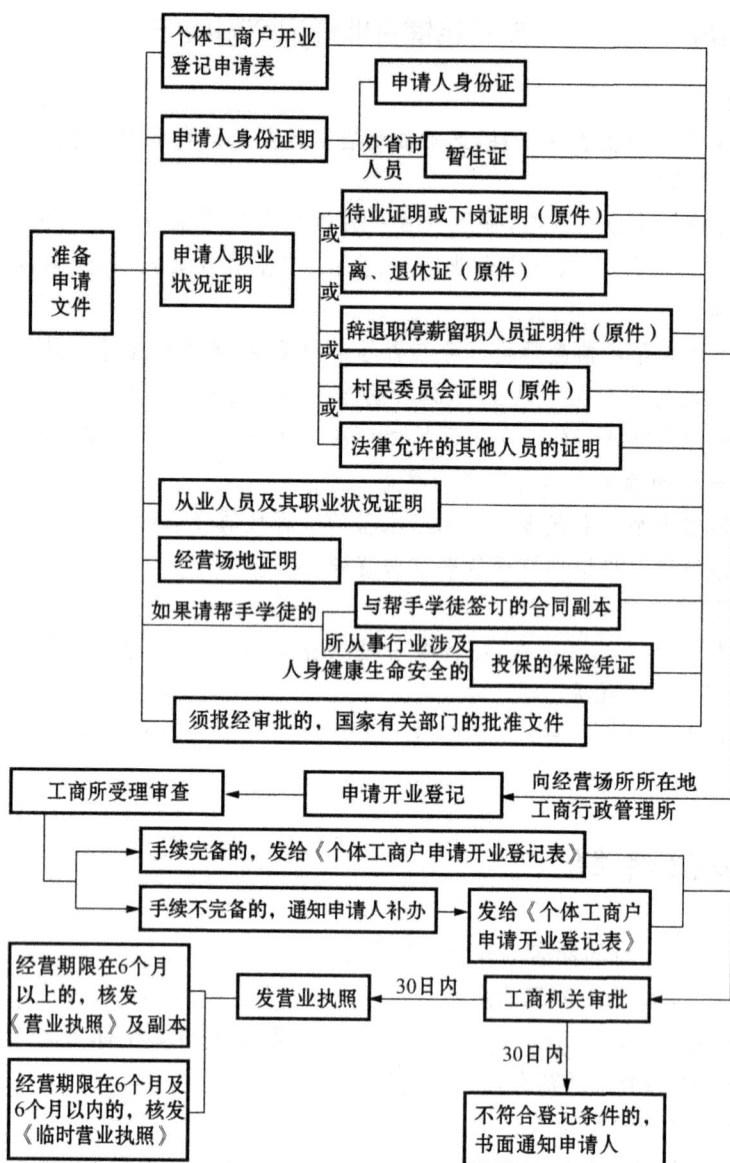

图 2-6 个体工商户开业登记程序

在个体工商户进行开业登记时所应提供的经营场地证明文件如表 2-1 所示：

表 2-1 个体工商户的经营场地及其进行开业登记时所应提供的场地证明文件

经营场地类型	需提交的证明文件
租用他人的经营场所	租房协议书
自己所有的经营场所	产权证明
居民房改为商业用房的	居改非的证明
进入各类市场内经营的	经市场管理办公室盖章批准的有关文件
利用公共空地、路边弄口等公用部位作经营场地的	应提供市政、城管、土地管理等有关职能部门的批准文件或许可证

法律法规对个体工商户从事的需经国家有关部门批准的行业的规定(见表2-2)。

表 2-2 个体户从事特定行业所应提供的批准文件种类

所从事的行业	需提交的有关批准文件
从事机动车、船客货运输的	应出具车船牌照、驾驶执照、保险凭证
从事饮食业、食品加工和销售业的	应出具食品卫生监督机关核发的证明
从事资源开采、工程设计、建筑修缮、制造和修理简易计量器具、药品销售、烟草销售等的	应提交有关部门批准文件或者资格证明
从事旅店业、刻字业、信托寄卖业、印刷业的	应提交所在地公安机关的审查同意证明

【案例2-2】

妻债夫还?

甲与乙是夫妇,2002 年,甲辞职开办了一家小卖部。但甲开店的想法一直都遭到丈夫乙的反对,所以双方签订了一份协议,协议约定:甲开店的一切责任自负,双方的各自收入归个人支配。甲在经营中效益时好时坏,但乙从不过问。甲开店后并没有与乙分伙,她也经常以营业收入为家中购置共同的生活用品,但两人的收入的确各自保管。1994 年,甲由于几次进货失误,造成商品严重积压,并欠下 3 万多元的债务。2004 年初,债主纷纷前来讨债,甲将全部货物及自己的存款还债,结果仍欠丙 1 万多元。丙因向甲要不到全部欠款。便向法院起诉,请求以乙的存款偿还。法院经查实,乙在银行有 5 万元的存款。提问:丙是否有权请求乙偿还甲所欠的债务?

(二) 个人独资企业性质商店的开业登记程序

个人独资企业是指依照《中华人民共和国个人独资企业法》在中国境内设立,由一个自然人投资,财产为投资人个人所有,投资人以其个人财产对企业债务承担无限责任的经营实体。

1. 个人独资企业的设立条件

(1) 投资人为一个自然人,只有具有中国国籍具有完全民事行为能力的自然人才能投资设立个人独资企业。

相关知识链接

我国民法对民事行为能力的分类

根据民法的规定,我国将自然人的民事行为能力分为三大类:①完全民事行为能力。具有完全民事行为能力的人有二类:一是 18 周岁以上,精神、智力正常的自然人;二是 16 周岁以上,以自己的劳动收入为主要生活来源的人,在法律视作是完全民事行为能力人。②限制民事行为能力。具有限制民事行为能力的人有两类:一是 10 周岁以上,不满 18 周岁的未成年人;二是不能完全辨认自己行为的精神病人。③无民事行为能力。无民事行为能力人也有两类：一是不满10周岁的未成年人；二是不能辨认自己行为的精神病人。

(2) 有合法的企业名称，其名称应当与其责任形式及从事的营业相符合，在其名称中不得有“有限”、“有限责任”和“公司”等字样。

(3) 有投资人申报的出资。

(4) 有固定的生产经营场所和必要的生产经营条件。

(5) 有必要的从业人员。

2. 个人独资企业的开业登记程序

外国人能不能按《个人独资企业法》的规定在中国境内开办个人独资企业？为什么？

个人独资企业的开业登记程序如图2-7所示。

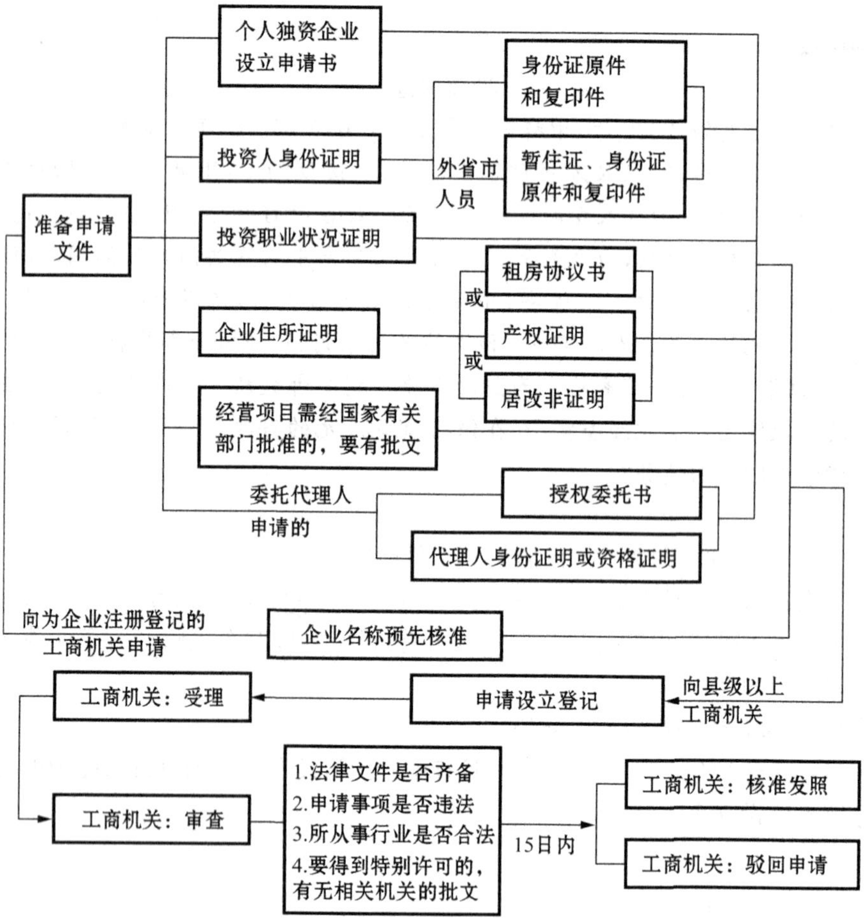

图2-7 个人独资企业开业登记程序

个人独资企业营业执照的签发日期为个人独资企业成立日期。个人独资企业的营业执照里应载明，投资人的出资方式，即是以个人财产出资，还是以家庭财产出资，如果投资人是以家庭财产出资的，则应当依法以家庭共有财产对企业债务承担无限责任。

（三）合伙企业性质商店的开业登记程序

合伙企业是指依照《中华人民共和国合伙企业法》在中国境内设立的由各合伙人订立合伙协议，共同出资、合伙经营、共享收益、共担风险，并对合伙企业债务承担无限连带责任的营利性组织。

1. 合伙企业的设立条件

（1）有两个以上合伙人，并且都是依法承担无限责任者。合伙人应当是具有完全民事行为能力的人，除在职国家公务员、现役军人、国有集体企事业单位在职管理人员以及法律规定不准投资的人员外，其他人员均可申办个人合伙企业。

（2）有书面合伙协议。

（3）有各合伙人实际缴付的出资。

（4）有合伙企业的名称。合伙企业名称中不得使用"有限"或"有限责任"字样。

（5）有经营场所和从事合伙经营的必要条件。

2. 合伙企业的开业登记程序

合伙企业的开业登记程序如下图 2-8 所示。

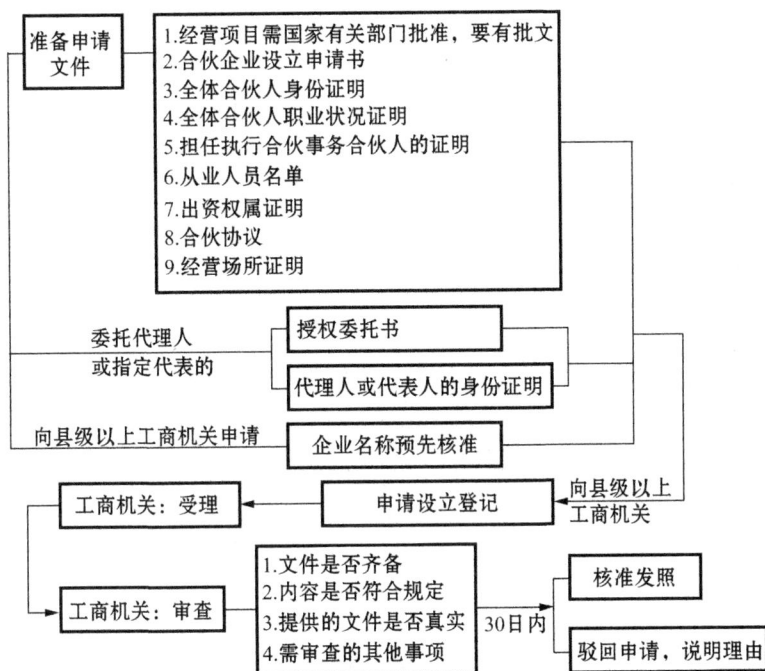

图 2-8　合伙企业开业登记程序

合伙企业的营业执照签发之日，为合伙企业的成立日期。合伙企业的营业执照分为正本和副本，正本和副本具有同等法律效力。合伙企业根据业务需要，可以向企业登记机关申请核发若干营业执照副本。合伙企业应当将营业执照正本置放在经营场所的醒目位置。

登记注册费的有关规定
不具备法人条件的企业(个人独资、合伙企业)、企业法人设立的分支机构、外商投资企业的分支机构和办事机构的开业登记，每户300元。

（四）公司制商店的开业登记程序

公司是指依照公司法在我国境内设立的，以营利为目的，由股东共同出资，股东以其出资额或所持股份为限对公司承担责任，公司以其全部资产对公司的债务承担责任的企业法人。

目前，我国主要有两大类公司形态：一是有限责任公司；二是股份有限公司。

1. 有限责任公司性质商店的开业登记程序

根据我国公司法，目前我国的有限责任公司主要有 3 类：一是普通的有限责任公司；二是一人有限责任公司；三是国有独资公司。其中第一类有限责任公司通常由 2 名以上的股东出资组建，后两类公司通常称为一人公司，或者由一个自然人或法人来组建，或者由国有投资机构来组建。但不管哪一类有限责任公司，其开业登记程序是基本相同的。

1）有限责任公司的设立条件

（1）股东符合法定人数。有限责任公司应由 50 个以下股东出资设立，可以是法人，也可以是自然人。

（2）股东出资达到法定资本最低限额。有限责任公司注册资本的最低限额为人民币 3 万元，一人有限责任公司的注册资本最低限额为人民币 10 万元。

（3）股东共同制订公司章程。

（4）有公司名称，建立符合有限责任公司要求的组织机构。

（5）有公司住所。

2）有限责任公司的开业登记程序

（1）公司名称预先核准程序。有限责任公司在开业登记前应首先进行公司名称预先核准，其核准程序如图 2-9 所示。

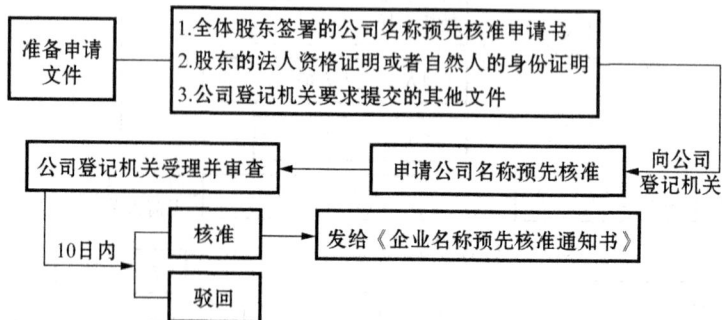

图 2-9　公司名称预先核准流程图

预先核准的公司名称保留期为 6 个月。预先核准的公司名称在保留期内，不得用于从事经营活动，不得转让。

股份有限责任公司的名称预先核准与上述程序相同，只不过在提交的申请文件中，第一、二项须改成"全体发起人签署的公司名称预先核准申请书"和"发起人的法人资格证明或者自然人的身份证明"。

（2）开业登记程序。有限责任公司的开业登记程序如图 2-10 所示。

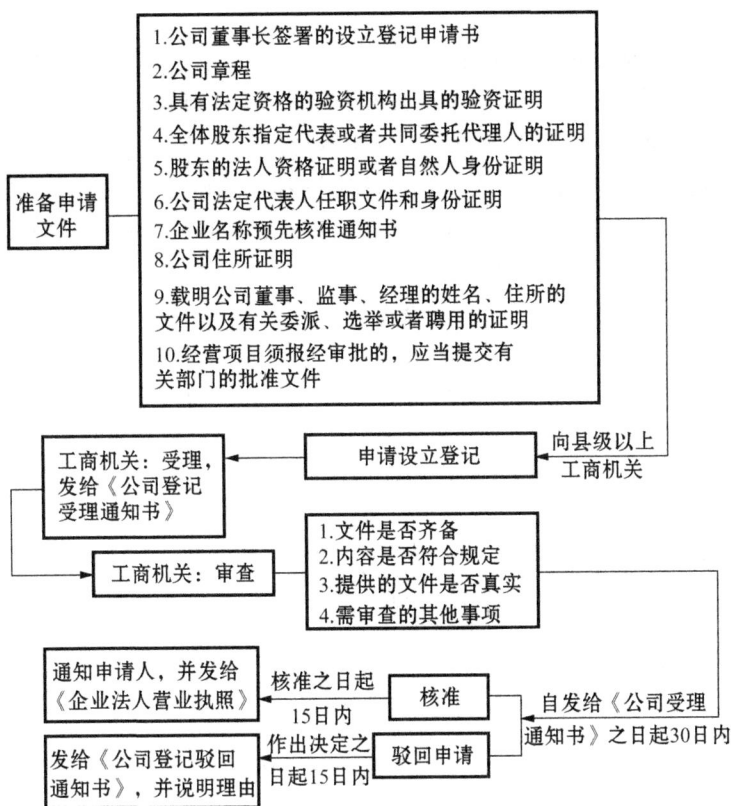

图 2-10 有限责任公司开业登记程序

【案例 2-3】

开业登记中的协议

假设有张三、李四两人准备开一家有限责任公司性质的小型超市,张三、李四每人准备分别出资 5 万元,其中张三准备以 4 万元的存货和 1 万元的现金出资,李四准备以 3.5 万元的设备(如货架、空调等)和 1.5 万元现金出资。但到了要进行设立登记时,李四非常害怕商店将来会经营不行,自己血本无归,于是他要求与张三订了一份协议,协议约定,李四将这些财产出资给商店,商店如果盈利了,则李四能分得利润的 20%,如果亏损了,李四不承担亏损责任,将来商店如果关闭的话,张三保证将其 5 万元出资还给他。协议内容还应李四要求,写入了公司章程。请问:该超市在开设过程中有没有问题?请具体说明。工商机关能让该商店登记吗?

2. 股份有限公司性质商店的开业登记程序

根据我国公司法,目前我国股份有限公司的设立主要分为两种情况:一是发起设立,即由发起人认购公司应发行的全部股份而设立公司的一种公司设立方式;二是募集设立,即由发起人认购公司应发行股份的一部分,其余股份向社会公开募集或者向特定对象募集而设立公司的一种公司设立方式。但不管哪一种设

股份有限公司性质商店的开业登记程序。

立方式,其设立条件是一致的。

1) 股份有限公司的设立条件

(1) 发起人符合法定人数。设立股份有限公司,应当有 2 人以上 200 人以下为发起人,其中须有半数以上的发起人在中国境内有住所。

(2) 发起人认购和募集的股本达到法定资本最低限额。股份有限公司注册资本的最低限额为人民币 500 万元。法律、行政法规对股份有限公司注册资本的最低限额有较高规定的,从其规定。

(3) 股份发行、筹办事项符合法律规定。

(4) 发起人制订公司章程,采用募集方式设立的经创立大会通过。

(5) 有公司名称,建立符合股份有限公司要求的组织机构。

(6) 有公司住所。

> **公司登记费**
> 公司办理设立登记,应当按照规定向公司登记机关缴纳登记费。领取《企业法人营业执照》的,登记费按注册资本总额的 1‰ 缴纳;注册资本超过 1000 万元的,超过部分按 0.5‰ 缴纳;注册资本超过 1 亿元的,超过部分不再缴纳。

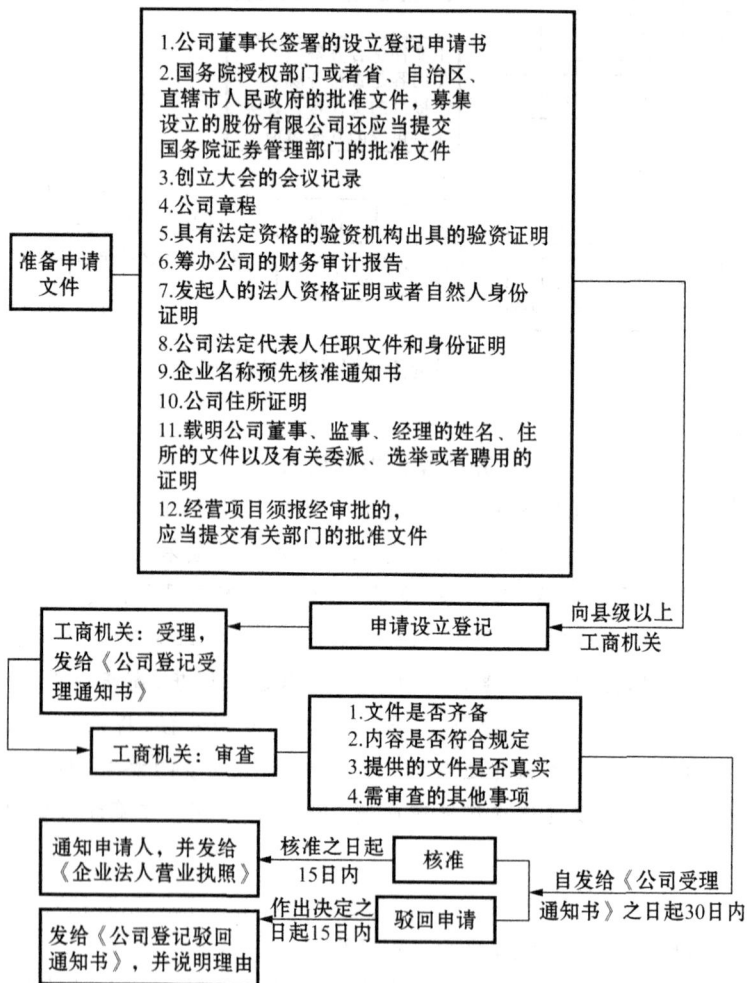

图 2-11 股份有限公司开业登记程序

2) 股份有限公司的开业登记程序

股份有限公司在开业登记前也应先向公司登记机关申请公司名称预先核准,

由于其具体程序与有限责任公司的名称核准相同,这里不再赘述。

股份有限责任公司的开业登记程序如图2-11所示。

经典案例赏析

讨论:品析案例,分析相关商店开业登记知识点在案例中的体现。

"索尼"的命名由来

日本索尼商店(SONY),原名为"东京通信工业商店",为了企业的发展,商店经理盛田昭夫决定改名,要求名称一定要风格独特、醒目、简洁,并能用罗马字母拼写,而且在任何一个国家都必须保持相同的发音。

遵循上述原则,盛田昭夫查了不少字典,发现拉丁文中"SONUS"是"SOUND"(英文,意为"声音")的原型,另外"SONNY"一词非常流行,是"精力旺盛的小伙子"、"可爱的小家伙"之意,正好有他所期待的乐观、开朗的含意。同时,他又考虑到该词如果按照罗马字母的拼法,发音正好与日文中的"损"字相同,这容易引发不吉利的联想。于是盛田昭夫灵机一动,将"SONNY"中的一个字母去掉,变为"SONY"。"SONY"既是"SOUNS"的谐音,又有"SONNY"之意。盛田昭夫将"SONY"作为商店生产的所有产品的注册商标,并将商店名称由"东京通讯工业商店"改为"SONY商店",这一名称使SONY商店财运亨通,而且也成为消费者爱不释手的名牌商标。

思考(结合所学知识分析下列问题):请评析SONY商店的店名设计及其给你带来的启示。

思考与练习

姓名_____　班级_____　学号_____

（1）甲、乙、丙3个人合伙开办酒店，约定甲、乙各出资2万元，丙提供门面。后经3人协商，一致同意让丁以其劳务出资入伙。4人约定，平均分配盈余。半年后，合伙人乙趁甲外出之机，说服丙、丁让其退伙，丙、丁同意，退还2万元给乙。甲回来后得知此事，认为乙不能退伙，并出示合伙经营期间已亏损16万元的账本，要求乙共同承担合伙企业的债务，乙拒绝。

问题：① 合伙企业是否具有法人资格，其承担责任的方式如何？

　　　② 乙是否要对合伙债务负责？为什么？

（2）美国有一种名叫"伊丽莎白·泰勒热情"专卖香水的连锁店，销售业绩非常好，但其连锁店发展到第55家时被迫停卖。因为有个竞争者的产品名称叫"热情香水"，比其早用和早注册这个名称，因此该竞争者向法院起诉，认为其侵权，最终法院支持了它的竞争者的主张。最后"伊丽莎白·泰勒热情"连锁店不得不改弦易张，重新命名，原先的广告促销活动也付诸东流。

请谈一谈这一案例给了你什么启示？

（3）张三与李四合资以商贸有限公司形式，在江阴市市中心开了一家中型超市，张三与李四分任公司的董事长与总经理。超市经营期间由于张三与李四经营理念上的不同，使得超市的管理比较混乱，超市员工对于分别来自于董事长与总经理的相互矛盾的不同指示，无所适从。一年后，超市因经营不善倒闭了，对外欠债150万元，公司的注册资金为100万元，其中张三、李四分别占60%与40%的股份，倒闭时超市所有的资产为120万元，在偿还了所有债权人的债之后，债权人还有30万元债权得不到清偿。于是，债权人分别向张三与李四提出了要求他们各自承担18万元与12万元债务清偿责任的要求。

请问：张三与李四需不需要各自偿还18万与12万元？为什么？

項目
三

商店设计

本项目内容结构图

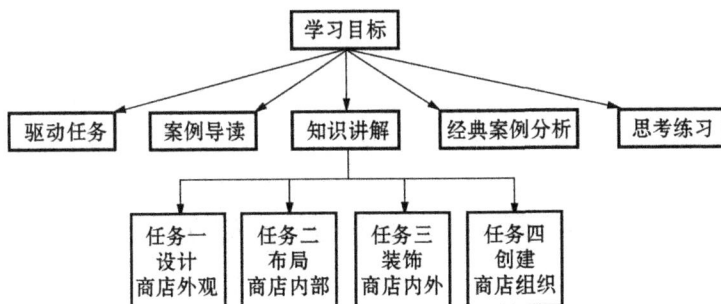

```
                        学习目标
         ┌────┬─────┬──────┼────────┬──────┐
       驱动任务 案例导读 知识讲解 经典案例分析 思考练习
                    ┌──────┼──────┬──────┐
                 任务一   任务二  任务三  任务四
                  设计    布局    装饰    创建
                商店外观 商店内部 商店内外 商店组织
```

学习目标

• **终极目标**

能为商店进行招牌设计、出入口设计、流动线安排与合理进行货架布局,并能为店铺做好色彩搭配、灯光设计,能在店铺中合理运用音乐与气味,能为店铺进行组织结构设置、组织模式选择及组织人员的挑选。

• **促成目标**

(1)理解并掌握店铺形态的选择、店铺招牌设计与出入口设计的具体内容,并能为店铺进行招牌设计与出入口设计。

(2)理解并掌握店铺的流动线安排与货架布局的具体内容,并能为不同类型店铺合理安排流动线与进行货架布局。

(3)理解并掌握店铺色彩搭配、灯光设计、音乐与气味使用的具体内容,并能为店铺经营合理使用色彩、灯光、音乐与气味。

(4)理解并掌握店铺组织结构设置、组织模式选择、组织人员挑选的具体内容,并能为店铺设计合理的组织结构、选择合适的组织人员。

驱动任务

(1)为店铺进行招牌与出入口的设计。

(2)为店铺进行流动线安排与货架布局。

（3）为现有店铺的色彩、灯光、音乐、气味使用进行分析。

（4）为新开店铺进行组织结构设置与人员挑选。

📝 案例导读

细节决定成败

小赵与小李是中专同学，毕业后两人在家人的支持下，分别开了两家商店，小赵开的是饰品店，小李开的是女性服装店，都开在城市的服饰类商业中心区。但一年经营下来，小赵开的饰品店亏损不小，而小李开的服装店不仅收回了投资，而且还赚了不少。小赵觉得自己运气不佳，但小李到他的店里去考察了一番之后，觉得小赵经营的不成功主要原因是其对商店的出入口设计、招牌设计、灯光、色彩、音乐与气味等设计方面存在很大的问题。小赵赶忙向小李虚心请教，小李就与他一起详细地分析了其饰品店在形象设计方面需要改进的地方。

> 📎 那么小赵在进行商店外观设计、内部布局时究竟应该注意哪些问题？怎样才能建立一个对顾客有吸引力的商店形象？为什么商店形象能对商店经营结果的影响这么大？（对于这些问题，你可以在本章的学习中找到答案。）

任务一　设计商店外观

✏️ 学习目标

• **终极目标**

能为商店进行招牌设计、出入口设计。

• **促成目标**

（1）理解并掌握店铺形态的设计。

（2）理解并掌握店铺招牌、店标的设计。

（3）理解并掌握店铺出入口的设计。

📚 工作任务

工作任务书（3-1）

总体任务	商店招牌设计与出入口设计分析
具体任务	（1）店铺招牌设计分析 （2）店铺出入口设计分析

📢 【活动】一　　　　　　店铺招牌设计分析

【活动目标】

（1）培养学生对美的感悟能力。

（2）培养学生运用已有知识和经验塑造店铺个性、特色的能力。

【活动内容与要求】

(1) 教师准备一系列(5组)不同的店铺招牌图片并将其制作成PPT课件。

(2) 课堂上将这些图片展示出来,并要求学生分析店铺招牌的结构要素、设置特点、色彩搭配和字体使用。

(3) 将全体学生分成5组,每组选择一组招牌进行讨论分析并发言,其他组可以对该组的发言进行补充。

(4) 实施要求:每组按顺序依次进行,分析发言要求简明扼要。

【成果与检测】

(1) 能完成店铺招牌4个方面分析的组为良好;完成分析并且没有错误的为优秀。

(2) 店铺招牌分析发言顺畅全面的为良好;店铺招牌分析发言顺畅全面,言简意赅,条理清晰的为优秀。

【活动】二　　　　店铺出入口设计分析

【活动目标】

培养学生根据店铺规模、面积、业态、经营品种等为商店设计合理的出入口的能力。

【活动内容与要求】

(1) 教师准备一系列不同店铺的出入口的图片并将其制作成PPT课件。

(2) 课堂上将这些图片展示出来,并要求学生分析店铺出入口设计的类型、优缺点、使用环境、适用于何种店铺。

(3) 将全体学生分成5组,前4组分别分析一种店铺出入口类型,第5组则分析一个店铺出入口设计的案例。

【成果与检测】

(1) 能完成店铺出入口设计4个方面分析的组为良好;完成分析并且没有错误的为优秀。

(2) 店铺出入口设计分析发言顺畅全面的为良好;店铺出入口设计分析发言顺畅全面,言简意赅,条理清晰的为优秀。

知识讲解

(一) 店铺形态的设计

店铺设计的特色是以如何灵活运用店铺形态为基础的,店铺的标准形态可分为两种:一是深度较长而门面较窄;二是门面宽而深度浅。此外,也有特殊变形的店铺。但是,一般还是以上述两种形态较具代表性。

决定店铺形态的基本方法如表3-1所示。

> 选择适合店铺经营特点的店铺形态。

表 3-1　决定店铺形态的基本方法

店铺形态	适 合 行 业
门面宽、深度浅的店铺较适合的行业	餐饮服务业：汉堡店、冰淇淋专卖店、意大利脆饼店、面摊（客人需站着吃，没有椅子可坐）、咖啡屋。
	其他：书报店、快速冲印店、西式点心店、日式点心店
门面窄、深度长的店铺较适合的行业	餐饮服务业：酒吧、适合家庭的餐厅、快餐店、茶坊等
	其他：理发厅、美容院、礼品店、化妆品店、首饰店、书店、玩具店、文具店、日常用品店、自助洗衣店等

如果地形限制，店面不得不成为特殊变形店铺时，只要投资者能用心思考，合理布局，也是不难成为旺铺的。

（二）店铺的外观设计

1. 商店招牌设计

商店招牌是指用以识别商店、招徕生意的牌号，是一种有效的广告形式。好的招牌（见图 3-1）能给人留下生动、清晰的印象，有利于扩大店铺知名度，增加客流量。

1）招牌设计

招牌设计是指对招牌上所使用的店名字体、颜色及背景的设计。在实践中，招牌通常可以分为两类：一类是纯粹文字型，即在相应招牌底色背景下只有文字展示；另一类是组合型，可以是文字与图形的组合、文字与标志的组合，还可以是文字与形象的组合。

一般在商业经营中很少有无文字的纯粹图形、标志或形象招牌。店铺经营者还可以根据自己经营时间的特点，决定是否在招牌上打上灯光、运用灯箱或制作霓虹灯。

（1）招牌字体的设计。就零售店铺店名字体的性格属性来讲，可分为以下几种（见表 3-2）。

> 商店招牌字体、字体颜色及背景的设计。

表 3-2　店名字体及其性格属性

店名所用字体	性 格 属 性
方饰线体、新魏碑	粗犷、豪放
古罗马体、卡洛林体、仿宋、黑体	庄重、典雅
意大利斜体、行书	潇洒、飘逸
结构型、草书体、隶书	纤巧、秀丽
正圆形的罗马体	古拙、稚气

店名招牌字体作为一种符号,它是零售店铺店面识别系统的组成部分,也能表达丰富的内容,因此在设计时不可掉以轻心。设计专家发现:"由细线构成的字体"易让人联想香水、化妆品、纤维制品;"圆滑的字体"易让人联想到香皂、糕饼、糖果;"角形字体"易让人联想到机械类、工业用品类。由此可见,不同的字体其含意各不相同,零售店铺经营者有必要在店名招牌字体上下一番工夫。

由于不同企业具有不同的经营属性,与不同的店名字体属性相吻合,在实践中就形成了一些约定成俗的法则(见表 3-3)。

表 3-3　不同类型商店店名字体的习惯用法

商店类型	店名适用字体
经营化妆品的商店	多用纤细、秀丽的字体,以显示女性的柔美秀气
经营手工艺品的商店	多用不同感觉的书法,以表现手工艺品的艺术风味和情趣
经营儿童食品与玩具的商店	多用充满稚气的"儿童体",活泼的字型易与童心相通
经营五金工具的商店	多用方头、粗健的字体,以表示金属工具的刚劲坚韧

一般说来,除了传统的经营工艺品、仿古制品、民间艺术品等的商店,其店名字体用古典体的较多,其他商店,特别是经营与时代的科技、生产和生活方式息息相关的汽车、电子产品、钟表、时装等的商店店名字体制作,都是追求时代感的,因此均应采用现代体字型,以与销售产品的内容属性相吻合。

(2)招牌字体颜色及背景的设计。著名色彩设计专家鲁凯茨依文字色与底色的配合,根据明视度顺序将其搭配关系排列如表 3-4,以供店铺经营者参考。

表 3-4　招牌底板色与店名字体色的理想搭配

底板色	文字色	最大辨认距离/米	底板色	文字色	最大辨认距离/米
黄	黑	114	绿	白	104
白	绿	111	黑	白	104
白	红	111	黄	红	101
黑	黄	107	红	绿	90
白	黑	106	绿	红	84
红	白	106	黄	绿	84

经验证明,店名字体或字母数越多,色饰成分应该越少。店名字体的色彩要增强文字的表现力、美感与阅读的舒适度。反之,则是不可取的。

2)商店店标的设计

店面标志是一种视觉语言,是区别于店铺的一种独特设计,代表的是店铺本身,是店铺形象的说明,也是商店招牌设计的一个重要组成部分。

据考古发现,早在公元前 79 年,在古罗马的庞德镇,用色彩在外墙画一支壶把,表示是茶馆,画有牛的地方表示是牛奶店或牛奶厂,画有常春藤的是油房,画石磨的是面包店等。由此可见,商店使用店标来标识自己几千年的历史。

图 3-1　商店招牌实例

(a) 7-11 便利店招牌　(b) 苏宁电器连锁店招牌　(c) 特力屋招牌

（1）店标种类

一是文字标志，由各种文字、拼音字母等单独构成。这种类型的标志发音清晰具有易呼易记的特点，适用于多种传播方式（见表 3-5 和图 3-2）。

表 3-5　文字标志种类及其内容

标志种类	具 体 内 容	使 用 建 议
连字标识	由音素、字母、汉字连接而成的相对完整的词语或句子	使用时要加些背景图案、装饰或形象性构字等变化
组字标识	取商店名称的开头字的字母组成的表音标识	图案性较强，如果与表形标识结合起来，会取得更好的视觉效果
音形标识	为表音标识与表形标识的组合	表形的要素可以是抽象的；表音的要素可以是连字也可以组字

图 3-2　文字标志

(a) 连字标识（LOOGOO）　(b) 组字标识（B&Q）　(c) 音形标识（Hoyodo）

二是图案标志，即无任何文字，单独用图形构成的标志。用图案表示的店铺的标志形象生动，色彩明快，而且不受语言的限制，易于识别。但是由于图案标志没有标志名称，不便呼叫，因此表意不如文字标志准确（见表 3-6 和图 3-3）。

表 3-6　图案标志种类与特点

标志种类	涵 　 义	特 　 点
抽象标识	用非象形图案或几何图形来表达一定事物的某种意义或概念	最重要的是处理好线条：线条的短长、粗细、直斜等均能影响消费者的心理反应
象形标识	能直接表达企业特征的符号性标识，也可以称为图案画标识	形象来源于现实生活，生动活泼、含义清楚，能给消费者留下深刻的印象
形征标识	抽象标识与象形标识相结合	使标识整体削弱了呆板的感觉，显得生动活泼，含义也更易于理解

三是组合标志，是采用各种文字、图形、拼音字母等交叉组合而成的标志。这

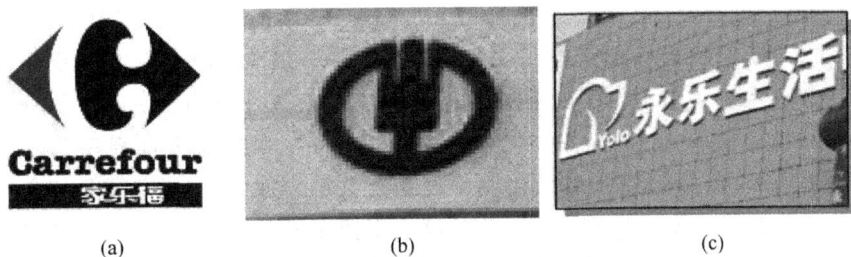

图 3-3　图案标识

(a) 抽象标识　(b) 象形标识　(c) 形征标识

种标志利用和发挥了文字标志和图案标志的特点,图文并茂,形象生动,引人注目,便于识别,易于被广大消费者所接受(见图 3-4)。

图 3-4　组合标志

(a) 文字与几何图形的结合　(b) 文字与实物图画的结合

　　除上述三类以外,根据其他的标准商店标志还能分成一些其他的类别,如表 3-7 和图 3-5 所示。

表 3-7　根据其他标准划分的店标种类

店标类别	具 体 内 容
名称性标识	直接把商店名称的文字、数字用独特的字体表现出来,通常是将名称的第一个字母或字艺术化地放大,以使其突出、醒目,这类标识设计要注意色彩问题,以增强其标识性
解释性标识	用商店名称中本身所包含的事物、动植物、图形等的图案来作为商店的标识
寓意性标识	以图案的形式将商店名称的含义间接地表达出来的标识

图 3-5　其他类别的商店标志

(a) 寓意性标识(图画标识)　(b) 名称性标识(M)　(c) 解释性标识

> 寓意性商店标识根据文字、图形等组合因素的不同，又可分为名称字母式标识，即在商店名称前面或后面或中间加上一个字母，以构成独特的商店标识；名称线条式标识，即在商店名称周围艺术化地加上一段线条，以强化招牌视觉效果的标识；图画标识，即对商店名称进行加工和提炼，然后再以一定图画的形式将其表现出来的标识。

苹果电脑（Apple Computer）卖店招牌上所使用的那只成熟诱人的苹果，彪马（Puma）服装专卖店招牌上所使用的那只勇猛无比、威风凛凛的美洲豹，这些属于名称性标识、解释性标识，还是寓意性标识？为什么？

（2）店标设计原则

店标设计的主要原则：一是简洁鲜明；二是独特新颖；三是准确相符（寓意准确、与店名相符）；四是优美精致；五是稳定适时（店标应长期使用、长期宣传，但也应不断改进）；六是言义深刻；七是国际化、统一化；八是规范性（店标应符合有关法律法规的要求）。

【案例 3-1】

花王的标识

日本花王公司的月亮标识，自 1890 年创业迄今，共有 7 次重大的变化，从演进的轨迹来看，显示出越靠近现代，越符合现代人的感受。请问：本例中日本花王公司月亮标识的发展体现了上述哪一个原则？

3）招牌的设置位置

根据店铺的不同情况，招牌一般有以下几种设置方式：

（1）屋顶招牌，设在屋顶位置。

（2）标志杆招牌，通常用水泥杆或钢管矗立在店铺门前，常常用于汽车道或铁路两旁的店铺，以远远地吸引顾客的注意。

（3）栏架招牌，通常安置在店铺所在建筑物的正面，用以表示店名、商品名、商标等，是最重要的一种招牌。

（4）侧翼招牌，通常安置于店铺一侧或两侧，常用于门前道路狭窄的店铺，有很好的宣传效果，但要注意高度适中，太低易被载货车辆撞坏，太高则不易观看。

（5）活动招牌，通常放置在店前人行道上，对来往行人的吸引力很大，如肯德基的上校形象、柯达冲印店的美女人像，颇能使顾客产生亲切感。

（6）壁上招牌，位于拐角的店铺，其临街的一侧的墙壁空间往往可以写上店名或服务项目，作为店铺的壁上招牌使用，效果会很不错。

商店经营者使自己商店招牌醒目的方法一般有哪些？

（7）其他放置位置，如靠街道或有上层建筑的店铺可以使用悬挂垂吊的招牌，用以发布展销商品信息，经常可以更换，有的店铺为了在停止营业后还能起到宣传效果，还在卷帘门或百叶窗上写店名、营业时间、商标、服务项目等。

图 3-6　招牌设置位置实景图

(a) 屋顶招牌　(b) 标志杆招牌　(c) 栏架招牌　(d) 侧翼招牌

(d) 活动招牌　(e) 壁上招牌　(f) 其他招牌

2. 商店出入口的设计

店铺设计的关键点是出入口的设置。商场出入口设计应考虑商店规模、客流量大小、经营商品的特点、所处地理位置及安全管理等因素，既要便于顾客出入，又要便于商店管理。

一般大型商场的出入口设计要求如下：

(1) 出入口可以设置在中央，顾客进入商店后可以自由向左右延伸，左右两侧可以增设边门便于顾客步出商场；或者将门安置在左右两侧，一个是进口，一个是出口，通常入口较宽，出口相对窄一些，入口比出口大约宽1/3。

(2) 大型商场的出入口如果是分开的，由于入口与商场内部配置关系密切，因此在布局时，应以入口设计为先。在入口处为顾客购物配置提篮和手推车，一般按 1 辆(个)/10 人～3 辆(个)/10 人的标准配置；同时，出口通道宽度应大于1.5米，出口处按每小时通过 500～600 人为标准来配置一台收款台的方式设置收款台，出口附近可以设置一些单位价格不高的商品，如口香糖、图书报刊、饼干、饮料等，供排队等候的顾客选购。

小型商店进出口部位一般不安置在中央。因为店堂狭小，直接影响店内实际使用面积和顾客的自由流通。小店的进出口部位，一般选择左侧或右侧，才会比较合理。

1) 出入口设计类型

商店出入口(店门)的设计应当醒目、合理，根据商店出入口的开放程度，具体可分为：

(1) 封闭型。店铺出入口设计成封闭型的目的：一是为了隔绝噪音，保持店内安静；二是避免灰尘飞入，造成商品污染，从而可以提高店铺的清洁度；三是可以保持室内良好的气候，阻止冬夏季冷暖气外泄。

封闭型店铺的入口尽可能小些，面向大街的一面，要用陈列橱窗或有色玻璃遮蔽起来。顾客在陈列橱窗前大致品评之后,进入商店内部,可以安静地挑选商品。在以经营宝石、金银器等商品为主的高级品商店,因为不能随便把顾客引进店内,又要顾客安静、愉快地选购商品,所以这种类型是很适用的。这些商店大多店面装饰豪华,橱窗陈列讲究,从店面入口即可给顾客留下深刻印象,又可使到这里买东西的顾客具有与一般大众不同的优越感(见图3-7)。

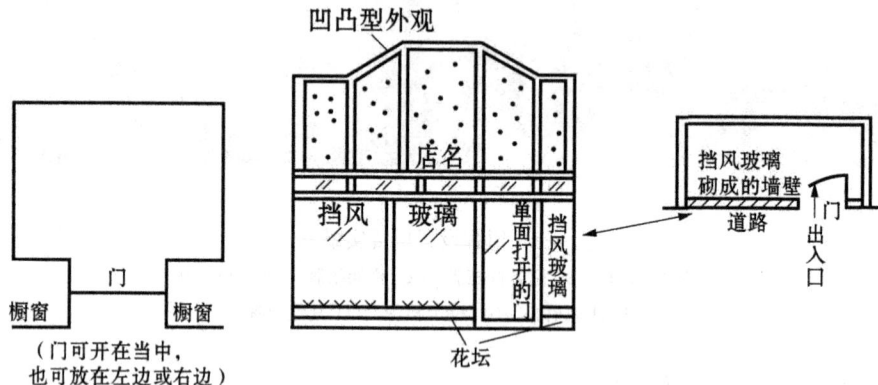

图 3-7 封闭型店铺(正面平面图)

(2) 半开放型。半开放型店铺有"犹抱琵琶半遮面"的韵味,这种类型的店铺一般是注重入口的宽敞度和橱窗的设计,一般都倾斜地配置橱窗,借此以吸引顾客视线。其外观一般是平面型,但很多店也使门面突出一部分(见图3-8)。

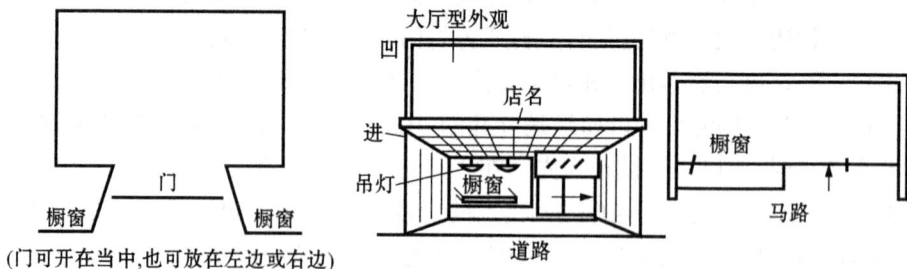

图 3-8 半开放型店铺(正面平面图)

半开放型店铺入口比开放型店铺小,但比封闭型店铺要大一些,顾客从大街上一眼就能看清商店内部,从而尽可能无阻碍地把顾客诱引到店内。在经营化妆品、服装、装饰品等的中级品商店,这种类型比较适合。购买这类商品的顾客,一般都是从外边看到橱窗,对商店经营的商品发生了兴趣才进入店内,因而开放度不要求很高,顾客在商店内就可以安静地挑选商品。

(3) 开放型。开放型店铺的优点是顾客进出方便,从而可以提高购买效率和速度(见图3-9)。一般是把商店的前面,面向马路一边全开放,使顾客从街上很容易看到商店内部和商品。顾客出入商店没有任何阻碍,可以自由地出入,客流量比较大。经营大众化的消费品的商店,如出售食品、水果、蔬菜、鲜鱼等的日用品商店,以及经营商品单价较低的店铺都用这种类型。

开放型店铺前面很少设置障碍物,在商店内要设置橱窗,前面的柜台要低些。

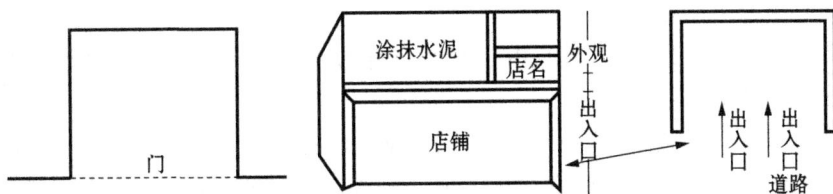

图 3-9 开放型店铺（正面平面图）

同时，不要把商店内堵塞得很满，影响顾客选购商品。店前不要放自行车、摩托车等以免把门口堵了，影响顾客出入。

（4）出入分开型。出入分开型店铺是指将出口和入口通道分开设置的店铺（见图 3-10），一边是进口，顾客进来之后，必须走完全商场才能到出口处结算，这种设置对顾客不是很方便，有些强行的意味，但对商家管理却是非常有利，有效地阻止了商品偷窃事件发生。这种出入口设置往往适用于经营大众化商品的大中型商店。如著名的外资零售企业——深圳沃尔玛和无锡麦德龙等便是采用这种设计。

图 3-10 出入分开型店铺
(a) 出入分开型店铺的入口 (b) 出入分开型店铺的出口

也有一些商场，由于商品陈列和营业厅的配置有些困难，一般把一面堵起来，就像附近的超级市场那样，店内可以自由走动，到各个货架买货都很方便，商店的一面是入口，另一面是出口，顾客出入商店也很自由，这种类型对顾客的接待效率也很高。

2）出入口设计与地理条件

（1）在繁华街道，商店出入口的设计要求（见表 3-8）。

表 3-8 处于繁华街道的商店出入口设计要求

出入口设计	繁华街道	适合商店类型
开放型的店铺	一般占 40％左右	汉堡店、布店、面摊、中式或西式点心店、文具店、书店等
半开放型的店铺	一般占 30％左右	高级服饰店、礼品店、首饰店等
封闭型的店铺	一般占 30％左右	新式家庭的餐厅、旅馆、美容院、咖啡屋、红茶专卖店、妇女用品店、快速冲印店、面包店、玩具店等

（2）在地方都市，出入口呈开放型的店铺多为餐饮业和贩卖业，其他行业则

以出入口为半开放型的店铺居多。

（3）在住宅区开设的店铺，由于其客户群为固定用户，所以店铺宜少用封闭型的出入口设计。

（4）出入分开型店铺则通常为中大型商业企业所采用，且其经营业态都为百货商店、大或中型超级市场、仓卖式大型商场等，其店铺设置的地理位置如表3-9所示。

表 3-9　地理条件与出入分开型店铺

出入分开型店铺常用业态	地 理 位 置
百货商店	城市商业中心区或城市中区域商业中心区
大型或中型超级市场	繁华街道、住宅区或商业聚集区
仓卖式大型商场	根据所需涵盖的商圈范围大小设立在交通便利的城郊结合部

【案例 3-2】

德国的仓卖型商店麦德龙无锡店设立在远离无锡市中心，但离沪宁高速公路非常近的无锡东郊，采用的是出入分开型的出入口设计，请问：麦德龙无锡店为什么要设立在无锡东郊，而不是无锡市繁华的市区内？

3）出入口设计注意事项

（1）出入口设置应以人流量、路线为选取规律，以目光辐射取向调查为基础，把门开在行人最多、路径最顺畅、最引人注目的地方。车水马龙的大马路边不宜设出入口，行人川流的步行街倒是开口的好位置。

（2）一些开设在楼上或地下室的商店，其入口要设立醒目而有特色的标志，并采取人员促销等方式克服这些商店出入口自身的缺陷。

（3）透过出入口应能清楚地看见商店的内部，陈列要有强烈的吸引力，以便引起顾客的购买欲望。

（4）出入口一定要方便顾客进出，务必排除商店门前的一切障碍。有时还应注意店门口拐角处设置的橱窗与特价台的位置与高低，不应妨碍顾客进出。

（5）商店的出入口门槛应与街面持平。很多顾客都不愿光顾高于或低于街面的商店。商店的入口不可设置过深过窄，顾客出入不便也会影响客源。

（6）出入口大小设置应考虑当地气温和太阳照射情况。一般情况下，应尽可能地避开季节变化的影响，但是不同的季节还应略有变化。在寒冷的地区和寒冷的季节里，开放程度应当小一些。冬天可把门集中到商店的中央，研究开放两边的门的方法。夏季可以将门全部取下，放在侧面的门架上，不要让门挡住商店。

另外，还要考虑太阳照射的问题。由于日光照晒会引起商品变质，变色。在怕灰尘的商店，开放度大了，商品容易蒙上灰尘。在这样的商店里，摆放商品要根据商店的外部装饰，注意克服灰尘污染的缺点。

（7）在设计出入口时还应考虑门前路面是否平坦，是水平还是斜坡，前边是否有隔挡及影响店门面形象的物体或建筑等。

除上述应考虑的因素以外,出入口的店门设计从商业观点来看应当是开放性的,所以设计时应当考虑到不要让顾客产生"幽闭"、"阴暗"等不良心理,从而拒客于门外,明快、通畅,具有呼应效果的门廊才是最佳设计。

【案例3-3】

土家小楼的成功之道

此图是湘西土家族风格的一家小店,其特点是在临街的老屋重新装修的店铺。风格上运用了湘西土家族人的传统建筑风格,完全以木结构明柱勾梁,上盖石片做瓦。其出入口、店门、门面招牌及店名所用字体的设计都融为一体,给人以古朴、凝重的感觉,而能使顾客感到新奇的也正是这种古朴的民俗风采。这家商店也正是因此而在当地餐饮市场上获得了成功。请问:该店装饰设计、形象定位的成功说明了什么问题?

任务二 布局商店内部

学习目标

- **终极目标**

能为商店合理安排流动线与进行货架布局。

- **促成目标**

(1)理解并掌握大中型零售店铺流动线种类与安排要求。

(2)理解并掌握小型店铺流动线安排。

(3)理解并掌握大中型店铺店内货架布局。

(4)理解并掌握小型店铺店内货架布局。

工作任务

工作任务书(3-2)

总体任务	商店流动线安排与货架布局分析
具体任务	(1)店铺流动线安排分析 (2)店铺货架布局分析

【活动】一 店铺流动线安排分析

【活动目标】

培养学生为店铺合理安排流动线的能力。

【活动内容与要求】

（1）教师准备5种不同业态店铺（便利店、中小型超级市场、大型超级市场、百货商店、仓储式商店）的流动线安排的图片并将其制作成PPT课件。

（2）课堂上将这些图片展示出来，并要求学生分析这些店铺流动线安排的类型、特点、差异及产生这些差异的原因。

（3）将全体学生分成5组，每组选择一种业态店铺的流动线安排进行讨论分析并发言，其他组可以对该组的发言进行补充。

（4）实施要求：每组按顺序依次进行，分析发言要求简明扼要。

【成果与检测】

（1）能完成店铺流动线安排4个方面分析的组为良好；完成分析并且没有错误的为优秀。

（2）店铺流动线安排分析发言顺畅全面的为良好；店铺流动线安排分析发言顺畅全面、言简意赅、条理清晰的为优秀。

📢【活动】二　　　　店铺货架布局分析

【活动目标】

培养学生根据店铺规模、面积、业态、经营品种等为商店进行合理的货架布局的能力。

【活动内容与要求】

（1）教师准备中型超级市场、百货商店、两种不同货架布局的专卖店、微型商店（2家以上）等5种不同类型店铺的货架布局的图片并将其制作成PPT课件。

（2）课堂上将这些图片展示出来，并要求学生分析这些店铺货架布局的类型、特点、差异及产生这些差异的原因。

（3）全体学生分成5组，每组选择一种店铺的货架布局形态进行讨论分析并发言，其他组可以对该组的发言进行补充。

（4）实施要求：每组按顺序依次进行，分析发言要求简明扼要。

【成果与检测】

（1）能完成店铺货架布局4个方面分析的组为良好；完成分析并且没有错误的为优秀。

（2）店铺货架布局分析发言顺畅全面的为良好；店铺货架布局分析发言顺畅全面，言简意赅，条理清晰的为优秀。

🔍 知识讲解

（一）商店流动线的安排

商店流动线，即卖场通道，是顾客购物与商场服务员补货的必要通路，其设计要方便各方人员行走和参观浏览。根据零售店铺规模大小的不同，商店流动线安排主要可分为大中型零售店铺流动线安排和小型零售店铺流动线安排两种。

1. 大中型零售店铺流动线安排

大中型零售店铺通道一般分为主副通路,主通道是顾客从店门进入店内的通道。副通道是辅助的通道。是顾客进入各个角落的重要通道。

1) 大中型零售店铺流动线安排种类

大中型商店流动线布局应充分考虑主副通道的宽度,商品补给路线选择,非营业场所与营业场所连接等各个方面,其主要可分为直线式通道和回型式通道两类:

(1) 直线式通道。直线式通道也被称为单向通道。这种通道的起点是卖场的入口,终点是零售店铺的收款台。顾客依照货架排列的方向单向购物,以商品陈列不重复、顾客不回头为设计特点,它使顾客在最短的线路内完成商品购买行为。图 3-11 即为典型的直线式通道。

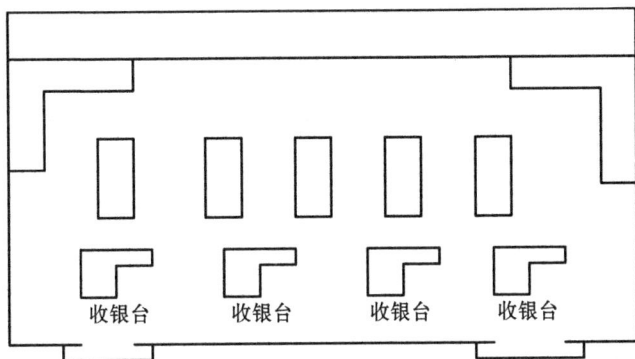

图 3-11 直线式通道

(2) 回型式通道。回型通道又被称为环型通道,通道布局以流畅的圆形或椭圆形按从右到左的方向环绕零售店铺的整个卖场,使顾客依次浏览商品,购买商品。在实际运用中,回型通道又分为大回型和小回型两种线路模型。

①大回型通道。这种通道适合于营业面积在 1 600 平方米以上的零售店铺。顾客进大卖场后,从一边沿四周回型浏览后再进入中间的货架。它要求卖场内部一侧的货位一通到底,中间没有穿行的路口,具体如图 3-12 所示。②小回型通道。它适用于营业面积在 1 600 平方米以下的零售店铺。顾客进入零售店铺卖场,沿一侧

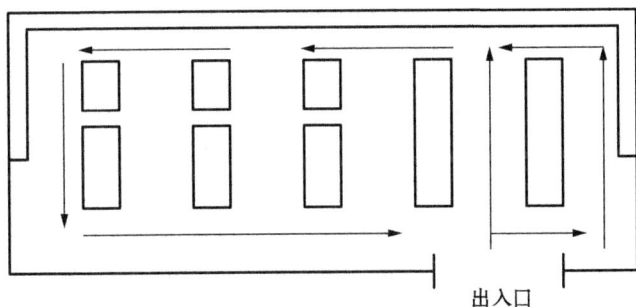

图 3-12 大回型通道

前行,不必走到头,就可以很容易地进入中间货位,具体如图 3-13 所示。

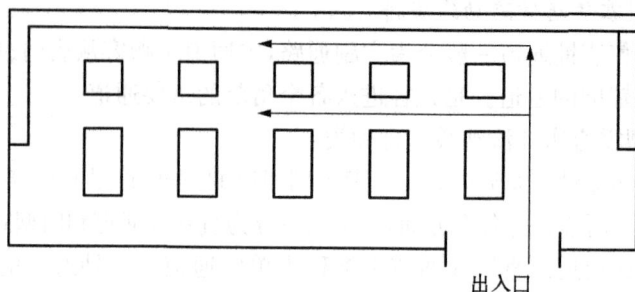

图 3-13　小回型通道

2) 大中型零售店铺流动线安排要求

(1) 开放畅通,使顾客轻松出入。要求能引导顾客按设计的自然走向,步入卖场的每一个角落,接触尽可能多的商品,使入店时间和卖场空间得到最高效的利用。

(2) "曲径通幽",使顾客停留更久。要求科学地设计购物主副通道,合理安排淡旺季商品,起到留住顾客、扩大销售的效果。

(3) 明亮清洁,使顾客心旷神怡。要求合理运用和安排空间内的灯光、音响、摆设、色彩,使之相互配合,营造出一派令顾客得到心旷神怡的物质、精神双重享受的消费氛围。

(4) 主副通道相适宜。这要求:一是主通道要保证通畅,尽量少排放广告牌、品尝台等设施,应少采用商品突出陈列,更不能陈设与所售商品无关的器具、用品,以免阻碍客流;二是主副通道要有层次感,要错落有致,把不同商品的陈列在空间感受上加以显著区别;三是主副通道的宽度要适宜,其宽度配置可如下表 3-10 所示:

表 3-10　主副通道长度对比表

	主通道(米)	副通道(米)
普通商店	0.9~1.5	0.6~0.9
超级市场	2.1~3.5	1.5~1.8
百货店	2.7~3.5	1.8~2.1

(a)　　　　　　　　　　(b)　　　　　　　　　　(c)

图 3-14　商店通道

(a) 沃尔玛店内通道　(b) 7-11 便利店店内通道　(c) 王府井百货店店内通道

相关知识链接

日本商店的主副通道设计

通道宽度根据主通道与副通道而不同,日本商店建筑社出版的《商店建筑企划设计资料集成》一书中列出了主副通道宽度的标准尺寸如下:

	最小限宽度 300平米以下	标准宽度 300～500平米	特宽宽度 500平米以上
主通道	75～90厘米	120～150厘米	130～　厘米
副通道	60～75厘米	90～120厘米	120～　厘米

日本人的体形与中国人相似,因此国内商场设计通道时可以借鉴上述标准值。

(5)卖场与后场衔接要紧密。商店的后场包括:仓库、作业工场、更衣室、办公区等,是商店的补给后方。后场设计的重点在于如何最合理、最经济地解决后场与卖场连接的补给线路规划。在设计中应注意:

①从后场到卖场的商品补给线路要选择最短的距离。②从仓库到卖场的流通路线,要采取单行道方式,减少各种商品补给线的交叉和共用。③仓库、作业工场与卖场的地板要平整一致,落差要以缓坡连接,切忌出现台阶、门槛等,以保证商品补给的平稳顺畅。④前后场连结处建议使用推拉门,一方面可使出入口宽敞,消除对大件商品进出的限制,节约开门空间,另一方面美观实用,隔离感强,又容易与背景融合。⑤对于实行正规配送货制的商店,按国外经验数据,后场与卖场面积比约为2∶8。仓库中的存货与上架商品之和是商店前一天销售量的1.5倍。

【案例3-4】

赛特的通透

著名的北京赛特购物中心在环境设计中十分强调以"人"为中心的设计思想,明确了卖场明亮通透的风格。为确保这一风格,在寸土寸金的销售黄金区域购物中心,坚持通道的宽敞,主通道不低于2.3米,自选区设施间的距离亦在1.3米以上;为形成视野宽敞的商品展示,所有陈列设施高度在1.4米左右;柱面实施简单喷白处理,整个卖场宽阔异常,具有强烈的通透感;赛特还采用多层次的立体照明,组合光线柔和明亮,进一步确保了店堂明亮的格调。在这种环境下,顾客能从卖场内任一位置纵观卖场整体布局。宽广的视野令顾客精神振奋愉悦,进而增进其购买欲望。试评析北京赛特购物中心的流动性安排?

2. 小型零售店铺流动线安排

小型零售店铺一般是指店面面积在50平方米甚至30平方米以下的店铺,根据其店面形态的不同,主要可分为三类:

(1)接触型店铺。此种店面主要是由商品空间和店员空间组成,店铺空间毗邻街道,顾客在街道上购物,店员在店内服务。其中又可再分为狭窄型店员空间和宽敞型店员空间。其区别就在于店员活动空间的大小。

这种店铺的流动线安排主要指店员活动空间与货物的有机安排,其宗旨是按有利于向顾客提供服务安排货物与店员活动空间,如"葡京"小站、微型烟酒店及一些街道旁的烧烤店铺就属于这一种。

(2)封闭型店铺。这种店面是指商品陈设于店铺内部,店头作为顾客空间的形式。和接触型店面一样,它的店员空间也可分为狭窄型和宽敞型两类。不过,封闭型店铺流动线的安排除了店员活动空间的宽窄外,还有顾客活动空间的大小,如一些高级工艺品、高级化妆品专卖店就采用这种模式。接触型和封闭型店铺流动线安排如图 3-15 所示。

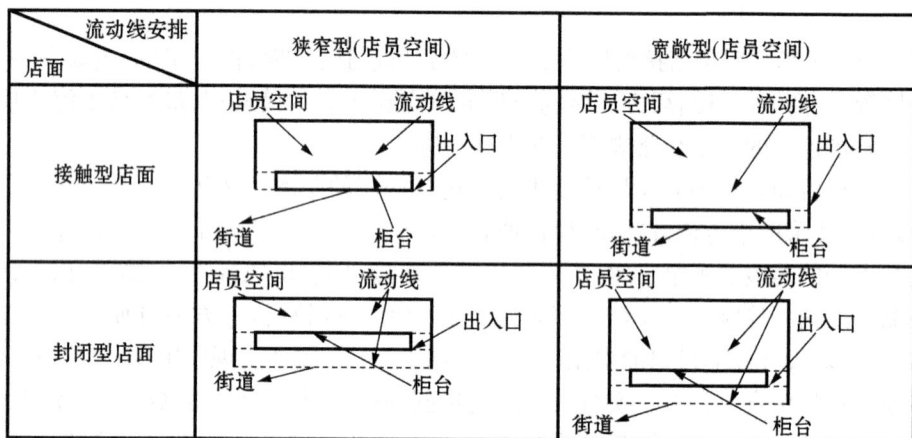

图 3-15　接触型和封闭型店铺流动线安排

(3)封闭环游型店铺和综合型店铺(见图 3-16)。这两类店面的流动线安排均属于自由型,即由于店内空间有限,顾客可在店内自由浏览,选择商品。同时其又可再分成两类:有店员空间和无店员空间。

封闭环游型和综合型店铺的特征是店面不陈列商品,顾客进入店铺后,犹如畅游于商品世界之中,可以自由方便地参观和选购。这种店型的最大特色是向顾客发出"店员不对顾客推销商品"的信息。店员被限定在一定范围内,他们一般不主动走入顾客空间,只有顾客向其询问或付账时才会为其服务。

(二)商店的货架布局

从顾客的深层心理上看,顾客在店内基本上是按"8"字行进的,因此货架的配置陈列要适合这一规律。目前,店面布局主要有三种类型:格子式布局、岛屿式布局和自由流动式布局。

1. 格子式布局

格子式店面布局实际上是直线型的,它是按长方形的方式来陈列商品,安排通道,而且主通道与副通道宽度各保持一致,所有货架相互成并行或直角排列。这种布局在国外或国内超级市场中常可以看到,多数杂货店、折扣店、药店等也都采用这种方式。其基本形式如图 3-17 所示。

> 无店员空间的综合型店铺,店员不可挤在入口处,给人以守门的感觉;当顾客挑选商品时,不要站在旁边审视,只有当顾客有所询问时才可出现在顾客面前。

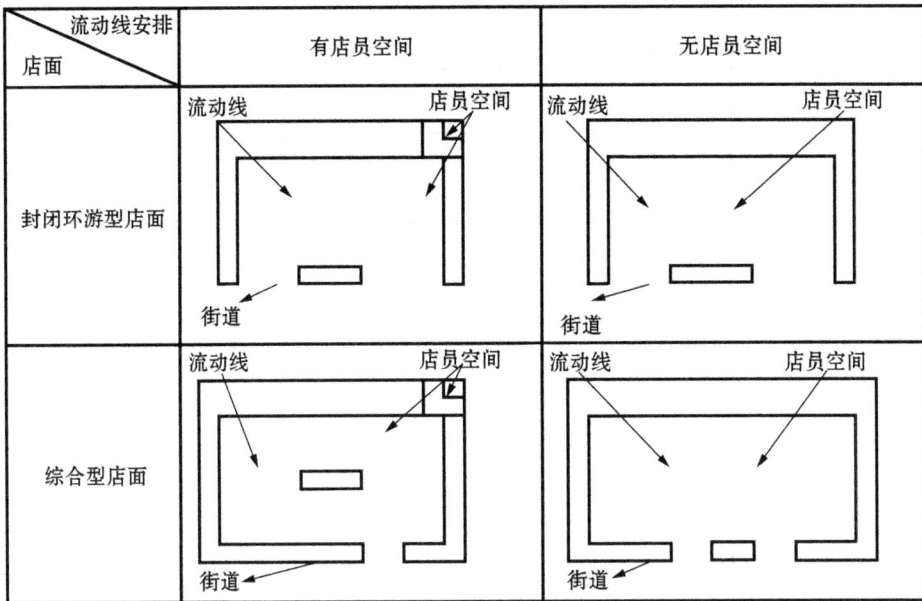

流动线安排 店面	有店员空间	无店员空间
封闭环游型店面	流动线 店员空间 街道	流动线 店员空间 街道
综合型店面	流动线 店员空间 街道	流动线 店员空间 街道

*注:这两种有店员空间店铺的店员空间可在左、右后角,也可在后部,有时根据需要也可在出口处。

图 3-16　封闭环游型和综合型店铺流动线安排

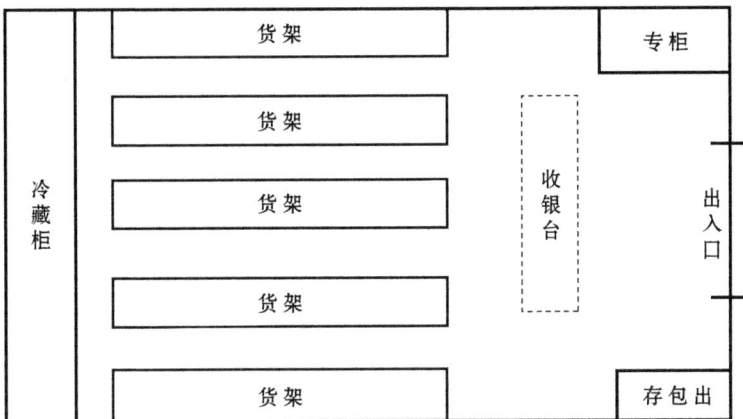

图 3-17　格子式布局基本形式

格子式布局可以根据商店规模、卖场特点、顾客习惯而采取各种具体形式。格子式布局范例如图 3-18 所示。

2. 岛屿式布局

岛屿式布局是把营业场所中间布置成各不相连的岛屿形式,在岛屿中间设置货架陈列商品。这种形式一般用于百货商店或专卖店,主要陈列体积较小的商品,有时也作为格子式布局的补充。

目前,许多商场引入各种品牌的专卖后,形成了"店中店"的形式,这些店中店布局时可以按顾客"一次性购买钟爱的品牌商品"的心理设置,如在顾客买某一品牌的皮革、西装和领带时,以前需要走几个柜台,现在采用专业商店式布局,在一

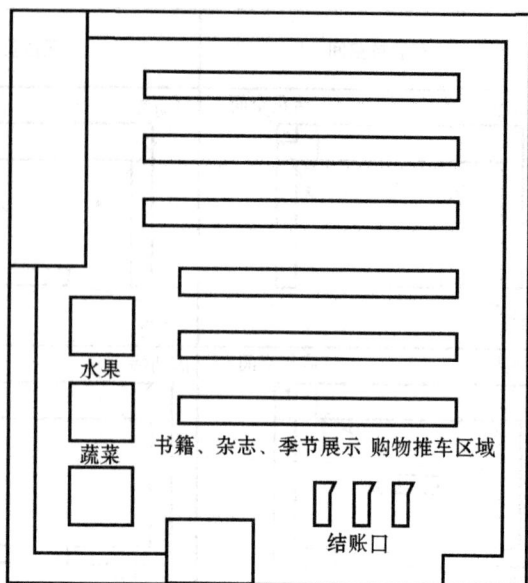

图 3-18　格子式布局范例

个部门即可买齐。其基本形式如图 3-19 所示。

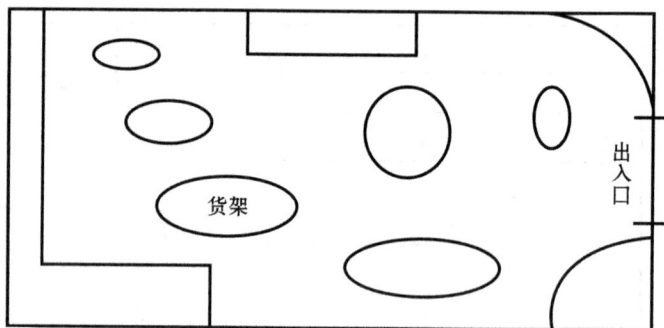

图 3-19　岛屿式布局基本形式

　　岛屿式布局要依靠相互关联的商品,给顾客购买带来方便,在一个地方就能满足顾客的购买要求。图 3-20 为岛屿式布局范例。

　　3. 自由流动式布局

　　自由流动式布局是以方便顾客为出发点,试图把商品既有变化又较有秩序地展示在顾客面前。这种布局综合了上面两种布局的优点,根据商场具体地形和商品特点,有时采用格子形式,有时采用岛屿形式,是一种顾客通道呈不规则路线分布的布局。其基本形式如图 3-21 所示,其范例如图 3-22 所示。

　　现在,许多大型零售商都借助计算机软件进行店面布局设计,这方面的软件已经很多,零售商只需将现场测量的尺寸输入系统,立刻会得出商店地形图。然后用命令和鼠标来设计什么地方摆放什么样的货架和通道宽度,还可以将灯光的强弱、色彩的运用以及家具和橱窗陈列一起设计出来。它们甚至可以键入一些标志,显示电话插口和电线插座应放在哪里。电脑设计图还可以不断修改,直到满

经营者在进行商店布局过程中,为使得顾客在商店转一遭,购买比其事先计划更多的商品,一般可有哪些方法?

图 3-20 岛屿式布局范例

图 3-21 自由流动式布局基本形式

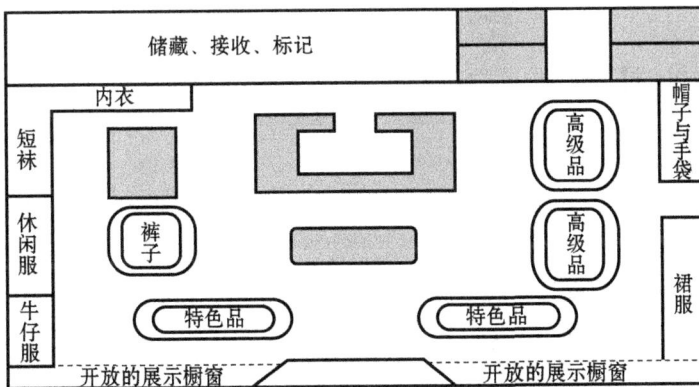

图 3-22 自由流动式布局范例

意为止。

许多小型零售店铺由于其店内面积十分有限，在内部布局时可参考上述布局方式进行简化，一般而言，小型店铺根据其货架、柜台的摆放位置，其店内布局可分为以下几种（实例见图 3-23）：

小型店铺的货架布局。

图 3-23　小型店铺店内布局实例（服装店）

（1）沿墙式：柜台、货架等设备沿墙布置，由于墙面大多为直线，所以柜架也成直线布置。特点：有利于减少店员，节省人力，便于店员互相协作；有利于安全管理。

（2）岛屿式：柜台以岛状分布，用柜台围成闭合式，中央设置货架，可布置成正方形、长方形、圆形、三角形等多种形式。特点：用于出售体积较小的商品种类；可以充分利用营业面积；在保证顾客流动占用面积的条件下，布置更多的售货工作现场。

（3）斜角式：将柜台、货架等设备与营业场所的柱网成斜角布置。特点：能使室内视距拉长而显得更为深远；使室内既有变化又有明显的规律性，以获得良好的视觉效果。

（4）陈列式：把工作现场敞开布置，形成一个商品展览陈列出售的营业场所，店员与顾客没有严格界限，在同一面积内活动。特点：便于顾客参观选购商品，充分利用营业面积，疏散流量；有利于提高服务质量。

任务三　商店的装潢

学习目标

- **终极目标**

能为店铺做好色彩搭配、灯光设计，并能在店铺中合理运用音乐与气味。

- **促成目标**

（1）理解并掌握商店内部装潢的要求。

（2）理解并掌握商店色彩搭配、灯光设计、音乐与气味使用的基本内容。

（3）能将色彩搭配、灯光、音乐、气味的使用贯穿于商店经营的始终。

工作任务

工作任务书(3-3)

总体任务	商店色彩、灯光、音乐、气味使用分析
具体任务	(1) 店铺色彩搭配分析 (2) 店铺灯光设计分析 (3) 店铺音乐与气味使用分析

【活动】一　　　　店铺色彩搭配分析

【活动目标】

培养学生为店铺的内外设计合理搭配与使用色彩的能力。

【活动内容与要求】

(1) 教师准备一系列(5组)不同的店铺内外观色彩搭配的图片并将其制作成PPT课件。

(2) 课堂上将这些图片展示出来,并要求学生分析这些店铺色彩使用的视觉效应、情感效应、整体效应。

(3) 将全体学生分成5组,每组选择一组店铺色彩搭配情况进行讨论分析并发言,其他组可以对该组的发言进行补充。

(4) 实施要求:每组按顺序依次进行,分析发言要求简明扼要。

【成果与检测】

(1) 能完成店铺色彩搭配使用4个方面分析的组为良好;完成分析并且没有错误的为优秀。

(2) 店铺色彩搭配使用分析发言顺畅全面的为良好;店铺色彩搭配使用分析发言顺畅全面,言简意赅,条理清晰的为优秀。

【活动】二　　　　店铺灯光设计分析

【活动目标】

培养学生根据店铺规模、面积、业态、经营品种等为商店进行合理的灯光设计的能力。

【活动内容与要求】

(1) 教师准备5家不同业态同时也是5家不同行业店铺灯光使用的图片并将其制作成PPT课件。

(2) 课堂上将这些图片展示出来,并要求学生分析店铺灯光使用中各种照明类型的搭配使用情况、光源与光色的搭配、灯光使用与商店的整体效果。

(3) 将全体学生分成5组,每组选择一种类型店铺的灯光使用情况进行讨论分析并发言,其他组可以对该组的发言进行补充。

(4) 实施要求:每组按顺序依次进行,分析发言要求简明扼要。

【成果与检测】

(1) 能完成店铺灯光使用情况 3 个方面分析的组为良好;完成分析并且没有错误的为优秀。

(2) 店铺灯光使用情况分析发言顺畅全面的为良好;店铺灯光使用情况分析发言顺畅全面,言简意赅,条理清晰的为优秀。

【活动】三　　店铺音乐与气味使用分析

【活动目标】

培养学生根据店铺规模、面积、业态、经营品种等为商店合理使用音乐与气味的能力。

【活动内容与要求】

(1) 教师准备一系列(5组)店铺音乐与气味使用情况的案例分析并将其制作成 PPT 课件。

(2) 课堂上将这些案例分析展示出来,并要求学生分析店铺在音乐与气味使用过程中存在的各种问题,并提出解决方法。

(3) 将全体学生分成 5 组,每组选择一组店铺音乐与气味使用的案例进行讨论分析并发言,其他组可以对该组的发言进行补充。

(4) 实施要求:每组按顺序依次进行,分析发言要求简明扼要。

【成果与检测】

(1) 能基本完成店铺音乐与气味使用案例分析的组为良好;完成分析并且没有错误的为优秀。

(2) 店铺音乐与气味使用案例分析的发言顺畅全面的为良好;店铺音乐与气味使用案例分析的发言顺畅全面,言简意赅,条理清晰的为优秀。

知识讲解

(一) 店铺的内部装潢

店铺的形象是内外合一的统一体,经营者除了要在外观上下工夫外,内部装饰也马虎不得。

店铺的内部装潢设计一般应遵循以下 7 个原则:一是整洁干净;二是要结合商品特点加以设计,让顾客因视觉刺激而产生联想,从而产生购买欲望;三是充分利用店的建筑特点(如拐角、柱子等),灵活设计,丰富内部环境,烘托商品;四是合理运用技巧扩大空间;五是内部设计要与外观风格保持一致;六是重视商品摆放技巧,方便顾客选购;七是重视灯光效果。

相关知识链接

店铺装潢时装饰材料的选择

在店铺内部装潢设计中,选择装饰材料很重要。选择材料时应考虑以下4个方面的问题:一是要考虑装饰材料的软与硬。硬质材料一般有很好的光洁度和光泽,给人以生气和质感,而软材则给人温馨、安详的感觉。二是要考虑装饰材料的光泽与透明度。一般经过精细加工的材料都具有很好的光泽,能给人华丽、高贵的感觉,还能通过镜面反射使空间感扩大与延伸,并能反射光线变化,从而丰富与活跃室内气氛。三是注意装饰材料的弹性。弹性材料主要用于地面、座面等,给人以柔和的触感。四是要考虑装饰材料纹理的搭配。在拼装时要特别注意其相互关系,以及其线条在室内所起的作用,以便达到统一和谐的效果。

店铺的室内装潢设计主要包括以下几个方面:

1. 天花板

(1)天花板的高度。一般应该根据店铺的营业面积和其所经营商品的特点来确定,宽敞的店铺天花板应适当高一些,狭窄的店铺则应低一些,如一个10~20平方米的店铺,天花板的高度一般应在2.7~3.0米。具体设计时,经营者可以根据店铺行业和环境做适当的调整。

(2)天花板的形状与颜色。店铺常用的天花板形状主要有平面形、格子形、圆形、垂吊形、波形、半圆形、金字塔形、船底形等,一般以平面形居多,但在其上面加点变化,对于顾客的心理、陈列效果、店内气氛等都有很大影响。

天花板的颜色要有现代化的感觉,能表现个人魅力,注重整体搭配,使色彩的优雅感显露无遗。天花板的设计还应与照明设备相配合。

2. 墙壁

店铺的壁面在设计上应与所陈列商品的色彩和内容相协调,与店铺的环境和形象相适应,除此外,壁面还有以下3种用途:一是在壁面上架设陈列柜,用以摆放陈列商品,此用途多被食品店、杂货店、文具店、书店、药店等店铺所采用;二是在壁面上安置陈列台,作为商品展示处,或是在壁面上做简单设备,用以悬挂商品,布置展示品等,此种用途多为各类服饰店、家用电器店所采用;三是在壁面上做一些简单设备,当做装饰用,此种用途则为家具店等主要在地面展示商品的店铺所采用。

总体来说,对于以物美价廉为宗旨的店而言,由于店内壁面绝大多数为陈列货架所遮掩,相比较高档店而言,商品陈列与壁面配合的效果要低得多,因此其壁面装潢只要求简朴干净即可;而对于高档店等则需要在墙面上下一定的工夫,从装饰材料到色彩都不能忽视。

3. 地板

地面的设计,有刚和柔两种选择。如果店铺商品是为男性消费者准备的,地板图案设计则可以为以正方形、矩形、多角形等直线条组合为特征的图案,这些图案给人以男子汉的阳刚之气。相反,如果店铺的商品多为女性消费者准备,地板图案则宜为以圆形、椭圆形、扇形和几何曲线等组合为特征的图案,这些图案带有柔和之气,所以适合女性。

地板材质要能够承受住店铺内整个设备的重量,同时要求耐久、耐脏、易清洗,并保证顾客的安全。

（二）色彩搭配

1. 色彩的含义

色彩能有力地表达情感,能在不知不觉中左右人的情绪、精神和行动。表3-11列出了不同颜色的一般含义和对人感觉的影响。

> 小赵准备开一家五金商店,他觉得要使自己的店铺与别人的五金店不一样,就得用不一样的装潢材料,于是他决定使用实木地板作为自己的地板板材。请问:他的这一决定有没有问题?

表3-11　颜色及其含义

颜色名称	具有的感觉色彩
红色	热情、活泼,是进取、积极的颜色,给人以"高级"的印象。中国人认为红色是喜庆和吉祥,通常在节日或喜庆的日子里人们都爱用红色
橙色	活泼,年轻,富贵
黄色	明亮,年轻。在商店内使用,由于有刺激视觉的作用,会使顾客感到疲劳,少量使用,不要用于主色
褐色	保守,消极,容易被信赖。其中,茶色、咖啡色、巧克力色给人以强烈的活动之感,总的说来,素净的严肃颜色用于外观较理想
绿色	新鲜,年轻。是疲劳时希望看到的颜色,同时,使人感到放松、协调、健全、温和,具有家庭气息。其中浅绿色最适合商店使用
青色	理智,安静,稳重。也有人称之为"服从色"
紫色	优雅,高贵,稳重。有神秘的色彩。直感敏锐、言谈直爽的人多喜欢这种颜色。如将它作为商店的主色,该店将显时髦、漂亮
粉红色	华丽,年轻,明朗,也被称为"愿望色",是人们在有所要求的时候喜欢的颜色
灰色	沉静,是一种稳重的颜色
黑色	严肃,坚强,认真,刚健
白色	神圣,洁白,清洁。商店内的墙壁,顶棚经常使用,但易给人以苍白感和冷静感

> 20世纪80年代,美国营销学教授劳伦斯·雅各布斯进一步对灰、蓝、绿、红、黄、紫、棕、黑等8种颜色的商业含义在中国、美国、日本和韩国进行了调查和研究。研究发现,有的颜色的商业含义在不同国家确实存在很大区别。其中差别较大的要数灰、紫、棕三色。灰色:中国和日本的人们一般认为是廉价的,不好的;但在美国则是昂贵的、高质量的、可靠的。紫色:在中国是昂贵的、可爱的;在美国是廉价的。棕色:在中国是美味的;在美国、日本是廉价的。

2. 色彩搭配

不同的色彩给人不同的感觉,不同的色彩组合则可以表现出不同的情感和气氛。要想店铺色彩搭配恰当,就必须先了解一些色彩知识。

1）色彩的属性

色彩的属性如表 3-12 所示。

表 3-12　色彩的属性

色彩属性	涵　义	具 体 内 容	
色相	色彩区分的基本特征，基本色即原色	有彩色：带有彩度的颜色，如红、黄、蓝	
		无彩色：无彩度的颜色，如白、黑、灰	
明度	色彩明暗的等级	无彩色：从最鲜明的白色——最暗的黑色，可分十个等级。	
		有彩色：也有类似的明暗划分	
彩度	相同色相的颜色，鲜艳程度的区分	清色	纯色：一个色相中彩度最高的颜色
			明色：纯色中加入白色
			暗色：纯色中加入黑色
		中间色	纯色中掺灰色，纯度成分越高，其彩度就越高

根据色相、明度和彩度，各种颜色又可分为暖色系统和冷色系统。暖色系统：暖色（如红色、橙色、黄色等）给人温暖的感觉，是很容易亲近的色系，比较适合年轻阶层的店铺。寒色系统：冷色（如蓝色、绿色、紫罗兰色等）给人以凉快、寒冷之感；让人有很远很高的感觉，有扩大感。

色彩冷暖是人们最基本的心理感觉，掺入了人们复杂的感情和各种生活经验之后，色彩也就变得十分富有人性和人情味了。关于色彩的冷暖感觉如表 3-13 所示。

表 3-13　色彩冷暖感觉表

色彩种类	色彩冷暖感觉
红色	热——刺激
绿色	凉——安静
青色	较冷——较刺激
紫色	中性——少刺激
橙色	暖——较刺激
黄绿色	中性——较安静
青绿色	冷——很安静
紫绿色	较冷——较刺激
紫红色	稍暖——较刺激

2）商店用色要求

（1）注意色彩的不同组合所表现的不同的情感和气氛。为了表现"协调华丽"，可以用对比色组合，如红与白、黑与白、蓝与白等；为了表现"幽雅和稳重"，则可用同色不同深浅的颜色组合，如蓝紫色和浅蓝色、深茶色和浅褐色、绿色与浅白绿、黄褐色与浅驼色等；为了突出商品使人更加注意，可以在暗淡的背景上配以明快的色调；为了取得良好的衬托效果，可以在中间色的背景上摆放冷色或暖色的商品等。

（2）店铺经营者应根据营业场所的空间情况选择装饰用色。对于狭长的店堂来说，把两侧墙壁涂成冷色（变宽），里面的墙壁涂成暖色（变短），就能给人以店堂宽敞的印象。相反，对于短宽的店堂来说，把两侧墙壁涂成暖色（变窄），把里面的墙壁涂成冷色（变长），能给人以店堂变大的印象。

（3）根据商店经营商品的不同，选择不同装饰用色的色彩组合。根据主营商品的色彩考虑商店色彩的调配，既突出商品形象又显得商品格外美观，可以加强色彩的吸引力，刺激购买欲望。如高级女士服装店，商品主色可选用茶色，第1副色可选用白色，第2副色和地板可选用深蓝色，天花板和墙壁可选用白色，用具可选用茶色，照明器具可选用黑色，以显示商店的欧式风格。

（4）经营者应根据不同的季节与地区气候调配商店的装饰色彩。

一是按季节调配商店的色彩（见表3-14）。

表 3-14　按季节调配商店色彩

春季	调配嫩绿色等偏冷色，给人以春意盎然的感觉
夏季	调配淡蓝色等偏冷色，给人以清爽阴凉的感觉
秋季	调配橙黄色等暖色的色彩效果，给人以秋高气爽的感觉
冬季	调配浅橘红色等偏暖色的色彩效果，给人以温暖如春的感觉

二是根据不同地区的气候特点调配商店的颜色：处于寒冷气候地区，可将商店内部色彩调深一些；处于炎热气候地区，可将商店内部色彩调淡一些。

（5）经营者应根据顾客的性别、年龄、文化与色彩偏好来决定商店装饰用色。一般来说，文化水平较低或经济不发达的地区的顾客偏爱比较鲜艳的原色，尤其是纯色，配色也多为强烈的对比色调；经济发达或文化教育水平较高的国家或地区的顾客则对比较富丽、柔和的色调和浅淡的中间色有较高的兴趣与欣赏力。当然这也不是绝对的，因为人们的习惯偏好是由多种因素综合作用的。

（6）经营者在决定商店用色时还需考虑其他的相关因素。如商店外界环境事物的色彩、商店内部灯光、广告牌等设施的色调，都是商店营业场所装饰色彩调配要考虑的因素。

（三）灯光设计

在店铺内部装饰中，科学合理地配置照明或装饰光源，既可以吸引顾客注意力，又可让顾客方便清楚地浏览商品，进而促进购物。

店铺中使用的光源一般分为：自然光源、灯光照明光源和装饰陪衬光源。店铺对这些光源的使用，一般以人工光源为主，即以后两种为主。而就店铺所使用的人工光源来说，又可分为两种：单色光源和多色光源。单色光源主要以店内为主；多色光源则主要用于装饰，是外部装饰的主要光源。

同时，由于人对多色光的视觉反应不同，所以形成的心理感觉也不同，如玫瑰色光源——华贵、高雅、幽婉；淡绿色光源——柔和、明快；深红色光源——刺激性

美国一家无人售货商店发现肉类的销售量下降了，经过调查发现，商店经营的内部和外部条件无任何变化，唯一有变化的是商店在肉类柜台上新安了一扇蓝色的窗子。请问：为什么蓝色的窗子会引起商品销售量的下降？

较强,使人的心理活动趋向活跃、兴奋、激昂或使人焦躁不安;蓝靛色光源——刺激较弱,会使人的心理活动趋向平衡,控制情感发展,但也容易产生沉闷或压抑的感觉。因此,经营者在进行店铺灯光设计时首先应考虑顾客对各种灯光的心理反应。

另外,人工光源位置设置的不同,产生的效果也会有很大差异。商店要善于把握不同位置光源的特点,让它们更好地为商店服务。表 3-15 为不同光源位置的不同效果:

表 3-15　光源位置与效果表

光源位置	使商品产生的效果
从斜上方照射的光	使商品像在阳光下一样,表现出极其自然的气氛
从正上方照射的光	可制造一种非常特异的气氛,高档、高价产品常用这种光源
从正后方照射的光	商品的轮廓十分鲜明,欲强调商品外形时适于采用。离窗户较远的地方也应采用这种光源
从正前方照射的光	这种光线下,顾客不可能正面平视商品,这样就会挡住光源,在商品上留下影子,因此这种光线起不到强调商品的作用
从正下方照射的光	这种光能造成一种受到逼迫的,具有危机感的气氛,电影中常用从下面向上打光的方法表示恐怖

对于商品照明来说,最理想的是"斜上方"和"正上方"的光源。使用这种光源可以获得满意的销售效果。

1. 商店照明类型

1) 基本照明

基本照明是确保整个零售店铺的卖场获得一定的能见度而进行的照明。在零售店铺里,基本照明主要用来均匀地照亮整个卖场,营造一个整洁宁静,光线适宜的购物环境。商店基本照明的要求如下:

（1）卖场内部照明度要达到 700 卢克斯(LX)(100 瓦的白炽灯的正下方 1 米距离处的亮度为 100LX),通常选用日光灯,日光灯管应安装在天花板内,使天花板形成光面,可以使店内灯光通明。

（2）店内照明度不一定平均分配,一般在出入口、主要通道以及营业场所最里面的地方,照明度要有所增强,达到吸引注意,诱导顾客入店的作用。

（3）营业场所最里面关键地方的照明应达到 1 000(LX)以上,目的是将入店顾客进一步诱导到商店的深处,使他在行走过程中产生购买冲动。

（4）灯光在天花板上的排列走向十分重要,应与货架保持一致,呈自然走向,这样才能最大范围地照亮商品,消除阴影。

（5）现代化大都市中人们对自然光的崇尚已开始超过对人工光源的喜好,因此条件许可的情况下,可以自然光为基本照明光源。

2) 重点照明

重点照明也称为商品照明,它是为了突出商品优异的品质,增强商品的吸引

商店照明的基本类型及其注意事项。

力而设置的照明。常见的重点照明有聚光照明、陈列器具内的照明以及悬挂的白炽灯。

在设计重点照明时,要将光线集中在商品上,使商品看起来有一定的视觉效果。一般来说,白光易展示商品本色,色光易调节视觉的丰富感;灯光的近效果,使顾客观看清晰,易展示商品的品质,灯光的远效果,易于引起视觉注意,渲染商品外形美。

对商品进行重点照明,一般可采用定向照明(采用制作的灯光设备,将光定向投射)、集束照明(采用几组灯光交叉投向某处)和彩色照明(利用彩色灯泡或彩色光片加在灯前,变换出五颜六色的灯光),能起到良好的推销效果。

3) 装饰照明

装饰照明是店铺为求得装饰效果或强调重点销售区域而设置的照明。常见的装饰照明有霓虹灯、弧形灯、枝形吊灯、连续性的闪烁灯、落地灯、壁灯等。

在设计店铺的照明时,并不是越明亮越好。在店铺的不同区域,如橱窗、重点商品陈列区、通道、一般展示区等,其照明光的强度(即光度)是不同的。具体要求如表 3-16 所示。

表 3-16　店铺不同区域的照明要求

店铺不同区域	光度要求
普通走廊、通道和仓库	100～200 卢克斯
卖场内一般照明,一般性的展示以及商谈区	500 卢克斯
店面、卖场内重点陈列品、POP 广告、商品广告、展示品、重点展示区、商品陈列橱柜等	2 000 卢克斯
重点商品的局部	普遍照明度的 3 倍
橱窗的最重点部,即白天面向街面的橱窗	5 000 卢克斯

为了让管理者更清楚了解照明的技巧,图 3-24 提供了一般商场内部不同区位在照明亮度上的设计,以供参考。

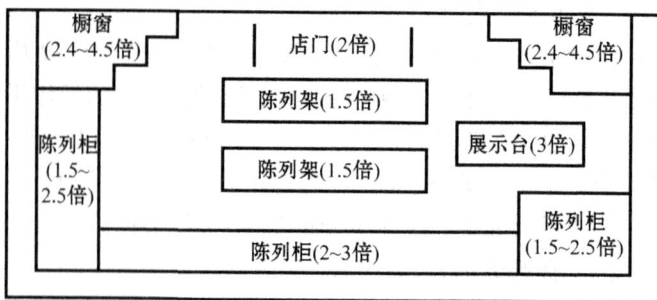

*注: 假设店内平均照明度为1,超过1表示应特别加强照明之处。

图 3-24　商店照明设备规划与效果图

2. 商店照明的注意事项

(1) 白炽灯的光耀眼,荧光灯的光柔和,两者要结合使用。从商品的色彩看,冷色用荧光灯较好,暖色用白炽灯更能突出商品色彩的鲜艳。服装店、化妆品店、鞋店、蔬菜水果店等用白炽灯和聚光灯,对突出商品的色彩,创造热烈的气氛效果理想,用荧光灯效果要差些。

(2) 照明灯的材料要讲究。如百货商店的化妆品专柜,皆用投光灯作重点照明,但如不留意,常因高热度的投光灯使香水蒸发、口红变软。为了改变投光灯的副作用,目前已有加膜处理的投光灯,其特殊的灯壳设计,将可吸收投光灯散发出的 90% 之热度,且可多样性地选择各种照射角度。

(3) 不管是经营何种商品的商店,照明一定要清晰,要保证让顾客看清楚商品、看清楚店内的通道。

(4) 应注意装饰光源与照明光源的协调搭配。装饰光源只起陪衬与辅助作用,不要喧宾夺主,使用时不宜安装过多,亮度也不宜过强,对比不宜过大。

(5) 对专用于装饰和映衬商品的光源,应注意光色与商品的协调。这类灯一般安装在柜台内或直接用来照射商品。应掌握的要点是:

①如果商品本身色调明快清晰,则灯光朦胧才能产生较好的意境;如果商品本身色调较暗,则应使用较强的灯光,以突出商品形象。②在彩色光线照射或映衬在色彩鲜艳的物体或商品上,如果光色与物色相同,则物体或商品会特别鲜艳;但如果光色是物体或商品的补色,则会减弱物品颜色的鲜艳程度,使物体变得灰暗,光色越趋向两个极点,结果往往就越相背。③要注意灯光对色彩的"曲解"作用,在灯光下,蓝、绿两色难辨;蓝色货品在灯下颜色会变黑;黄色光映衬在蓝色商品上,会使商品呈现幽雅舒适的绿色调,但黄色光照射在紫色商品上,就会出现浊灰色的暗淡色调。

> 经营者在进行店铺灯光设计时应如何选择灯具?

(四) 音乐与气味

1. 音乐

声音是商店气氛的重要组成部分,经营者要善于区分音乐和噪音,努力运用声音积极的一面,同时克服消极的一面。

1) 利用声音积极因素的方法

(1) 利用音响,提示顾客(商店的广播提示)。这一方法尤其适用于商店促销活动。

(2) 利用音响(如钟鸣声,收录机、电视机的播放声等),吸引顾客的注意。

(3) 播放背景音乐,营造购物气氛。

2) 克服声音消极因素的方法

(1) 通过隔音设备或消音设备控制噪音。

(2) 通过商品合理布局的方式解决店内或柜台上产生的声音(如顾客与营业员的交谈,挑选时的试听、试用、试戴等产生的声音)。避免声音相互交织变为噪音,形成对其他顾客的干扰。

3）商店使用音乐的注意事项

（1）商店背景音乐的选择一定要结合商店的特点和顾客特征，以形成一定的店内风格。

（2）应注意音量高低的控制，既不能影响顾客用普通声音说话，又不能被店内外的噪音淹没。

（3）音乐的播放也要适时有度，不能使顾客产生不适感和注意力被分散，甚至厌烦，否则不仅达不到预期的效果，甚至会适得其反。

（4）乐曲的选择必须适应顾客一定时期的心态。例如，在炎炎夏日，商店中播放涓涓流水和莽莽草原的悠扬乐曲，能使顾客在炎热中感受到清新和舒适。又如，商店在大拍卖时，就可以播放一些节奏比较快的、旋律比较强劲的乐曲，使顾客产生不抢购不罢休的心理冲动。

2. 气味

如同音乐能使人精神放松一样，宜人的气味也通常对人体生理有积极的影响。因此，气味也是店内刺激中不可缺少的一味"添加剂"。

1）气味的积极效应

商店中的气味大多与商品相关，气味正常，往往会吸引顾客购买这些商品。花店中的花香气味，皮革店中的皮革气味，茶叶店中的清香气味等，均是与这些商品协调的，对促进顾客的购买是有帮助的。

在现实生活中，许多顾客是从商店中散发的气味来判断其商品的质量状况。比如在水果店中，水果的清香气味，可使顾客认定水果是新鲜的；如果散发出"霉味"，就说明水果不新鲜或已开始霉烂变质。

2）气味的消极效应

不良气味会使人反感，有驱除顾客的副作用。令人不快的气味，包括有霉味的地毯、吸纸烟的烟味、强烈的染料味、残留的尚未完全熄灭的燃烧物的气味、汽油油漆和保管不善的清洁用品的气味、洗手间的气味等，这些味道不仅刺鼻而且刺眼，使顾客感到极不舒服。

3）消除不良气味的方法

（1）商店要有良好的通风设计。

（2）采用空气过滤设备。

（3）定期释放一些芳香气味。

（4）对商品，尤其是生鲜商品应经常检查，以防霉烂变质，散发不良味道。

（5）要防止商品相互串味。注意不同香型的商品要隔离布置，避免相互影响。如化妆品柜台应与食品柜台隔离，茶叶柜台应与香皂、洗衣粉等日用品隔离。

（6）对各种商品所释放的气味和商店有意释放气味的浓度要与顾客的嗅觉限度相适应。

（7）如果商店新开张或店内某部分刚进行过装修，有很大的异味，但在短时间内又无法消除时，商店应以张贴在店内的说明或告示牌的形式向顾客说明情况并表示歉意。顾客看到这个之后心理上会觉得受到尊重而愉快，本来比较浓的异味会被这种愉悦心情而淡化。

【案例 3-5】

体育用品店的音乐效果

　　近几年某城兴起了一大批体育用品专卖店,店主在店内音乐配置上下了一番苦功,主要采用了一些欧美流行的黑人说唱音乐、无伴奏音乐、爵士乐等较西方化、较现代的乐曲。主要原因就是这些体育用品专卖店目标顾客八成以上都是青年学生,他们接受西方文化较多,有文化,有个性。对于这种知识层、年龄段的青年学生来说,古典音乐和过于通俗的音乐都是不合适的,而西方化、较现代的乐曲是适合他们的。试评析这一案例。

任务四　商店的组织设计

学习目标

- **终极目标**

能为店铺进行组织结构设置、组织模式选择及组织人员的挑选。

- **促成目标**

(1)理解并掌握商店组织结构的设置流程。

(2)理解并掌握商店的组织模式选择与人员挑选。

(3)能具体运用组织结构设置方法,并为店铺选择合适的组织模式与组织人员。

工作任务

工作任务书(3-4)

总体任务	新开店铺组织结构与组织人员挑选方式设计
具体任务	(1)店铺的组织结构分析 (2)店铺的组织人员选择调查分析

【活动】一　　　　　店铺的组织结构分析

【活动目标】

　　培养学生为店铺合理设计组织结构的能力。

【活动内容与要求】

　　(1)教师准备一系列(5组)店铺组织结构设置的案例并将其制作成 PPT 课件。

　　(2)课堂上将这些案例展示出来,并要求学生分析不同店铺的组织结构类型、特点、不同组织模式之间的差异及其产生的原因。

（3）将全体学生分成 5 组，每组选择一组店铺组织结构设置的案例进行讨论分析并发言，其他组可以对该组的发言进行补充。

（4）实施要求：每组按顺序依次进行，分析发言要求简明扼要。

【成果与检测】

（1）能基本完成店铺组织结构设置案例分析的组为良好；完成分析并且没有错误的为优秀。

（2）店铺组织结构设置案例分析发言顺畅全面的为良好；店铺组织结构案例分析发言顺畅全面，言简意赅，条理清晰的为优秀。

【活动】二　　店铺的组织人员选择调查分析

【活动目标】

培养学生根据店铺规模、面积、业态、经营品种等为商店合理选择组织人员的能力。

【活动内容与要求】

（1）教师准备一系列（5 组）店铺组织人员选择的案例并将其制作成 PPT 课件。

（2）课堂上将这些案例展示出来，并要求学生分析店铺组织人员选择中店铺是如何确定所需招聘人员、具体招聘渠道是如何确定的、店铺是如何组织面试和进行招聘人员评估的。

（3）将全体学生分成 5 组，每组选择一组店铺组织人员选择的案例进行讨论分析并发言，其他组可以对该组的发言进行补充。

（4）实施要求：每组按顺序依次进行，分析发言要求简明扼要。

【成果与检测】

（1）能基本完成店铺组织人员选择案例分析的组为良好；完成分析并且没有错误的为优秀。

（2）店铺组织人员选择案例分析发言顺畅全面的为良好；店铺组织人员选择案例分析发言顺畅全面，言简意赅，条理清晰的为优秀。

知识讲解

（一）商店的组织设置

正确管理一个零售企业有 3 个基本步骤：建立组织结构、聘用和管理员工以及业务管理——既包括财务方面，又包括非财务方面。这里主要阐述商店组织机构的设置。

1. 商店组织结构的设置流程

零售商店组织结构的组建过程如图 3-25 所示。

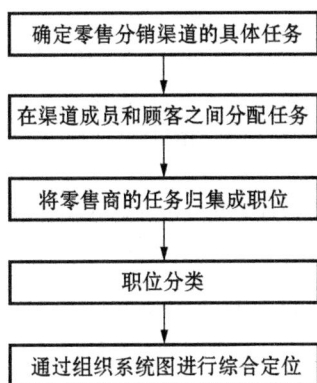

图 3-25　商店组织结构的组建过程图

（1）确定零售分销渠道的具体任务。零售分销渠道所执行的一般任务必须列举出来,典型的任务如表 3-17 所示。

表 3-17　零售分销渠道执行的任务

零售分销渠道执行的任务	
（1）采购商品	（13）顾客回访,处理顾客的抱怨
（2）运输商品	（14）员工管理
（3）接收商品	（16）商品修理和更换
（4）检查进货数量	（17）给顾客开账单
（5）确定价格	（18）处理收据和财务记录
（6）贴商品标签	（19）信用业务
（7）存货的盘点和控制	（20）礼品包装
（8）商品准备和橱窗陈列	（21）送货
（9）设施维护（如保持店面整洁）	（22）将未售出的或损坏的商品退还给供应商
（10）客户调查和信息交换	（23）销售预测和预算
（11）接触顾客（如广告、人员推销）	（24）协调
（12）创造便利的购物条件（如便利的位置、快速结账）	

（2）在渠道成员和顾客之间分解任务。虽然前述的各项任务多由零售分销渠道执行,但它们并不一定由某个特定零售商执行。一些任务可以由制造商、批发商、专业公司（机构）或顾客来执行,具体如表 3-18 所示。

表 3-18　零售任务的分解

执行者	任　　务
零售商	执行前面所列的从商品采购到协作的全部或一部分任务
制造商或批发商	执行几种或多种职能,如运输、贴标签、存货的清查和控制、商品准备和陈列、调研、销售预测等

（续表）

执行者	任 务
专业公司/机构	包括采购部门、运输公司、仓储公司、市场调研公司、广告代理公司、会计师事务所、政府信用机构、计算机服务公司。它们都是专门执行某一种特定任务的
顾客	可以承担的责任有运送、信用（现金销售）、销售（自助或直复营销方式）、产品改进（自己动手做产品的顾客），等等

只有目标市场迫切需要的任务才应执行。如对一个零售商（比如一家便利店）来说，除非它发现足够数量的顾客不同意商店只接受现金销售，否则，它是不应接受信用卡的。

对任务进行分解时应考虑到通过分散或改变任务可获得的节约，即有时请外部机构分担任务可能可以获得节约，如在某些情形下，采用第三方物流来取代商店自己的物流和库存，可以使商店达到零库存，节约相关费用和成本。

（3）将任务归集为职位。零售商确定了所要执行的任务之后，这些任务便被归集成职位。这些职位必须有明确的定义和构成。表 3-19 是一些将任务归结为职位的例子。

表 3-19 一些零售任务归集为职位的范例表

任 务	职 位
陈列商品，联系顾客，包装礼品，跟踪顾客	销售人员
输入交易数据，处理现金收据，处理信用卡购买，礼品包装，存货控制	收银员
接收商品，检查来货，给商品标价，货物存储和控制，退货	仓库保管员
装饰橱窗，布置内部陈列，车辆的使用	陈列人员
给顾客账单，信用卡服务，顾客调查	信用业务人员
商品的修理和更改，顾客抱怨的处理，顾客调查	顾客服务人员
清扫商店，更换旧设备	清洁人员或门卫
人事管理，销售预测，预算，定价，任务的协调	管理人员
寻找物美价廉的货源，与供货商签订合同，畅销品、滞销品的发现与处理，库存的掌握和调整	采购人员

零售商在把任务归集为职位时，应考虑实施专业化分工。在专业化分工条件下，每名员工只对有限的职能负责（与之对立的是每名员工执行多种职能）。专业分工的优势包括任务范围明确、专业化的技能、降低培训费用和时间以及可以雇用教育水平较低和经验较少的人员等。但过度专业化也可能产生问题，如士气低落（工作枯燥乏味）、员工意识不到自己职位的重要性、需要雇用更多的员工等。

任务一旦归集完毕，职位说明书就形成了。职位说明书概括了每个职位的名称、目标、任务和责任。它们是对员工进行聘用、监督和评价的工具。

（4）职位分类。职位分类的方法大致有 4 种，具体如表 3-20 所示。

表3-20　职位分类方法表

职位分类方法	具 体 内 容
按职能划分	根据职能范围可把职位分为促销、采购和商店管理3类
按产品分类	根据商品或服务来划分,如百货商店可分有服装、家具、礼品、家用电器等方面的人员
按地理区域划分	根据分店分布的地区来划分
综合分类法	对一些规模较大的零售商,可以将上述3种方法结合起来使用

（5）形成组织系统图。零售商店的组织系统一般有两种形式:一种是扁平式组织结构:权力层级比较少,可以用最高层经理与最低层雇员之间的职位数量反映出来。第二种是高长式组织结构:商店内有多层管理人员,权力层级比较多。

商店形成组织系统图时可按职能、产品、地区和综合方法来组建,具体如图3-26所示。

> 权力层级(hierarchy of authority)是通过描述公司内部员工之间的报告关系(从最底层到商店经理或董事会)来说明职务关系的。这种等级关系可以提供协调和控制。

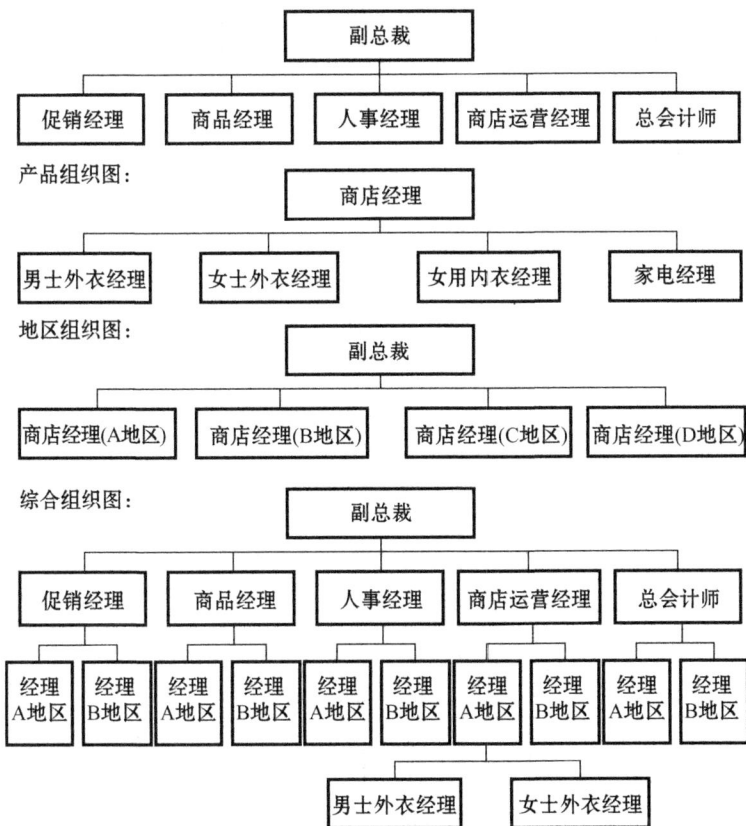

图3-26　按4类标准区分的商店组织系统结构图

2. 商店的组织模式

（1）大型或大规模商店的组织模式。其基本形态可如"图3-26"所示。

（2）小型独立零售商店的组织模式。由于其员工很少,因此每名员工必须分配给多项任务。具体如图3-27所示。

> 大型商店及小型独立零售商店的组织模式。

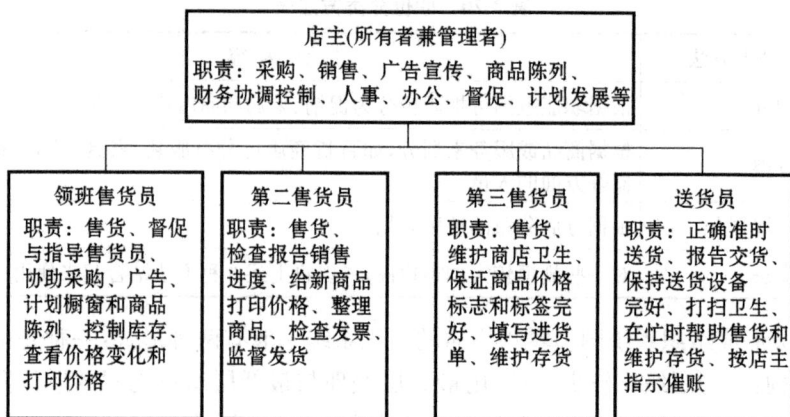

图 3-27 某小型独立商店组织设计图

由图可见,这家商店有 1 个店主和 4 个店员,它的组织设计虽然非常简单,但具有了商店组织基本功能的 3 个方面:一是将商店的工作安排成任务,进行分工;二是规定各人的具体工作责任和权力;三是明确店主控制和协调的权力。这就形成了这家商店的组织结构的设计。

当然,在商业实践中,小型独立商店的组织设计还可以结合不同情况有不同的设计。

相关知识链接

两种小型独立商店组织结构图

（1）一家女士服装店的组织图（见图 3-28）。

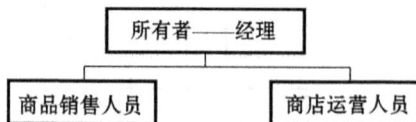

图 3-28 女士服装店的组织结构图

（2）一个家具商店的组织图（见图 3-29）。

图 3-29 家具商店的组织结构图

（二）商店组织人员的聘用

（1）人员招聘计划的确定。商店人员招聘计划的确定一般主要有 2 部分内容:

一是对现有人员情况的分析、预测和决策,识别职位空缺和职位素质要求。其具体程序如图 3-30 所示。

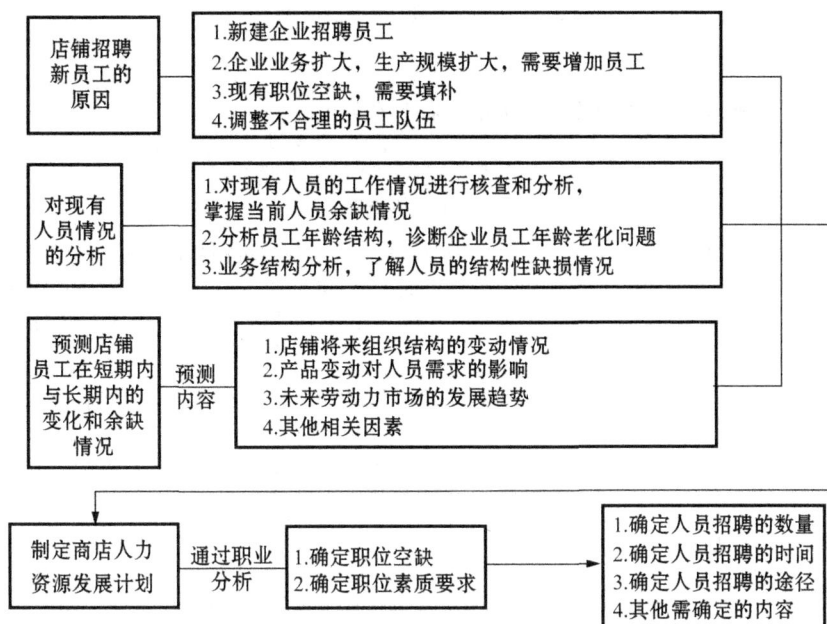

图 3-30　对现有人员情况的分析、预测和决策，识别职位空缺和职位素质要求图

注意，图中的"职业分析"要求商店管理人员应收集与每一职位的职能和要求有关的信息，如任务、责任、能力、兴趣、教育、经验和身体状况等，并依据这些信息选择人员、确定行为标准和薪酬水平。职位分析应当形成书面的职务说明书。

二是招聘策略的确定，具体内容如表 3-21 所示。

表 3-21　招聘策略的确定

招聘策略的确定	具 体 内 容
招聘地点的选择	高级管理人员倾向于在全国范围内招聘
	中级管理人员和专业技术人员通常在跨地区的劳动力市场上招聘
	操作工人和办事人员常常在店铺所在地的劳动力市场上招聘
招聘时间的选择	一般情况下，在人才供应高峰时（如每年 3 月、4 月和 6 月、7 月）是招聘的最好时机
招聘渠道的选择	一般可以分为两个基本类型：内部渠道和外部渠道
招聘宣传策略确定和选拔方法的选择	宣传策略的确定，如广告招聘还是代理机构招聘
	选择方法的选择，如是仅使用面试、还是笔试面试都用等

（2）具体招聘活动。商店的具体招聘活动是零售商得到一批职位申请者的活动。

① 招聘人员的来源、渠道和特点，如表 3-22 所示。

表 3-22　招聘来源、渠道及其特点

来源——招聘渠道		特　点
从外部招聘	(1) 教育机构：到大学和院校招聘	(1) 大中专院校、研究生院 (2) 有利于在职培训，确保满足最低教育要求；特别有用的是与教员们建立的长期联系；录用人员有可能缺少忠诚度，易于跳槽离职
	(2) 其他销售渠道、竞争者：通过各种方式吸引	(1) 批发商、制造商、广告代理机构和竞争者的员工及骨干 (2) 减少了培训程度；可以通过前任公司评价员工表现；必须在公司政策指导下进行；如果现有员工感到未被提升，将会对士气产生不利影响
	(3) 招聘代理机构：由职业介绍服务机构代为招收	(1) 职业介绍所、人才市场、"猎头"公司、政府有关职能部门，有些调研公司等提供代理服务 (2) 必须仔细选择；必须确定谁支付费用；有利于对申请者进行选拔；利用了人事专家
	(4) 广告：通过广告公开招聘	(1) 可利用报纸、贸易出版物、专业期刊、网址发布广告招聘 (2) 大量应聘者；应聘者整体素质不高；费用/应聘者比率低；甄选的责任更加重大；可以在广告中说明职务要求以减少不可能录用的应聘者的数量
	(5) 主动申请者：通过上门或寄送求职信主动申请工作岗位	(1) 上门求职者、写求职信者 (2) 素质差别很大；必须仔细选择；资料应当保留，以备将来填补空缺之用
从内部招聘	(1) 目前的和以往的员工：通过提拔、调动、竞聘、内部招标等活动选任	(1) 现有全职、兼职员工的提拔和调动；重新聘用解聘的员工 (2) 了解商店政策和人事制度；提高士气；内部监督人员的真实评价
	(2) 员工推荐：由已有员工向商店推荐而录用	(1) 现有员工的朋友、熟人、亲戚 (2) 推荐的价值取决于员工的忠实程度和判断能力

② 人员的甄选。人员的甄选主要包括申请表的填写与评价、面试（包括测试）、调查和身体检查等环节，其主要程序如图 3-31 所示。

（3）招聘效果评估。招聘的效果评估用来衡量一种招聘的方法是否以最低的花费（时间花费和成本花费）吸引了足够数量和具有所需知识、技能和水平的申请人。对招聘效果的评估可以了解招聘方法的有效性，也是进一步改进招聘活动的依据。

> "我认为对小企业来说，每一次的招聘都是十分重要的，哪怕你招聘的只是一个接待员——毕竟她是所有走进店铺大门的人所遇到的第一个人。联系到她所产生的作用、她的个性品格、职业作风——联系到店铺的动力，你所聘用的每个人都将变得非常的重要。"
>
> ——美国汤姆林森职业介绍协会：贝蒂西·汤姆林森

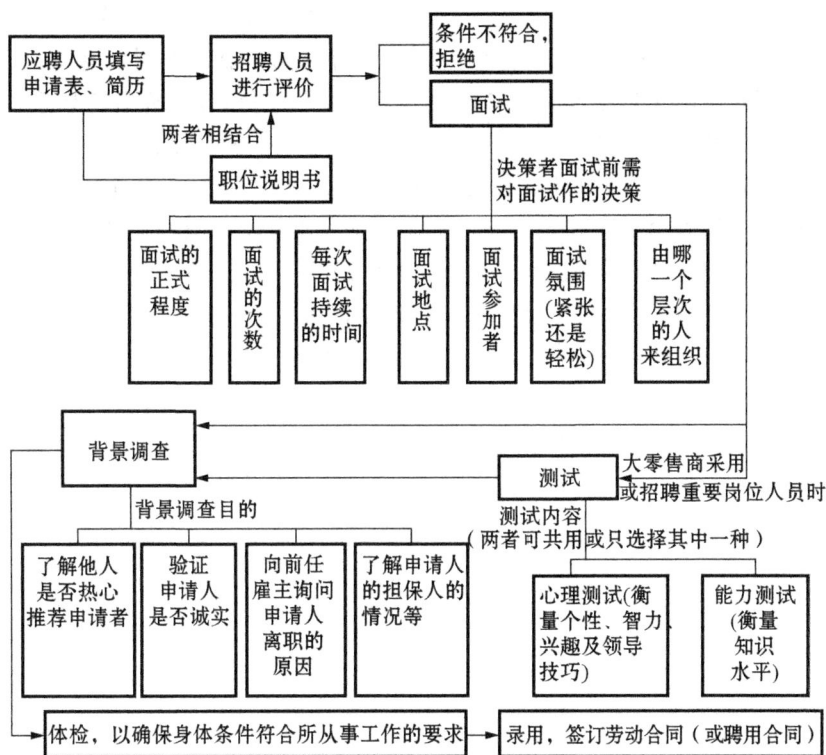

图 3-31　人员甄选的程序

注意:图中的背景调查程序可在面试后进行,也可在面试前进行。

经典案例赏析

芝加哥耐克城的设计

讨论:品析案例,分析相关商店设计知识点在案例中的体现。

芝加哥耐克城是耐克公司广告语"just Do It"的体现。NTC 是美国各地其他耐克城的一个代表,反映了商店场景的设计在塑造商店气氛方面所起的作用,为顾客提供了与品牌之间的最佳沟通方式,使耐克品牌更富生命力。

NTC 有什么特别之处? 它同其他零售环境有什么不同? NTC 陈列展示耐克所有产品,商场里每个设计环节都在刺激顾客的购买欲望,引起顾客对耐克品牌的好感。但是,这里的商品价格相当高,比其他店里同样花色的商品要高出很多,这是由于包含了设计的费用。NTC 的店面设计在于塑造品牌,而不是必须卖出商品,特别是它不与其他耐克店和耐克经销商竞争。

当消费者进入 NTC,他们会吃惊地发现大量的陈列商品。一楼给人一种身在户外的感受,让人觉得像是走在小镇的购物区内,街上鹅卵石铺路。名人的塑像和画框中的照片、大型鱼缸、反射水和水下景物的水池、摆放商品的柜子以及各种各样的纪念品纷纷映入眼帘。穿过前厅,迎面是耐克体育明星的签名照片和一排展示的运动鞋,上面的横幅上写着"没有终点线"。店堂的照片、著名运动员的塑像、篮球及各种运动的背景声,这一切使人感到回荡着的"触摸辉煌"的主题。

在二楼,迈克尔·乔丹的巨幅照片让消费者感到了自己身材的矮小,因为乔丹以"飞人"的姿态正腾空入云。二楼还有半个篮球场地,可以听到芝加哥公牛队的入场音乐。虽然二楼也有其他运动(如健身运动、网球和高尔夫球)、展品甚至与之相伴的背景声音等,但最突出的还是篮球、迈克尔·乔丹和其他超级明星。游人甚至可以像查尔斯·巴克利和朋尼·哈得威那样把手放到篮筐中。

在三楼消费者可以俯瞰店堂,能看到充气的乔丹帐篷——"飞人"的圣坛。儿童帐篷也在三楼,另外还有展品展现耐克品牌的历史。门把手和栏杆设计均采用了耐克那鲜明跳动的标志,NTC通过这些细节以及乔丹的巨幅照片使耐克品牌得以具体体现。顾客通过亲历商场布景而产生了自己与品牌之间的关系。

思考(结合所学知识分析下列问题):请评析芝加哥耐克城设计的成功之处,并说明理由。

思考与练习

（1）日本品川区的茶叶、海苔店在店前设置了一个高约1米的偶像，其造型与该店老板一模一样，只是进行了漫画式的夸张，它每天站在门口笑容可掬地迎来送往，一时间顾客纷至沓来，喜盈店门。

请问：店前设置偶像是什么招牌设置方式？为什么它能吸引顾客？

（2）美国的哈巴普里斯店是一家出售风筝的专门店，这家店不仅出售色彩丰富的美国风筝，同时收集世界各地制作的风筝，并把这些五花八门的风筝或挂在墙上，或悬于天花板上，使整个商店成为风筝的展示场，极易使顾客产生兴奋的情绪。该店的二楼有一透空的部分，顾客由此处可以清楚地看到下面的销售空间，而一楼的顾客会被二楼丰富多彩的色彩所吸引，很自然地继续前往二楼，从而极大地促进了该商店商品的销售。

请简要评析其成功的主要原因。

（3）某饭店为了吸引顾客，在不同的房间，请了10位客人共进晚餐。第一次将房间的基色布置为绿色，结果客人们吃得慢，吃得少，谈话索然无味，有的甚至打起了瞌睡；第二次将房间的基色布置为红色，结果客人们吃得快、多，谈话兴奋，但有人拌起嘴来；第三次将房间的基色布置为白色，结果客人们都彬彬有礼，谈话无内容；第四次将房间的基色布置为黄色，结果客人们吃得很好，谈话投机，临别时还互约再见。根据试验结果，饭店将不同房间布置成不同的基色，根据客人特征，把客人请进相应基色的房间，结果取得了成功，营业额有了较大幅度上升。

请你对该饭店的经营之道进行点评。

（4）京城某一百货店在节假日、双休日店内人多拥挤时，便播放一些快节奏音乐，其结果是客流速度加快，而流量增加。反之，在平时店堂里人少、生意冷清时，便播放一些节奏舒缓平和的古典乐曲及轻音乐，结果闲逛的顾客们便放缓了脚步。就这么个简单的措施使得该百货店的销量在激烈的竞争态势下仍然稳中有升。

请分析案例中所述的该百货商店的成功之道。

商品采购

本项目内容结构图

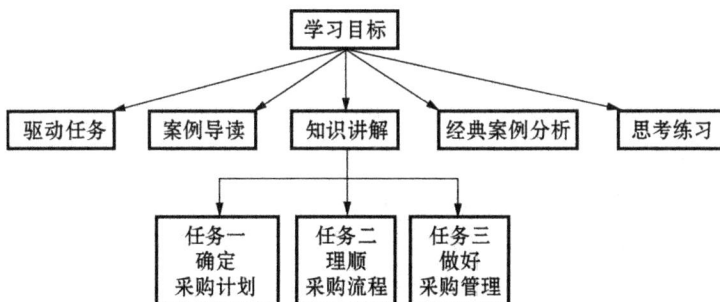

学习目标

- **终极目标**

能为商店确定采购计划,组织采购活动,进行采购管理。

- **促成目标**

(1)理解并掌握商店采购范围、方式、数量与时间的确定,能为店铺制订商品采购计划。

(2)理解并掌握商店采购的具体流程,能为店铺合理组织采购活动。

(3)理解并掌握商店采购谈判,采购商品及采购人员的管理,能为店铺管理供应商、管理采购人员进行新产品的引进、滞销产品的淘汰及畅销产品的培养。

驱动任务

(1)为店铺进行商品采购计划的制作。

(2)对现有店铺的采购流程进行分析。

(3)为现有店铺的采购管理进行分析。

案例导读

合适的采购时机

某商业企业预定在某年向外地工厂采购某种商品,已知全年采购总量为

8 000 件,每件商品每次的采购费用是 5 元,每件商品每天的单位保管费用为 1/720 元,请问该商店在使商品采购费用和保管费用之和(即总费用)减少至最小限度的采购批量应该是多少? 为什么是这么多?

某商业企业每天出售 10 双袜子,从采购、收货到展示商品需要 4 天时间,求该商店应在什么时候采购袜子最好?

任务一　确定采购计划

上述两个例子都涉及商品采购的问题,要想得这两个问题的答案,请你仔细学习本项目内容,你将会得到答案。

学习目标

- **终极目标**

能为店铺明确采购商品的范围、采购的方式、采购的数量和时间。

- **促成目标**

(1) 理解并掌握商店商品采购范围的确定。

(2) 理解并掌握商店商品采购数量的确定。

(3) 理解并掌握商店商品采购时间的确定。

(4) 理解并掌握商店商品采购方式的确定。

工作任务

工作任务书(4-1)

总体任务	××商店商品采购计划的制订
具体任务	(1) ××商店商品采购范围、数量、时间、方式的确定 (2) ××商店商品采购计划的制作

【活动】一　××商店商品采购范围、数量、时间、方式的确定

【活动目标】

(1) 培养学生运用具体采购技术的能力。

(2) 培养学生能为商店商品采购做出合理决策的能力。

【活动内容与要求】

(1) 教师准备一系列不同店铺商品采购的案例并将其制作成 PPT 课件。

(2) 课堂上将这些案例展示出来,并要求学生分析店铺在商品采购过程中如何决定商品采购范围、采购数量、采购时间和采购方式。

(3) 将全体学生分成 5 组,每个案例经过 2 分钟左右的简短讨论后,由 5 个小组分别对该案例进行抢答,其他组认为需要补充的,可以对该组的发言进行补充。

(4) 实施要求:事先讲好规则,全班同学以小组为单位分组聚拢在一处。

【成果与检测】

（1）能基本完成店铺商品采购案例分析的组为良好；完成案例分析准确无误的为优秀。

（2）能对其他小组作相应补充的为良好；不仅能为其他小组发言做相应补充并且能改正其他小组陈述中错误的为优秀。

📢 【活动】二　　　　××商店商品采购计划的制作

【活动目标】

培养学生根据店铺规模、面积、业态、经营品种等为商店合理制作商品采购计划的能力。

【活动内容与要求】

（1）教师准备一家商店的商品政策、商品采购范围、时间、数量、方式等方面的基本资料。

（2）课后将这些材料提供给学生，并要求学生以小组为单位制作一分商品采购计划。

（3）将全体学生分成 5 组，每组完成一分商品采购计划的制作任务，要有明确的人员分工说明。

【成果与检测】

能完成商品采购计划的制作、内容基本齐全的组为良好；能完成采购计划的制作且内容齐全合理的为优秀。

知识讲解

(一) 商品采购范围的确定

1. 商品政策的确定

商品政策是指零售商为确定经营范围和采购范围而根据自身的实际情况建立起来的具有独特风格的商品经营方向，也是商店经营商品的指导思想。一般来说，商店采用的商品政策主要有：

（1）单一的商品政策。商店经营为数不多、变化不大的商品品种来满足大众的普遍需要的商品政策即为单一的商品政策。采取这一商品政策要注意商品的个性化，其品质应优于其他商店，才能对消费者形成吸引力。

采取这一商品政策的商店一般在竞争中不易取得优势，因而它的使用主要局限于：①消费者大量需求的商品，如加油站、粮店、烟酒专卖等；②享有较高盛誉的商品，如麦当劳的汉堡包、可口可乐等；③有较高知名度的专卖商店；④有专利保护的垄断性商品。

（2）市场细分化商品政策。把消费市场按各种分类标准进行细分（如按消费者的性别、年龄、收入、职业等标准进行划分），以确定商店的目标市场的商品政策为市场细分化商品政策。

各类顾客群的购买习惯、特点以及对各类商品的购买量是不同的,商店可以根据不同细分市场的特点来确定适合某一类消费者的商品政策。

(3) 丰满的商品政策。这是在满足目标市场的基础上,兼营其他相关联的商品,既保证主营商品的品种和规格档次齐全,数量充足,又保证相关商品有一定的吸引力,以便目标顾客购买主营商品时能兼买其他相关物品,或吸引非目标顾客前来购物。

要使商店经营的商品让人感到丰满,必须重视下列几类商品:①名牌商品。这类商品品种全,数量足,能提高商店的声望,并给人以丰盛感,对促进销售起到重要作用。②诱饵商品。这类商品品种齐全、数量足,可以吸引更多消费者到商店来购物,同时也可以连带销售其他商品。③试销商品。包括新商品和本行业刚刚经营的老商品,这类商品能销售多少很难预测,但是,将这类商品保持一定的品种和数量,也会增强商店经营商品的丰盛感,促进商品销售额的扩大。

(4) 齐全的商品政策。商店经营的商品种类齐全,无所不包,基本上满足消费者进入商店后可以购齐一切的愿望,即所谓的"一站式购物",这样的商品政策为齐全的商品政策。一般的超大型百货商店、购物中心以及大型综合超市均采用这一商品政策。

2. 商品结构策略的选择

商品结构是指由不同商品种类形成的商品广度与不同花色品种形成的商品深度的综合。

商品的广度是指经营的商品系列的数量,即具有相似的物理性质、相同用途的商品种类的数量。

商品的深度是指商品品种的数量,即同一类商品中,不同的质量、不同尺寸、不同花色品种的数量。

由于商品广度和深度的不同组合,形成了目前商店商品结构的不同配置策略(见表 4-1),供商店经营者选择,这些策略各有利弊。

表 4-1　商品深度与广度的组合

商品种类		商品品种	
		深	浅
商品种类	广	商品种类多 商品品种多	商品种类多 商品品种少
	窄	商品种类少 商品品种多	商品种类少 商品品种少

商品深度与广度的不同组合形成了广而深、广而浅、窄而深、窄而浅四种商品结构策略,这些策略的适用范围具体可有:

(1) 广而深的商品结构。这种策略是商店选择经营的商品种类多,而且每类商品经营的品种也多的策略。适用商店:较大型的综合性商场。

（2）广而浅的商品结构。这种策略是商店选择经营的商品种类多,但在每一种类商品中花色品种选择性少的策略。适用商店:廉价商店、杂货店、折扣店、普通超市。

（3）窄而深的商品结构。这种策略是商店选择较少的商品经营种类,而在每一种类中经营的商品花色品种很丰富。适用商店:专业商店、专卖店。

（4）窄而浅的商品结构。这种策略是商店选择较少的商品种类和在每一类中选择较少的商品品种。适用商店:小型商店,尤其是便利店;也被售货机出售商品和人员登门销售的零售商所采用。

零售商对商品结构策略的选择实际是在商品的广度和深度两个轴线上寻找一个合适的交点,这一交点是零售商的商品政策、市场定位、经营实力、竞争优势与商店形象等多方面的综合反映。

3. 确定商品经营范围的考虑因素

（1）商店业态特征及其规模。如专业性商店的专业分工越细,商品经营范围越窄;综合性商店除了主营商品外,还有其他行业商品,经营范围较广。同时,商店的经营规模越大,其商品经营范围也就越广,反之亦然。

（2）商店的目标市场。处在城市中心人口密度大的商店,由于目标顾客的流动性强,供应范围广,消费阶层复杂,因而经营品种、花色式样应比较齐全;处在居民区附近的商店,消费对象比较稳定,主要经营人们日常生活必需品,种类比较单纯。

（3）商品的生命周期。商品从进入市场到退出市场一般要经历4个阶段:导入阶段、成长阶段、成熟阶段、衰退阶段。商店必须跟上商品的这种变化,随时注意调整自己的经营范围:一方面应考虑将已至衰退期的商品加以淘汰;另一方面应考虑将有可能成为畅销的新商品列入商品采购计划范围。

（4）竞争对手情况。在同一地段内,相同业态商店之间,经营特点不宜完全一致,其差别主要体现在商店主营商品的种类上。因此,商店只有弄清楚周围竞争对手的经营对策、商品齐全程度及价格、服务等状况,才能更好地确定自己的商品经营范围。

（5）商品的相关性。在确定商品经营范围和基本的主力商品类别之后,还要充分分析商品的相关性,考虑辅助商品和连带商品的范围,良好的搭配可以相得益彰,互相促进。如女装与化妆品的搭配销售、小食品与儿童玩具的搭配销售就属于此类。

4. 商品结构优化

对商品结构的优化要根据以下这些指标来进行:

（1）商品销售排行榜。定期对商品销售额情况进行排名,排在前面的商品属于畅销商品,应予保留;排在后面的商品属于滞销商品,应列为淘汰考察对象。

（2）商品贡献率。即根据对商店利润贡献的高低来决定商品结构的调整。

（3）损耗排行榜。即根据商品损耗大小决定商品结构调整。

一些小型商店(如便利店)在使用窄而浅的商品结构策略时,为什么能够取得成功?

（4）周转率。即周转率低的商品不能滞压太多。

除了上述因素以外，商店在调整商品结构时，还有一些因素也应值得注意，如节假日因素、商品陈列因素等。另外，商店在调整商品结构时，不应只看上述的某一单一指标，而应多种指标结合起来分析。

（二）商品采购数量的确定

1. 大量采购

大量采购是商店为了节省采购费用，降低采购成本而一次性把一种商品大批量地采购进来。这种采购方式的优、缺点及适用情形如表 4-2 所示。

表 4-2　大量采购的优缺点与适用情形

大 量 采 购	
优点	可以降低一次性采购成本，获得进货优惠
缺点	需要占用大量资金和仓储设施
适用情况	该商品在市场中的需求量巨大
	在共同采购方式下，可以大量采购
	对供货不稳定的商品，可以采用大量采购方法

注意：表中的共同采购是许多独立中小商店为降低采购成本而联合起来的一种联购分销的采购方式。

2. 适量采购

适量采购就是对市场销售均衡的商品，商店在保有适当的商品库存的条件下，确定适当的数量来采购商品。这一适当的采购数量即为经济采购批量。

采购批量与商品采购费用、保管费用之间有着密切的关系。这三者之间的关系可用图 4-1 表示。

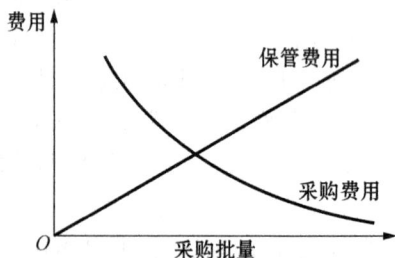

图 4-1　保管费用、采购批量、采购费用关系图

这里所谓的经济采购批量就是指使采购费用与保管费用之和（即总费用）减少到最小限度的采购批量。其计算公式如下：

$$Q=\sqrt{2KD/PI} \text{ 或 } Q=\sqrt{2KD/TH}$$

其中，Q 为每批采购数量；K 为单位商品平均采购费用；D 为全年采购总数；P 为采购商品的单价；I 为年保管费用率；另一公式中的 T 表示商品的存储时间、H 表示单位商品的保管费用。这两个公式的计算结果是一致的，但由于单位商品的保管费用的获得稍难一些，因此前一个公式要常用一些。

例如,某商店预计全年销售某种商品 800 件,已知每件商品的采购费用是 0.5 元,单价为 20 元,年保管费用率为 2.5%,欲求最经济的采购批量。根据公式可得:

$$Q=\sqrt{(2\times0.5\times800)/(20\times2.5\%)}=40 \text{ 件}$$

通过上述计算可知,每次采购数量在 40 件以上或 40 件以下的年度总费用都高于 40 件采购批量的年度总费用。在计算出来商品的经济采购批量后,商店还要考虑到实际需求、数量折扣及可变的订货成本和占用成本等方面的变化来确定实际的采购数量

【案例 4-1】

计算年保管费用率

某商店某商品最经济的采购批量为 60 件,预计全年销售该种商品 2 160 件,已知每件商品的采购费用是 0.5 元,单价为 20 元,请问该商品的年保管费用率为多少?

经济采购批量的计算,有以下三个假设条件:第一,需求均衡,也就是销售量比较稳定,变化较小;第二,货源充沛,进货容易,并且能固定进货日期;第三,库存储量和资金条件不受限制。

(三) 商品采购时间的确定

1. 定时采购

定时采购就是每隔一个固定时间,采购一批商品,此时采购商品的数量不一定是经济批量,而是以这段时间已销售的商品数量为依据计算。

定时采购的特点:采购周期固定,采购批量不固定。每次采购前,必须通过盘点了解商店的实际库存量,再订出采购批量。其计算公式为:

采购批量=平均日销售量×采购周期+安全存量-实际库存量

式中,安全存量是指为防止由于消费需要发生变化和延期交货引起脱销而储备的额外库存量。

例如,某商店日销售某商品 40 件,安全存量定额为 6 天需求量,订货日实际库存量为 400 件,进货周期为 30 天,则:

采购批量=40×30+6×40-400=1 040 件

在本例中,该商店的采购周期为 30 天,采购批量为 1 040 件,安全存量为 240 件。

2. 不定时采购

不定时采购(也称采购点法)是指当商品库存下降至采购点时进行采购的一种方法。不定时采购的特点:采购批量固定,采购时间不固定。

采购点的采购批量可以参考经济采购批量的计算方法。这种采购的关键实际上是确定采购点的库存量。通过图 4-2 大家可以清楚地了解采购点的含义。

从图可知,商店从 A 点采购好商品到商品在商店销售,一般需要一定的间隔时间,这段间隔期被称为备运时间,也称为提前进货期,包括商品在途运输时间;商品验收入库时间;销售前整理加工时间;其他时间。当商店在前一次采购的商品到达可以销售的 Q 点开始销售商品时起,存货通过逐日销售下降,如果存量下

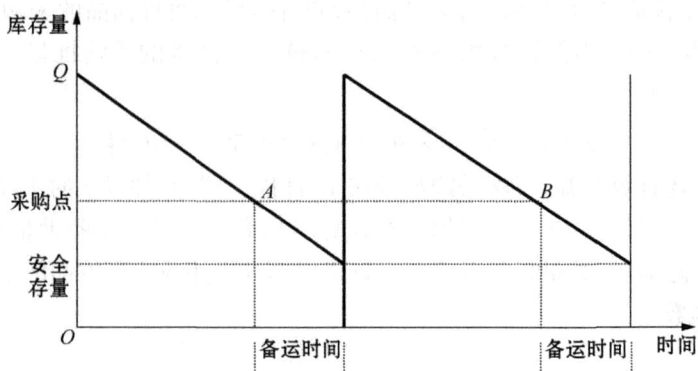

图 4-2 采购点示意图

降到 A 采购点而不开始采购,则商店就会面临脱销的风险;如果存量尚未下降到 A 采购点就提前采购,则企业要面临积压的风险。因此,当库存量下降到 A 或 B 采购点时,是开始采购的最适当时间。

采购点的计算有 2 种方法:

(1) 在销售和进货期时间比较稳定的情况下,采购点的计算公式为:

$$采购点＝平均销售量×备运时间$$

(2) 在销售和进货期时间有变化的情况下,采购点计算公式为:

$$采购点＝(平均销售量×备运时间)＋安全存量$$

【案例 4-2】

计算采购点

某商店日销售 A 商品 40 件,从采购、收货到展示商品需要 4 天时间,且 A 商品的供应十分稳定和有保障,则该商店 A 商品的采购点是多少?

如果该商店同时经营 B 商品,日销售量为 50 件,其备运时间为 5 天,由于该商品需求经常发生变化,所以商店对此准备了 150 件的安全存量,请问该商店 B 商品的采购点是多少?

(四) 商品采购方式的选择

从执行采购职能的形式来看,有分散采购、集中采购、分散与集中结合采购 3 种方式:

(1) 分散采购。分散采购是指采购权分散到各个部门或各个分店,由零售商各商品部门或分店自行组织采购。这些部门或分店不仅负责本身的商品采购,还直接负责商品的销售,其特征是采购与销售合一。一部分百货商店采用这种方式。

(2) 集中采购。集中采购(又称为中央采购)是指采购权限高度集中于商店总部或连锁总部,由零售商设置专门的采购机构和人员统一采购商店的商品,商品分部或分店则专门负责销售,与采购脱离。这是一种采营分离的采购制度。连锁经营的商店一般都采用这种方式。

（3）分散与集中相结合。分散与集中相结合的采购是指将一部分商品的采购权集中,由专门的部门或人员负责;另一部分商品的采购权交由各经营部门自己负责。大批量的商品或外地商品实行集中采购,而小批量的商品或本地商品实行分散采购。

相关知识链接
克服集中采购缺陷的手段

商业实践中,集中采购的缺陷有:购销容易脱节;采购人员与销售人员合作困难,销售人员的积极性难以充分发挥,维持销售组织的活力也比较困难;责任容易模糊,不利于考核。克服集中采购缺陷比较常用的手段有:一是要求采购员在从事采购业务之前要在商店工作 8～16 个月,作为其培训期,在此期间采购员们要学会商店的运营、了解销售人员和商品经营面临的问题以及顾客需求等。二是让采购人员经常参观商店并与他们采购的相应部门一同工作。三是委派商品联络员负责协调购销活动,并负责通知采购员商店销售商品时遇到的有关问题。四是将商店经营纳入采购决策。

从商品采购成交的时间上看,有现卖现买、投机采购、预算采购等 3 种方式:

（1）现卖现买。现卖现买采购是指商店到商品出现缺货时才去采购的一种采购方式。常用于一些小商店(小摊贩)从本地区进货。

（2）投机采购。投机采购是指估计到某类商品会涨价,事先大量购入,以降低进货成本,加强商品竞争性的一种采购方式。一般商店都可以采用。

（3）预算采购。预算采购是指制订计划后在固定的时间内按部就班采购的一种采购方式。绝大部分的大中型规模的商店采用这种方式采购。

(五) 商品采购计划的重点

1. 商品采购目录的制订

零售商确定了商品采购范围之后,还需要将各商品品种详细地列出来,形成商品采购目录。商品采购目录包括全部商品目录和必备商品目录两种。全部商品目录是商店制订的应该经营的全部商品种类目录;必备商品目录是商店制订的经常必备的最低限度商品品种目录。商品采购目录制订以后,不能固定不变,应随着环境、季节、年度、商品新旧更替的变化定期进行调整,以适应消费者需要。

2. 采购重点的确定

在制订商品采购计划时,要坚持重点商品管理原则。商店应将销售量大、利润高、顾客必需的商品作为重点商品,进行重点管理。目前零售企业流行的是对商品进行 ABC 分类管理法。

ABC 分类管理法的操作步骤是将各种商品按金额大小顺序排列,计算出各类商品的金额比重和品种比重(单项比重和累计比重),再将商品划分为 A、B、C 三种类别。

> 采购重点的确定——ABC 管理法。

A 类商品是指获利高或占销售额比重大,而品种少的商品,一般金额比重为70%~80%,品种比重为 5%~10%。

C 类商品是指获利低获占销售比重小,而品种多的商品,一般金额比重为5%~10%,品种比重为 70%~80%。

B 类商品是处于 A 类和 C 类商品之间的商品,其金额比重为 10%~20%。具体如图 4-3 所示。

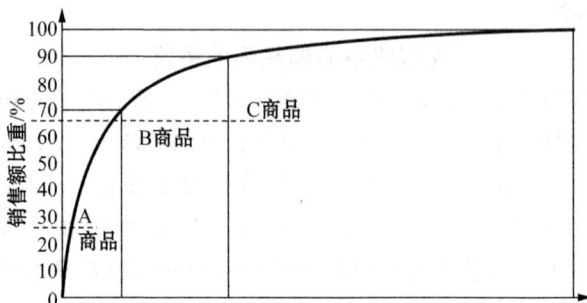

图 4-3 ABC 商品分类图

将商品划分成 A、B、C 三类后,再根据分类结果实施分类管理(见表 4-3)。

表 4-3 商品的分类管理

商品类别	管 理 措 施
A 类商品	重点商品,重点控制
	经常检查,及时调整,使其保持在合理的限度内
	定时定量采购,保证不脱销,不积压
B 类商品	一般控制,分大类管理
	销售较高的部分品种参照 A 类商品管理
	大部分商品连同 C 类商品可采取定期检查存量的方法进行控制
C 类商品	采用简单办法控制,如采用固定采购量,适当减少采购次数
	由于其所占销售额比重较小,品种比重较大,因而需对每种商品的库存量控制在最小限度内

3. 商品采购预算的确定

采购预算一般以销售预算为基础予以制订。同时考虑到库存,还要加上或减去希望库存增加或削减的因素,其计算公式应为:

采购预算=销售成本预算+期末库存计划额-期初库存额

例如,某商店一年的销售目标为 2 500 万元,平均利润率是 10%,期末库存计划额为 250 万元,期初库存为 200 万元,其全年的采购预算就是:

$$2\,500×(1-0.1)+250-200=2\,300 万元$$

该商店一年的采购预算为 2 300 万元。再将其按月分配到各个月(不能平均分配到每个月,如果是老店则应根据以往历史经验来确定,如果是新开商店则可

> 采购预算在执行过程中,有时会出现情况的变化,这有必要进行适当的修订。如商店实行减价或折价后,就需要影响增加销售额的部分;商店库存临时新增加促销商品,就需要从预算中减少新增商品的金额。

以根据以往行业经营情况来确定），就是每月的采购预算。

任务二　理顺采购流程

学习目标

• 终极目标

能根据具体的采购流程为商店组织商品采购活动。

• 促成目标

（1）理解并掌握商品采购中建立采购组织、收集需求信息、制订采购计划、确定货源、具体采购、再订购商品的具体内容。

（2）能实施实际采购中采购谈判的具体工作。

工作任务

工作任务书（4-2）

总体任务	××商店的商品采购流程分析
具体任务	（1）××商店商品采购流程分析 （2）××商店采购谈判及采购合同的签订实务操作

【活动】一　　××商店商品采购流程分析

【活动目标】

（1）培养学生运用科学的采购流程为商店管理采购活动的能力。

（2）培养学生为商店而与供应商进行商品采购谈判的能力。

【活动内容与要求】

（1）教师准备一组（5个）不同商店商品采购的案例并将其制作成 PPT 课件。

（2）课堂上将这些案例展示出来，并要求学生分析其采购组织形态、采购计划制订前的准备工作。

（3）将全体学生分成5组，每个案例经过2分钟左右的简短讨论后，由5个小组分别对该案例进行抢答，其他组认为需要补充的，可以对该组的发言进行补充。

（4）实施要求：事先讲好规则，全班同学以小组为单位分组聚拢在一处。

【成果与检测】

（1）能基本完成店铺商品采购流程案例分析的组为良好；完成案例分析准确无误的为优秀。

（2）能对其他小组作相应补充的为良好；不仅能为其他小组发言作相应补充并且能改正其他小组陈述中错误的为优秀。

📢 【活动】二　××商店采购谈判及采购合同的签订实务操作

【活动目标】

培养学生根据商品采购计划与供应商谈判签订具体采购合同的能力。

【活动内容与要求】

(1) 教师准备××商店具体的采购商品资料和供货商的供应资料。

(2) 课上将这些材料提供给学生,并要求学生以两人一组为单位,一人代表供应商,一人代表零售商店,谈判并制作一份商品采购合同。

(3) 学生课前应查找买卖合同的具体格式要求,并了解买卖合同谈判、签订过程中的具体注意事项。

(4) 每组学生应利用两节课的时间完成一份商品采购合同的谈判与签订,并上交所签订的合同。

【成果与检测】

能完成商品采购合同的制作、内容基本齐全的组为良好;能完成采购合同的制作且内容齐全合理的为优秀。

🔍 知识讲解

一、商品采购应遵循的原则

(1) 以需定进原则。在确保商品质量的条件下,及时为零售店铺采购到适销对路的商品,确保零售店铺经营活动的持续进行。

(2) 勤进快销原则。以勤进促快销,快销促勤进,加速商品周转,做活生意。

(3) 信守合同原则。保证合同的合法性、严肃性、有效性,树立零售店铺企业的良好形象。

(4) 经济核算原则。从进货开始,精打细算,加强经济核算,以保证获得最大的经济效益。

(5) 文明经商原则。以社会商业道德为规范,不断提高服务质量,为购买者提供舒适的购买环境、方便的购买条件、丰富的商品品种,以实现零售店铺的社会功能。

相关知识链接

商品采购的价值所在

很多人一直存有这样的看法,认为商店的利润来源于商品销售。事实上,商品采购也是商店的利润来源之一。如在其他条件不变的情况下,假设企业的利润率为5%,要想靠增加销售来获取1元钱利润,则需多销售20元的产品。而从采购的角度降低1元钱的成本,则远比从销售上多卖20元的产品要容易得多,成本也要低得多。但现实中,许多企业在控制成本时将大量的时间和精力放在不到总成本的 40% 的企业管理费用、工资和福利上,却忽视了其主体部分——采购成本。因此,从这个意义上讲,采购是商店管理中"最有价值"的部分。

二、商品采购流程

商店的商品采购流程一般如图 4-4 所示。

（一）建立采购组织

采购组织的成立一般可分为三种情况:

（1）内部采购组织,即商店将商品采购职责交由企业内某些人或某些部门负责,由此产生了正式的或非正式的采购组织。

① **正式采购组织**,是指零售商建立的负责整个商场或整个连锁商店的采购任务的专门采购机构。

② **非正式采购组织**,是指由一群兼职采购人员负责采购,他们既负责商品经营,又负责商品采购,有时也处理其他零售业务,责任和授权往往并不明确,但却具有充分灵活性的一种采购组织形式。

（2）**外部采购组织**,是指零售商将采购业务转向外部,由零售商支付一笔费用雇佣外部的公司或人员,依靠外部采购组织实现本商店的采购工作。

（3）**合作采购组织**,是指由若干中小零售商通过签订一个有利于各方的协议进行联合采购而设立的组织,其通常能获得数量折扣。

（二）收集有关顾客需求的信息

在采购或再采购任何商品之前,零售商应收集有关顾客需求的数据,以便采购适销对路的商品。这些信息的获取方式主要有:

（1）通过研究目标市场的人口统计数据、生活方式和潜在购物计划,零售商就可以直接研究消费需求。

（2）向现有供应商征询有关资料,有些供应商会做有关自己产品与行业的消费需求预测和营销研究。

（3）零售商也可以通过人员销售直接与顾客打交道,了解顾客的需求动态。

（4）零售商还可以通过对竞争对手的调查研究来获取相关信息。

（5）通过其他渠道来获取信息。如政府公布的行业经济发展数据,新闻机构的消费者调查,或者向有关商业咨询机构购买商业数据等方式收集和分析消费者需求信息等。

信息应该从多个渠道收集,单一类型的数据可能是不充分的。不管所获得信息的数量有多少,零售商应能感觉到它们用于制订尽可能精确的决策是足够充分的。对于例行采购决策（如常用品）,有限的信息可能就足够了。

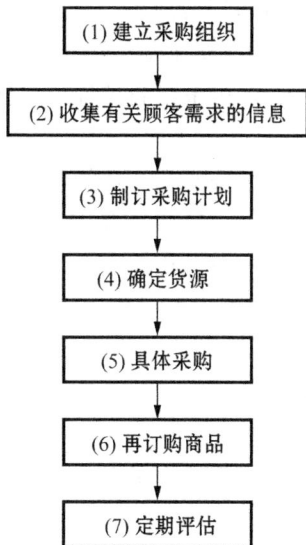

图 4-4 商品采购流程图

（三）制订采购计划

1. 采购计划的种类

采购计划是企业经营计划中的一个重要组成部分,零售商店的采购计划按不同标准可以分成不同种类:

（1）按时间跨度可分为年度、季度、月、日采购计划。

（2）按采购商品种类可分为食品类、服装类、百货类采购计划等,每一大类可再细分。

（3）按商品消耗的方式可分为一次性商品采购计划(如一次性筷子、封箱带、塑料带等一次性商品的采购);多次性商品采购计划。

（4）按采购的方式可分为零买采购计划(适用于低值设备或耐用品的采购);批发采购计划(适用于容易变质且每天必须购买的物资,如新鲜食品)。

2. 采购计划的四项基本决策

（1）采购何种商品,即采购商品的范围,这与商店所采取的商品政策与商品结构策略密切相关。

（2）采购多少商品,即商品的采购数量。

（3）采购时间、方式的确定。有些商品应定时采购,而有些商品则应实行不定时采购;有些商品可以实行分散采购,有些商品则适于集中采购等等。

（4）采购的商品应在何地储存。单一企业必须选择将多少商品存放在销售现场,多少存放在库房以及是否利用仓库。连锁店必须在各分店之间分配商品。

总之,零售商在制订采购计划时要注意细分落实到商品的小分类,对一些特别重要的商品,甚至要落实到品牌商品的计划采购量。另外,也要把促销计划、新品上市计划作为商品采购计划的一部分,要求供应商及时提供下一阶段的产品促销方案与新品上市计划,便于在制订促销计划时参考。

（四）确定货源

1. 货源渠道及特点

商品采购的下一步骤是确定货源,商店的主要商品来源和特征如表 4-4 所示。

表 4-4　外部供应商基本类型表

货源	特　点
制造商	有形产品,可提供运输和信用服务
全面服务批发商	向制造商采购商品,为零售商提供许多服务(运输、储存、信用、信息等)
	经营很宽的产品组合
	经营很深的产品组合
	提供和设立自己的展台,通常在超市和其他商店经营非食品类产品,可以赊销,对于商店来说很方便

（续表）

货源	特　点
有限服务批发商	与全面服务批发商相同，只是为零售商提供的服务较少，成本较低
	主要任务连接买主和卖主
	利用商品目录向小零售商供货
	小零售商在那儿购买，然后自己运回商品
代理商和经纪人	没有产品所有权（所有权仍然归制造商），为获得一笔费用或佣金而提供多角化的服务

2. 供应商的选择

选择供应商是商品采购的一项非常重要的工作，其选择标准有：

（1）可靠性。供应商能始终如一地履行所有书面承诺吗？

（2）价格——质量。能以最低的价格提供最好的商品吗？

（3）订单处理时间。多久能收到送货？

（4）独占权。供应商给予独家经销权吗？

（5）提供的服务。如果需要，供应商提供运输、储存和其他服务吗？

（6）信息。供应商是否提供一些重要的产品/服务数据？

（7）道德。供应商是否履行所有的口头承诺？

（8）保证。供应商是否对自己的产品提供担保？

（9）信用。能从供应商那里获得商业信用吗？多长时间？

（10）长期关系。能与该供应商保持长期关系吗？

（11）毛利。毛利（差价）足够吗？

（12）创新。供应商的产品是创新的还是守旧的？

（13）地方广告。供应商在当地媒体做广告吗？

（14）管理规范制度。供应商的管理制度是否系统化、科学化，工作指导规范是否完备，执行状况是否严格？

（15）风险。与供应商交往的风险有多大？

零售商最好建立固定的进货渠道和固定的购销业务关系，这样做，有利于互相信赖和支持；由于彼此了解情况，易于符合进货要求；可以减少人员采购，节约费用。在保持固定进货渠道的同时，零售商还要注意开辟新的进货点，以保持商品品种的多样化。

（五）具体采购程序

商店内商品采购活动的具体程序如图4-5所示。

1. 接洽供应商

与供应商进行接洽是商店商品采购活动的第一步，在这一步骤中通常要进行以下具体工作：

（1）供应商资料收集及初评。采购员应主动开发收集具有合作潜力的供应商相关资料，并记录在供应商资料卡上。然后根据资料卡内容及以往业绩等评定

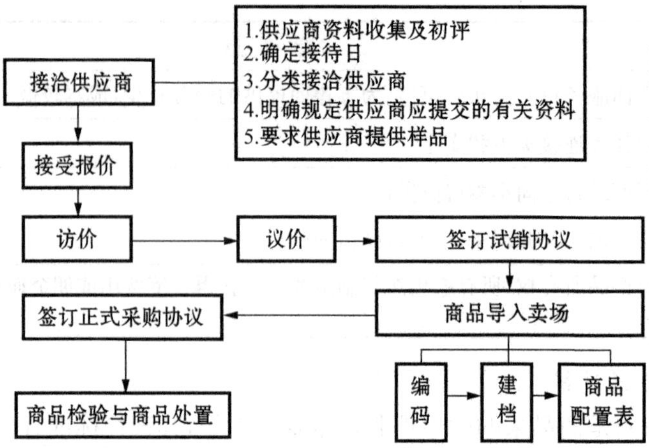

图 4-5 商店采购程序一览单

是否列为开发对象或合作对象。

（2）确定接洽日。建立与供应商接洽的制度，规定与其接洽的具体时间。如每星期四为接待供应商的具体日期，零售店铺规模大的，可以规定一星期中的两天为接洽日。

（3）分类接洽供应商。商店经营者要根据商品的不同类别将供应商进行分类，不同的采购人员接待不同类别的供应商，以提高洽谈效率。

（4）明确规定供应商应提交的有关资料，具体包括供应商的生产许可证、产品的有关证明文件等。

（5）要求供应商提供样品。商店采购人员在与供应商洽谈时，可以要求供应商提供商品的实物样品，以便采购人员检查和判断。商店要将供应商提供的样品登记存档，作为以后进货的标准。

2. 接受报价

商店在接受报价时，应注意以下几点：

（1）制订规范化的报价单，要求供应商按统一的报价单来报价，以利管理。表 4-5 为供应商报价单

表 4-5 供应商报价单

供应商编号		电话	FAX		联络人		分类	食品	付款方式	月结天	含税
供应商名称		地址			统一编号			非食品		月结天	未含税
商品代号	国际条码	品名（规格）	单位	数量	进价	零售价	供应其他商店进售价				备注
							商店 1		商店 2	…	
							进价	售价	进价	售价	

（续表）

	采购经理签名			议价员签名		供应商签章		

（2）分类报价，即将不同类的商品分类处理。

（3）定期报价，如每周定一天或两天为报价日，接受供应商报价。

（4）要求供应商在报价时提供齐全资料

（5）要求供应商在报价时提供实物样品，存档作为商店验货质量标准。

3. 访价

访价主要是了解竞争店的价格资料，这是议价的基础。访价工作应注意：

（1）将报价单汇总之后，选出本公司所需的品项，列出清单。

（2）访价要全面，应选择 3～4 家竞争对手，调查同类商品的价格。如有可能，最好获知竞争对手的供应商的报价，以此作为与供应商谈判的依据。

（3）访价前要列出应访对象、品项、访价路线及时间等，并事先将之记入访价表内（见表 4-6）。

表 4-6　访价表格式

访　价　表　　　　　访价日期：

商品代号	品名	规格	访价										备注
			百货商店		货仓商店		综合超市		普通超市		便利店		
			零售价	促销价	零售价	促销价	零售价	促销价	零售价	促销价	零售价	促销价	
	采购经理			采购主管				访价员					

（4）访价既要了解同业态的竞争对手价格，又要了解不同业态出售同类商品的价格，尤其是附近直接竞争对手的价格。

4. 议价

议价是就价格及交易条件进行谈判，如付款方式及条件、交货期及逾期交货赔偿条件、品质检验及不合格品的赔偿条件、数量及数量折扣、保险费支付、包装、运输方式及费用支付、税项负担、售后服务等。应注意：

（1）最好定期实施议价制度，如将每月 5、15、25 日为"议价日"；或每周一日为"议价日"。订出一套规定要求供应商遵守，同时也要求内部人员遵守。

（2）在议价时，先列出一个商店能接受的价格底线，若供应商商品价格在底线之上，则退回；个别畅销的商品可以征得上级同意破例采购；若谈判价格在底线之内，则可以考虑引进。

5. 签订试销协议

采购商品确定下来后，如果是新产品，第一次进场销售，往往先签一个商品试销协议，期限为三个月。待三个月试销期满，视销售情况再签正式采购协议。

相关知识链接

商务谈判中僵局的破解方法

在商务谈判中一旦双方对某一关键问题分歧比较大，就容易引起争执，可能会使谈判陷入僵局。在实践中，破解僵局可有下列这些方法：①变换谈判议题；②更换主谈人；③暂时休会；④为对方找台阶下；⑤寻找第三方案；⑥借助调解人；⑦由各方面的专家单独会谈；⑧将问题上交，由上级提供解决方案，或由其亲自出面扭转僵局。

6. 商品导入卖场

当商店与供应商签订了试销协议，商品即可以进场销售了。商品导入卖场时要遵循以下几个程序：

（1）编码。给准入的商品一个编号，以利未来的进销存管理。

（2）建档。将商品编号、品名、规格等资料输入电脑档案中，并确认资料准确无误。

（3）修改商品配置表。进货之前，采购人员同时要修改商品配置表，给新商品陈列位置。

7. 签订正式采购协议

试销成绩合格的商品，商店可以与供应商签订正式的采购协议（即商品采购合同），建立长期的供销关系。

商品采购合同是指商品买卖双方为实现一定的经济目的而依法订立的明确双方有关权利义务的一种书面协议。其具体内容主要有：

（1）买卖双方的姓名（或名称）和住所。

（2）采购商品的名称、品种、规格、数量。商品的品种应具体，避免使用综合品名。商品的规格或型号还应具体规定颜色、式样、尺码等。商品数量要注意既要规定好数，还要约定好量，尤其是计量单位一定要明确，如对某些以箱为计量单位的商品，一定要明确到每箱包括多少该种商品。

（3）采购商品的质量和包装。对于商品质量，规定的方法主要有：一是以国家或部颁的标准来约定，如果没有这两种标准的，也可以按双方约定的标准来约定；二是以经双方认可的样品的质量为标准；三是以品牌为标准，一般著名品牌商品质量的约定可采取此方法。

另外，对于交付商品中的副、次品应规定出一定的比例，并注明其标准；对实行保换、保修、保退办法的商品,应写明具体条款。

对于商品包装,应具体规定包装的方法,使用的包装材料,包装式样、规格、体积、重量、标志及包装物的处理等内容。

（4）商品的价格和结算方式。对于商品的价格应具体规定作价和变价处理的方法等,以及规定对副品、次品的扣价办法,并且要有明确的大小写金额及计价货币。

对于结算方式,可以选择现金支付、支票支付、汇付(电汇或信汇支付)、托收(利用汇票委托银行收款)等方式,要有开户银行、账户名称及账号;另外,还需要明确的付款期限和方式(如一次性付款,分期付款等等)。

（5）交货的方式、时间与地点。交货的方式主要有三种:一是卖方送货至买方商店或其仓库所在地;二是买方到卖方去提货;三是代办托运,即卖方委托专门的运输公司向买方送货。交货的时间要明确,且要与付款的时间与方式相匹配。交货的地点也要规定清楚。

（6）商品的验收标准、时间和方法。商品的验收标准要与商品质量标准保持一致;商品验收时间要与交(提)货时间匹配,一般是卖方交货于买方时,由买方验货;验货的方法也要规定明确,因为有些商品有时因验货方法的不同可能会得出不同的质量结果。

（7）违约责任及违约金。双方如果希望违约方承担违约金责任的,应事先在合同中明确约定违约金的数额,或也可以约定按违约商品金额的一定比例计算。

（8）其他需要约定的事项。如合同变更或解除的条件,供应商的售后服务,对消费者的承诺等。

对采购合同的管理。商店可事先制订一份规范的合约书,供采购人员使用,同时制订包括合约签订、审核、记载、检查、处理等内容的合约管理细则。并要配备专职或兼职管理人员,统一负责采购合约的造册登记和存档,并随时掌握采购合约的履行和注销情况。

【案例 4-3】
定金与违约金

甲商店与制造商乙公司签订了一份采购 1 万件 A 商品的采购合同,双方在合同中约定:合同签订后 3 日内甲向乙支付定金 3 万元,乙将货物交付给甲之后的 3 日内甲向乙支付货款 15 万元,先前甲支付的定金充抵货款,如有一方违约,则应支付违约金 2 万元。合同订立后,在履行期限到来时,乙违约了,其将货物卖给了丙商店。请问:甲可以要求乙如何承担违约责任?怎样要求乙承担违约责任对甲最有利?(提示:根据合同法规定,当双方当事人约定了违约金责任,又约定了定金责任的,非违约方只能选择其中之一来要求对方承担责任;另外,收了定金一方违约的,要双倍返还定金。)

8. 商品检验与商品处置

对于采购进来的商品,商店必须做好两个方面的工作:

(1) 商品质量的评估。目前主要有三种评估方式:检查、抽查和描述。具体选择哪种方法取决于商品的成本、特征和购买的规律(见表4-7)。

表4-7 商品评估方式

评估方式	具 体 内 容
检查	在购买之前和送货之后检测每一个商品单位,如采购珠宝、工艺品
抽查	适用于零售商按规律采购大量易碎、易腐或昂贵商品时,如采购几百个单位的香蕉
描述	零售商购买标准化的、不易碎且不易腐烂的商品时,可仅通过口头、书面或图片描述的方式就大量订购该商品,如采购回形针

(2) 商品处置。商品采购进来之后,零售商处置商品时涉及的业务包括接收和储存商品、打价签和存货标记、陈列、清点现场商品数量和品种、完成顾客交易、安排送货或中途搭送、处理退货和损坏的商品、监视偷窃及商品交易过程的控制。这个阶段,配送、陈列管理是最关键的。

(六) 再订购商品

当供应商已经成为零售商的供货伙伴,订货只是例行活动,则订货过程可按例行方式处理。但商店制定再订购计划时,有四个因素是关键的:

(1) 订货和送货时间。订货和送货时间必须确定,零售商应计算出当库存降到什么水平时,订购的货物刚好能到达商店,既不会导致商品脱销,也不至于造成商品积压。

(2) 存货周转率。存货周转率是指特定时期内(通常为一年)现有存货平均销售的次数。它可以按商品数量或金额计算,其计算公式如下:

$$存货周转率 = \frac{净销售额}{平均销售的存货量} \quad 或 \quad 存货周转率 = \frac{售出商品成本}{平均的存货成本}$$

存货周转率的两个计算公式没有什么区别,其选择取决于零售商所采用的会计制度。商店选择什么样的存货周转率通常涉及其对存货/订货成本的选择。

(3) 财务支出。大订单可以获得数量折扣,但可能要求大量的现金支出。小订单虽使单位商品更贵,但总成本可能较低(因为只需要保存少量存货)。

(4) 存货/订货成本。大批量少批次的采购与小批量多批次的采购,其支出的采购费用是不同的(见表4-8)。

表4-8 不同存订货方式的优缺点

不同的存订货方式	优 点	潜在的缺点
保有大量存货(低存货周转率)——大批量少批次采购	能及时满足顾客需求,顾客满意	投资成本高
	采购时能获得数量折扣	过时、变质和损坏的可能性较大
	单位运输支出较低	高储存成本、高保险成本和高机会成本
	易于控制和处置	

（续表）

不同的存订货方式	优 点	潜在的缺点
订货次数多而存货较少（高存货周转率）——小批量多批次采购	投资成本低、机会成本低、储存成本低	缺货时的顾客失望
		单位成本高
	商品损坏和过时的可能性低	延迟履行订单的影响
		需要零担运输
		额外的服务支出以及控制和处置过程更复杂

零售商需要在这些问题之间进行权衡，以得出一个最佳的方案。

（七）定期评估

（1）商品跟踪管理。导入的商品在商场正式销售后，采购人员仍要追踪管理，不能放任自流。对于商品的管理，最重要的是看它是否能畅销，因此，采购员要定期记录新产品的销售量，看销售是否稳定正常。

（2）商品采购战略评估。即便商品采购和处置战略达到了完美的整合，零售商仍不应仅满足于实施其计划，而应对该战略定期进行再评估。管理人员评估采购组织，采购组织评估采购和处理过程。整个过程如同处理单个商品和服务一样，应加以控制。

【案例4-4】

某商店第一季度的商品销售净量为155 000元，其1月、2月、3月每月末的存货量为22 000元、33 000元和38 000元，请问该商店第一季度的存货周转率为多少？

任务三 做好采购管理

✎ 学习目标

- **终极目标**

能为商店进行采购谈判，做好供应商、采购人员及采购商品的管理。

- **促成目标**

（1）理解并掌握商品采购中采购谈判的管理。

（2）理解并掌握商品采购中供应商的管理。

（3）理解并掌握商品采购中采购商品的管理。

（4）理解并掌握商品采购中采购人员的管理。

▱ 工作任务

工作任务书(4-3)

总体任务	××商店的商品采购管理分析
具体任务	(1) ××商店采购谈判与供应商管理分析 (2) ××商店采购商品管理分析 (3) ××商店采购人员管理分析

【活动】一　　××商店采购谈判与供应商管理分析

【活动目标】

(1) 培养学生正确处理商品采购谈判活动中出现的各种问题的能力。

(2) 培养学生为商店合理管理供应商的能力。

【活动内容与要求】

(1) 教师准备一组(5个)涉及不同商店商品采购谈判活动的案例并将其制作成PPT课件。

(2) 课堂上将这些案例展示出来,并要求学生分析其采购谈判中对配送、缺货、商品品质、价格变动、付款等方面的约定以及供应商的评价与跟踪管理中是否存在问题。

(3) 将全体学生分成5组,每个案例经过2分钟左右的简短讨论后,由5个小组分别对该案例进行抢答,其他组认为需要补充的,可以对该组的发言进行补充。

(4) 实施要求:事先讲好规则,全班同学以小组为单位分组聚拢在一处。

【成果与检测】

(1) 能基本完成店铺商品采购谈判活动案例分析的组为良好;完成案例分析准确无误的为优秀。

(2) 能对其他小组作相应补充的为良好;能为其他小组发言作相应补充,并且能改正其他小组陈述中错误的为优秀。

【活动】二　　　　××商店采购商品管理分析

【活动目标】

培养学生为商店引进适销对路的新商品、淘汰滞销商品以及培育畅销商品与创建自有品牌商品的能力。

【活动内容与要求】

(1) 教师准备一组(5个)涉及不同商店采购商品管理方面的案例并将其制作成PPT课件。

(2) 课堂上将这些案例展示出来,并要求学生分析××商店在新产品的引进、滞销商品的淘汰、畅销商品的培养、自有品牌商品销售等方面存在的问题,并提出相应解决方案。

(3) 将全体学生分成5组,每个案例经过2分钟左右的简短讨论后,由5个小组分别对该案例进行抢答,其他组认为需要补充的,可以对该组的发言进行补充。

（4）实施要求：事先讲好规则，全班同学以小组为单位分组聚拢在一处。

【成果与检测】

（1）能基本完成店铺采购商品管理方面案例分析的组为良好；完成案例分析准确无误的为优秀。

（2）能对其他小组作相应补充的为良好；能为其他小组发言作相应补充并且能改正其他小组陈述中错误的为优秀。

📢 【活动】三　　　　××商店采购人员管理分析

【活动目标】

培养学生正确处理商店采购人员管理中出现的各种问题的能力。

【活动内容与要求】

（1）教师准备一组（5个）涉及不同商店商品采购人员管理的案例并将其制作成 PPT 课件。

（2）课堂上将这些案例展示出来，并要求学生分析商店对商品采购人员管理过程中存在的得失利弊。

（3）将全体学生分成5组，每个案例经过2分钟左右的简短讨论后，由5个小组分别对该案例进行抢答，其他组认为需要补充的，可以对该组的发言进行补充。

（4）实施要求：事先讲好规则，全班同学以小组为单位分组聚拢在一处。

【成果与检测】

（1）能基本完成店铺商品采购人员管理方面案例分析的组为良好；完成案例分析准确无误的为优秀。

（2）能对其他小组作相应补充的为良好；能为其他小组发言作相应补充并且能改正其他小组陈述中错误的为优秀。

🔍 知识讲解

（一）采购谈判的管理

商品采购谈判是商务谈判的一种，一般要经过摸底、报价、磋商、缔结协议等几个阶段。谈判者应掌握每个阶段的不同内容和要求，灵活有力地运用谈判技巧。

1. 采购谈判的技巧

（1）谈判的基本原则是要己方做出最少让步而获得最大收益，又能使对方同意及执行。

（2）谈判前要做好充分准备，如明确己方的责任和可承担的极限，明确要达到的目的，分析对方的有利和不利条件，认清对方应承担的责任，了解对方的要求，了解对方谈判代表的背景，如教育程度、职位、权力、性格、喜好、年龄、资力、服务年限等。

（3）分析供应商感兴趣的条件，如连续的业务关系、测试新产品、信息沟通、特别陈列展示等，这些条件是引诱供应商放弃高价格的有力砝码。

（4）选择对己方有利的谈判地点、谈判环境和谈判时间。最好选择在自己的地盘上进行谈判，陌生的环境会带来一定的压力。

（5）要灵活运用谈判技巧，如拖延法、速战法、最后出价法、抛砖引玉法等。尽量让对方说，如果谈话中，另一方没有反应，那么讲话的一方会很自然地继续说下去，而说得越多，则心理越没底。因此，在谈判中常常是谁先打破沉默谁就输定了。

（6）要了解可以走多远，不要截断退路，尽力为双赢创造解决方案。要了解对方可以承受的底线在哪里，不要提过分的要求，如果将对方逼出了法律、道德以及互利关系之外，那么对方就会说"不"。

为什么商务谈判中谈判方总希望谈判活动在己方所在地进行？

采购谈判应注意的配送、缺货、商品品质、价格变动及付款等问题。

2. 谈判内容注意事项

1）配送问题的规定

要保持充分的商品供应，商品配送是一个十分重要的话题。尤其是单体商店或小型连锁商店，其配送能力有限，必须全部或部分依靠供应商的配送，此时商品配送问题就成了谈判中的一个主要内容。因此，商店应在配送的方式及配送的时间、地点、配送次数等方面与供应商达成协议，清楚规定供应商的配送责任，以及若违反协定必须承受的处罚。

2）缺货问题的规定

对于供应商的供货，若出现缺货的现象，必然会影响销售。因此，在谈判中要制订一个比例，要求供应商缺货时应负的责任，以约束供应商准时供货。例如，允许供应商的欠品率为3％，超过3％时，每月要付1万元的罚金。当然这规定制订后，必须征得供应商同意，达成合约协议才算正式确立。

3）商品品质的规定

进行商品采购时，采购员应了解商品的成分及品质，是否符合国家安全标准、环保标准、或商标等规定。由于采购员的知识所限，有时不能判断上万种商品的各种成分及技术标准，因此在采购时，必须要求供应商提出合乎国家法律规定的承诺，以及政府核发合法营业的证明，以确保在商品运营销售上不会出现问题。

4）价格变动的规定

商店与供应商签订采购合约后，往往建立的是一种长期的供货关系，在这期间，商店当然希望供应商的商品价格保持不变。但由于供应商的商品成本因素会出现意外情况，如原料成本上升或原料供应减少造成商品供不应求，或薪金上涨等，价格的变动自然在所难免。但在谈判时仍需规定供应商在调整价格时按一定程序进行。例如，规定供应商价格调整，要在调整生效前一个月通知商店方有效，或规定调价时，必须在优待一批原来的供应价才可调整，或配合整体销售思路同时调价等。

5）付款的规定

采购时,付款的方式有很多种,根据不同的标准可以分成不同的类别(见表4-9)。

表4-9 付款方式种类

付款方式区分标准	种 类	具 体 运 用
按照支付时间	(1)交货前支付	常用的是(3)、(4)两种,其中第(4)方式一般是由商店先付少量定金(一般按货物总价值的5%),最高不得超过货物总价值的20%,待验货收货后再支付剩余货款
	(2)交货时支付	
	(3)交货后支付	
	(4)货前货后支付	
按照支付形式	(1)现金支付	一般适用于小型商店或大中型商店的零碎补货
	(2)票据支付	大中型商店常采用,有转账支票支付、汇票支付等,但现金支票支付适用于小店,讲究货到付款
按照支付次数	(1)一次性支付	商店将货款在约定的日期一次付清
	(2)分期支付	商店将采购款在约定的时间分若干次支付给供货商

（二）供应商的管理

（1）对厂商进行分类与编号。分类的方法一般可按商品来划分,如果蔬类、主副食品类、日配品类、一般食品类、熟食类、文化用品类、家用电器类、针纺织品类、成衣类、烟酒类、玩具类、日用百货杂品类等。为便于管理,商店应给每个供应商一个编号,这一编号最好能与其供应的商品分类相一致,比较简便的编码方法是用4位数编码,第一位为商品大类代码,后三位为厂商代码。

> 当供应商与某一大型超市不在同一城市时,商店支付货款时一般应采用什么方式?

（2）建立供应商基本资料档案,用电脑来储存管理,以便随时备查。具体如表4-10所示。

表4-10 供应商资料卡

供应商名称		厂商代表		统一编号		
供应商地址		公司电话		传真电话		
供应商地址	1.	2.		制造商	出口商	进口商
成立日期	资本额		员工人数	总经销	代理商	批发商
营业登记证			负责人		联络人	
付款天数			送货天数			
主要商品			上年交易金额			
供应商年营业额			契约目标			
商品市场占有率						
备注						

（3）建立供应商商品台账。将每一个供应商所供应的商品进销存情况建立台账,包括商品序号、商品代码、商品名称、规格、单位、进货量(不同时期的进货量

及累计进货量)、售价、进价、毛利率、销售额(不同时期的销售额及累计销售额)、供应商代码。并对每一供应商所提供的商品数量、销售金额按一定时期(如一个月为一期)进行统计,列出厂商销售数量排列表,作为议价谈判的重要依据。

(4) 对供应商进行评价。对于供应商的管理,也需定期考核,主要事项有:

① 所有合格供应商每半年复核一次,复核时应由负责人填写"供应商考核表"(见表4-11),会同采购评估小组进行"价格"、"品质"、"交货时间"、"配合度"等指标进行考核,确定评定 A、B、C、D 四个等级,并实施分类管理,对 A 级供应商由采购主管亲自管理,并经常联络,建立密切关系;对 D 级供应商可考虑随时淘汰。

表 4-11　供应厂商考核表

项目	鉴 定 评 价			
	A	B	C	D
商品质量	品质佳(15)	品质尚可(8)	品质差(6)	时常出现坏品(2)
畅销程度	非常畅销(10)	畅销(8)	普通(6)	滞销(2)
商品价格	比竞争对手优惠(20)	与竞争对手相同(12)	略高于竞争对手(8)	大高于竞争对手(2)
配送能力	准时(15)	偶误(10)	常误(8)	经常误(2)
促销配合	配合极佳(15)	配合佳(10)	配合差(5)	配合极差(3)
欠品率	2%以下(15)	2%～5%(15)	5%～10%(8)	10%(2)
退货服务	准时(10)	偶误(8)	常误(6)	经常误(2)
经营潜力	潜力极佳(10)	潜力佳(8)	普通(6)	潜力小(5)
得分	110	79	53	20

★得分 80 分以上为 A,60～80 分为 B,50～60 分为 C,50 分以下为 D。

② 经复核评定为 C、D 级的供应商应决定暂停或减少采购数量,并通知该供应商进行改善,或由商店派员进行辅导。

③ 采购部门人员追踪评估供应商改善成效,成效不佳视情况要求该供应商于展延期内改善,否则将予以淘汰。

④ 复核为合格者,可继续登录于"合格供应商名册"内。

(三) 采购商品的管理

1. 新产品的引入

新产品是指本商店未曾经营过的产品,而不只是市场上新开发出来的产品,有些产品对其他商店而言可能已经是旧产品,但对本商店而言就可能还是新产品。

新产品的引入主要在于如何选择其引入方式上,商店要注意以下几方面:

(1) 编制年度新产品引进计划。内容包括增加新分类、增加新项数、增加商品组合群、确立每一分类的利益标准、季节性重点商品计划、自行开发商品计划等。

(2) 新产品的选择。新产品首先要经过采购人员的初评,然后再经过具有商品专业知识的人员组成的采购委员会进行复评之后,才能决定引进。复评的项目除了包括初评的内容以外,还要评价产品的口味、包装、售价、市场接受程度等内容。

(3) 新产品试销。

（4）通知门店做好新品引进的各项准备工作。

（5）新产品控制。商店要对引入新品的销售状况进行观察、记录、分析，看其带来的利润能否达到预期目标，能达到的则列入采购计划，成为商店的正常经营商品。

2. 滞销商品的淘汰

1）滞销商品淘汰标准

（1）以标准销售额或标准销售量为衡量标准。例如，根据本行业的统计资料，某种商品月平均销售应为 4 000 元，某品牌商品连续 2 个月的销售额均低于 2 800元，就可以确定该商品为滞销商品，将其淘汰出局。

（2）以商店销售排行榜名次为淘汰标准。例如，商店可按照商品类别，每月都对货架上的不同品牌的同类商品的销售情况进行递减式排序，排名最后的 3% 为淘汰对象。以这种标准作为淘汰标准要注意的是：这种商品的存在是否为了使商场的商品结构显得更为丰满齐全，而不仅仅为了销售；这种商品是否因为季节性的原因才滞销。如果是属于上述两种情况，则这类商品不应淘汰。

（3）商品质量出现问题也应列为淘汰对象。例如，被技术监督部门或卫生部门宣布为不合格商品的，必须列入淘汰范围；另外消费者退货达一定程度或消费者反映意见比较大的，也应列入淘汰商品的范围之中。

2）滞销商品淘汰程序

（1）统计分析，列出淘汰品清单。例如以销售额排行榜3%为淘汰基准，以每月销售额未达到 50 个单位为基准，以商品品质为基准等，找出销售不佳、周转慢或品质有问题的商品作为淘汰品。列出清单后交由采购经理确认。

（2）查明滞销原因。如果是由于商店工作人员作业疏忽，如缺货未补、订货不准确、陈列定位错误等原因造成的，则不宜将该商品淘汰。

（3）告知各店铺。如果是连锁商店，总部则应至少在 10 天前向门店告知滞销品的项目及退换货作业程序。

（4）规定淘汰日期。商店经营者可以规定一个具体的日子，集中将货架上的滞销商品进行撤换，例如，可将每月的 30 日定为滞销商品的淘汰日，这一天集中力量将货架上所有淘汰的商品撤下来，并及时地进行补货。这样既不影响日常的销售业务，也减少了理货员的工作量。

（5）统计淘汰商品的数量。被淘汰的商品品牌一经确定，就要对其数量进行统计，包括总部库存数量、分店小仓库库存数量、卖场货架上的陈列数量。如果数量较大，就应该向供应商退货；数量较小，则可以灵活处理，如折价出售给顾客，降价出售给零售店铺职员，或者作为赠品进行促销活动，计入零售店铺的经营成本。

（6）对淘汰商品的供应商进行货款抵扣。商店在淘汰滞销商品时，要立即与企业财会部门联系，查询本店是否有该类商品供应商的应付账款，如果有，则要进行抵扣，冲销应付账款的数目，并将淘汰商品退给供应商；如果没有，则要查阅原来签订的供货合同，根据合同中规定的双方的责任，具体处理淘汰商品。

（7）建立淘汰商品的档案。将淘汰商品的品牌、生产厂家、数量、规格、品种、价格、金额等项目登记入册，便于以后进货时查找，以免再犯同样的错误。

3. 畅销商品的培养

畅销商品是市场上销路很好、不会积压滞销的商品。从商品生命周期的分析中可以看出,畅销商品应该是处于成长期和成熟期时的商品。

"畅销商品就是新产品,新产品就是畅销商品。"这种说法,你认为是否正确?为什么?

1) 商品畅销的原因

(1) 商品所具有的功能对消费者来说十分重要,缺之不可,且又无其他商品可以替代,则该商品一定是畅销商品,如食盐。

(2) 该商品质量在同类产品中更胜一筹,则易于成为畅销商品。

(3) 该商品在保持质量不变甚至更好的基础上价格比同类商品便宜,则容易畅销。

(4) 商品包装装潢非常得体和精美,能给消费者留下良好的第一印象,则能够直接影响消费者的购买决策。

(5) 商品商标具有非常高的知名度和美誉度,这种商品往往是畅销商品,如"飘柔"洗发水。

(6) 商品广告宣传做得比较成功,会对商品销售产生巨大影响力,如"高露洁"牙膏。

(7) 产品的售后服务做得好,也是消费者决定购买的一个重要因素,如"海尔"电冰箱。

(8) 商品能够很好地顺应潮流,也能成为畅销商品。

2) 畅销商品的选择

(1) 从畅销的各因素出发选择畅销商品。当一种新产品出现在市场上时,考察其市场销售潜力,可以从其功能、质量、价格、包装、广告、商标、售后服务等方面进行综合评估。可运用打分法与其他方法结合,将综合评分高于某一水平即可列入零售商培养的对象。

(2) 从过去的销售记录中选择畅销商品。过去的销售统计资料,也是选择畅销商品的一个主要依据,商场可以将每一时期排列在前十位的商品,作为重点畅销商品来培养。

(3) 从竞争对手的营销推广中选择畅销商品。一般来说,几乎所有商店都会把销路最好的商品陈列在最显著的位置,或为了推广某种商品,卖场内往往会贴有各种各样促销的 POP 广告,经常到竞争对手的商店里仔细观察,可以知道正在流行何种商品,或何种商品较为畅销。

(4) 从发达地区和流行起源地选择畅销商品。一般来说,流行从欧美发达国家传到亚洲的日本、港台地区,再到大陆,在国内则是从沿海传到内地,从大城市传到小城市,从都市传到乡村。因而比较可行的是到国内流行发源地如广州、上海、深圳等地的超级市场和百货商店考察比较有效,对开发畅销商品有一定借鉴作用。

3) 畅销商品的推广

(1) 商品陈列。商店应通过研究考察商店的那些部位是顾客经常走到的地方,并将最多人走到的地方列为黄金地带,陈列商店所欲培养的畅销商品。通常,商场的前端和入口处是消费者流动最频繁的地区,也是价值最高的黄金地带,因而也是培养畅销商品的最佳地点。

（2）价格策略。对培养畅销商品来说，价格策略是不可忽视的重要工具，因而需要商店对目标商品的价格下一番工夫，如运用数字"9"的尾数定价法、运用"6和8"的吉祥数字定价法、采用低价策略等；另外还可以用特价品、特惠包装、散装货品、奉送赠品或抽奖等形式推出欲培养的畅销商品，虽然方式有些老套，但效果依然不错。

（3）促销策略。商场对畅销商品的促销可以结合价格促销、POP广告促销及其他方式一起进行。在价格方面的促销可运用上文所述的手段；在广告促销上，商场完全可以采用POP广告大力推广欲培养的畅销商品，这种广告与商场价格促销和陈列策略结合起来效果更佳，如将开发的畅销商品通过特价品的形式推出，可以在店墙四周贴满不同颜色的POP标志，刺激顾客的购买欲等；此外，还可以采用带实物照片的免费派发海报、主题式活性化促销、演示促销等方式来体现对畅销商品的培养。

4）使零售商自有品牌商品成为畅销商品

自有品牌商品或中间商品牌商品（Private Brand）称为PB商品，是指零售企业通过搜集、整理、分析消费者对某类商品的需求特性的信息，开发出新产品功能、价格、造型等方面的设计要求，自设生产基地或选择合适的生产企业进行加工生产，最终由零售企业使用自己的商标对该新产品注册并在本企业销售的商品。

自有品牌商品（见图4-6）要成为畅销商品取决于两个方面：一个是自有品牌商品种类的选择；另一个是自有品牌商品的营销推广。

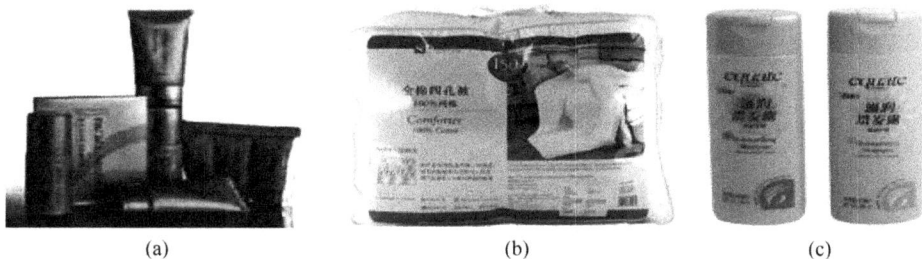

图4-6 零售商自有品牌商品实例
（a）屈臣氏的男士护肤用品 （b）沃尔玛的"Select Edition"品牌 （c）沃尔玛的"宜洁"品牌

（1）自有品牌商品的选择。PB商品的选择必须考虑两个因素：一是被选择商品价格较制造商品牌商品价格有可能降低；二是被选择商品有一定的吸引力，能影响消费者的品牌忠诚。这两个方面又是相互影响的。

因此，商场可以考虑选择的自有品牌商品有：一是品牌意识不强的商品，如洗衣粉、卷纸、榨菜等等；二是销售量大和购买频率高的商品，如可乐；三是单价较低和技术含量低的商品，如一次性纸杯；四是保鲜、保质要求程度高的商品，如食品、蔬菜、水产及其他保鲜、保质类商品。

（2）自有品牌商品的营销推广。PB商品的推广也可以从商品陈列策略、价格策略和促销策略入手，将其培养成畅销商品。具体办法与上文所述基本一致。

在自有品牌的具体开发方式上,零售商可以采取两种主要途径:一是零售商委托生产者制造;二是零售商自设生产基地,即自己投资办厂生产自己设计开发的商品。

相关知识链接

价格低廉是 PB 商品的一大竞争优势

欧美商业企业使用自有品牌的商品一般比同类商品价格低30％以上。日本大荣集团的自有品牌商品分为 3 类:1 万种优质商品比同类全国畅销商品便宜10％～20％,150 种低价商品比一般商品低 15％,另外 40 种商品比品质相近的名牌商品便宜 30％。又如,沃尔玛1992 年开发的品质口味都相当不错的"美国可乐"在其店内售价仅 20 美分,而一罐可口可乐则售价 50 美分。

> 采购经理与采购员的职责、素质要求与考核指标。

(四) 采购人员的管理

1. 采购人员的职责

商店采购部门人员包括采购经理和采购员,两者之间的分工不同,职责也不同(见表 4-12)。

表 4-12　商店采购人员职责划分表

商店采购部门人员	职　责
采购经理	(1) 商品政策执行监督 (2) 商品结构设计 (3) 商品采购计划的制订和审核 (4) 参与商品价格的制定 (5) 采购员的激励和考核 (6) 制定或参与制定商场促销活动方案 (7) 督导新产品导入 (8) 监督滞销品淘汰 (9) 开发特色商品 (10) 决定与供应商的合作方式
采购员	(1)定期拟定采购计划,包括采购商品的品种、数量、价格、渠道等详细内容,报经主管部门审批以后执行 (2) 商店销售信息、顾客的购买信息及竞争对手情报收集 (3) 寻找物美价廉的货源 (4) 与供应商的接洽谈判,包括价格、付款方式、退换货条件等 (5) 在计划时间内,保质保量地将商品购进 (6) 畅销品及滞销品的发现和处理 (7) 库存的掌握和调整 (8) 商品配置表的制作与管理 (9) 坏品退货监督 (10) 商品采购账目的制作和管理 (11) 制定或参与制定商场促销计划,并与供应商联系促销配合有关事项 (12) 负责卖场销售人员的商品知识培训

2. 采购人员的素质要求

采购人员的素质要求如表 4-13 所示。

表 4-13 采购人员的素质要求

素质要求	具 体 内 容
思想素质	需要有强烈的责任感、事业心，良好的职业道德，遵纪守法，廉洁奉公
工作能力及个性特征	较强的选择供货商的能力
	与供货商进行协商谈判的能力
	具备较强的预测能力和果断的决策能力
	具备良好的人际关系协调能力
知识结构	商品学知识：了解同类商品不同品牌、产地、质量和价格的特征，与本企业目标市场的适应性
	经济核算知识：熟悉商品成本构成，采购数量、时间、结算方式等对利润的影响
	经济法知识：熟知合同签订的知识与技巧，防止签约失误造成损失
	市场营销知识：有市场预测知识与能力，掌握商品的产销规律，能科学合理地制定商场的促销策略
	计算机知识：能熟练运用计算机进行采购管理

【案例 4-5】

子承父业的第一份合同

小李是某市中专学校学五年制高职商业经营专业的一名中专生，他父亲开了一家有 20 个门店的连锁经营服装店，生意做得很红火。小李父亲准备小李毕业后就到自己店里负责采购。由于小李毕业后工作不愁，而且小李认为搞采购没什么难的，只要懂得讨价还价就行了，因此在学校期间根本不好好学习。好不容易混到毕业，小李就到他父亲的店里当了一名采购员，哪知道小李第一次代表商店订的合同就存在一个大问题：没有将质量约定清楚，使得自己店里因此亏了 2 万元。请问这说明了什么问题？

3. 采购人员的考核

采购考核指标体系一般可由以下指标所组成：

（1）销售额指标，要细分为大类商品指标、中分类商品指标、小分类商品指标及一些特别的单品项商品指标。应根据不同的业态模式中商品销售的特点来制定分类的商品销售额指标。

（2）商品结构指标，是为了使采购的商品体现业态特征和满足目标顾客需求的考核指标。

（3）毛利率指标，其考核的出发点是让低毛利商品类采购人员想方设法扩大毛利率。

（4）商品周转天数指标，其考核采购业务人员是否根据店铺商品的营销情况,合理地控制库存,以及是否合理地确定了订货数量。

(5)商品到位率指标。这个指标一般不能低于98%,最好是100%。

(6)新商品引进率指标。这一指标考核采购人员的创新能力,对新的供应商和新商品的开发能力,这个指标一般可根据业态的不同而分别设计。

(7)商品淘汰率指标,一般商品淘汰率指标可比新商品引进率指标低10%左右,即每月低1%左右。

(8)通道利润指标,一般通道利润可表现为供应商为使自己的商品进入商店而支付给商店的进场费、上架费、专架费、促销费等。对采购人员考核的通道利润指标不应在整个考核指标体系中占很大比例,通道利润指标应更多体现在采购合同与交易条件之中。

这些指标对采购人员的考核要结合起来综合评定,对在某一方面存在缺陷的采购人员要其在以后的工作中加以改进,商店管理层也应采取培训、指导、交流等手段,帮助采购人员想办法改进工作。

> 零售商向供应商收取一定的通道费用只要是合理的就是允许的,但不能超过一定的限度,不能因此破坏了自己与供应商的关系,使自己偏离了经营的正确方向。

> 讨论:品析案例,分析相关商店采购知识点在案例中的体现。

经典案例赏析

非传统的蔬菜店

某店主要以经营时令蔬菜为主,店内面积不大,蔬菜品种非常丰富,有100多个品种的蔬菜。除了传统的大白菜、萝卜、芹菜、黄瓜、芸豆、茄子、青椒、西红柿等品种外,还有无限生长型西红柿、无刺黄瓜、太空彩色椒、美国西芹、荷兰豆、西兰花等特细菜,还有一般市场中见不到的只供应大饭店的番杏、菊苣、秋葵、球茎茴香等品种。这就使众多口味的顾客有了一个充分的选择空间。各品种蔬菜分栏堆放,却不用塑料盒、保鲜膜等包装,购买多少由顾客随意选择。周边居民一年四季都能吃上新鲜的反季节蔬菜。更令顾客满意的是,对于各种洋蔬菜的营养价值、食用烹调方法,这里都有详细的介绍。

该店的蔬菜直接由生产基地进货,省去了不少包装费用和中转费用,价格比较便宜。该店自开张以来,不仅便利了顾客,而且取得了较好了的经营效益。

思考(结合所学知识分析下列问题):请评析该店所采用的商品政策与商品结构策略,并说明其成功的原因所在。

思考与练习

（1）20 世纪 60 年代后期，自有品牌商品被视为生产商品牌商品的威胁，特别在有包装的日用消费品市场出现以后。但这一势头很快向其他市场扩散，到 70 年代，任何产品市场都难逃自有品牌商品的入侵。而我国早在 90 年代初，上海南京路上一家仅有 180 平方米的绒线商店——恒源祥就已经成功地开发出了自己品牌的绒线，注册商标为"恒源祥"和"小囡"，并成为中国绒线市场上最具知名度的品牌。今天，更多的零售商步其后尘，借鉴国外的经验，也相继开发出各具特色的自有品牌商品。

请问：为什么零售商要纷纷采取自有品牌战略？请分析其原因。

（2）某商店一年的销售目标为 5 500 万元，平均利润率是 8％，期末库存计划额为 450 万元，期初库存为 500 万元，求其全年的采购预算？

（3）Joanna Stores 公司是一家拥有 500 家店铺的妇女服装连锁商店，它注重销售大众价位的货物。由于它对待供应商的政策有些松懈，于是供应商们经常利用公司的这一缺点延迟送货，而且总能顺利逃脱惩罚。然而，这一年秋季情况开始变糟了，销售额平淡而且服装部门的存货要比往常高得多。8 月底时，采购人员 Clark 在清点文件时，发现 Modes 公司应于 8 月 30 日送到的 20 000 件货物还没有送到，于是其就与该公司的销售部经理 Craft 联系。Craft 的回答模棱两可，并表示有几种类型的货物还没有备好，将在 9 月 2 日到货。Clark 随即寄去了一份不在 8 月 30 日到货，即取消订单的通知。9 月 2 日 Modes 公司将货物送到，Clark 拒收。当 Craft 听到这个消息后，非常愤怒，并表示其公司提供的货物已在以往惯常的宽限期内送到，商店不能拒收，否则法庭见。Clark 回答："你如果这么做，那么两公司之间的合作中止，以前没有追究你公司的延迟送货行为，并不代表这次不追究，你如果能吸取教训，以后准时送货，我保证下个季节将给你一分更大的订单。"

请问：①你作为这一案例的旁观者，你认为他们应当怎么做？

②你对这个案例中的两个主要角色的所作所为有何建议？

项目
五

商品陈列

本项目内容结构图

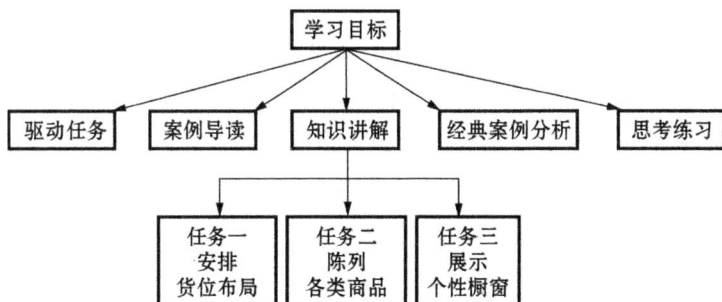

```
                    ┌──────────┐
                    │  学习目标  │
                    └──────────┘
     ┌───────┬────────┬────┴─────┬──────────┬────────┐
┌────────┐┌────────┐┌────────┐┌──────────┐┌────────┐
│ 驱动任务 ││ 案例导读 ││ 知识讲解 ││ 经典案例分析 ││ 思考练习 │
└────────┘└────────┘└────────┘└──────────┘└────────┘
                      ┌───────┼───────┐
                 ┌────────┐┌────────┐┌────────┐
                 │ 任务一  ││ 任务二  ││ 任务三  │
                 │ 安排   ││ 陈列   ││ 展示   │
                 │ 货位布局 ││各类商品 ││个性橱窗 │
                 └────────┘└────────┘└────────┘
```

✎ 学习目标

- **终极目标**

能为商店灵活运用各种商品陈列方法,能为商店商品展示进行商品组合和货位布局,能为商店进行橱窗设计与展示。

- **促成目标**

(1)理解并掌握商店商品组合和货位布局的内容和技巧,能在实际工作中灵活运用。

(2)理解并掌握商店商品陈列的各种技巧、方法及其注意事项,能在实际的商品陈列工作中灵活运用。

(3)理解并掌握商店橱窗展示的具体工作流程,能为商店完成实际的橱窗展示工作。

📝 驱动任务

(1)为店铺经营商品进行商品组合,并设计商品摆放位置和布局

(2)对现有店铺的商品陈列情况进行调查分析

(3)对现有店铺的橱窗展示情况进行调查分析

案例导读

塞夫威的商品陈列

塞夫威公司在商品陈列设计方面颇费工夫,其工作开展着重于以下几个方面:一是商品陈列尽量做到一目了然。商店尽量在商品陈列时达到每种商品的最大显露度,并将畅销品和高利润品放在顾客最先看到的地方,以达到吸引、强调的目的。二是商品陈列尽量做到触手可及。公司除了尽量扩大卖场面积外,还采取了诸多便民措施如避免商品陈列过高、为购买生鲜食品的顾客提供拿取的工具等。三是商品陈列尽量做到琳琅满目。商品陈列的丰富,不仅会使人眼睛发亮、心旷神怡,而且极易使人产生购买冲动。为避免因缺货影响顾客购买情绪,塞夫威公司制订了一套科学、严密的补货制度,保证了商品陈列的丰富多彩。四是商品陈列尽量做到一尘不染。超级市场里大多是食品,卫生与清洁便显得尤为重要,塞夫威公司一方面要求商品上架时必须擦拭干净;另一方面,对已上架的商品要求定期再擦拭,对标签松落的商品及时修复,对弄脏、打碎、变形的商品及时撤下货架。

> 你认为塞夫威公司在商品陈列方面做得最成功的一点是什么?为什么?(通过对本项目的学习,你将找到这些问题的答案。)

任务一 安排货位布局

学习目标

- **终极目标**

能为商店商品展示进行商品组合和货位布局。

- **促成目标**

(1) 理解并掌握商店商品组合结构、商品群组合思路。

(2) 理解并掌握商店空间分配的方法、货位布局的依据。

工作任务

工作任务书(5-1)

总体任务	××商店商品组合与货位布局设计
具体任务	(1) ××商店商品组合分析 (2) ××商店商品货位布局分析

【活动】一 ××商店商品组合分析

【活动目标】

(1) 培养学生运用商品组合的技巧和方法,为商店创造新商品群的能力。

(2) 培养学生打破常规的创新思维能力。

【活动内容与要求】

(1) 教师准备一系列(5 组)不同商店所创造的商品群的图片,并将其制作成 PPT 课件。

(2) 课堂上将这些图片展示出来,并要求学生分析其商品群组合的思路、方法、优点及其缺陷。

(3) 将全体学生分成 5 组,每幅图片经过 2 分钟左右的简短讨论后,由 5 个小组分别对该案例进行抢答,其他组认为需要补充的,可以对该组的发言进行补充。

(4) 实施要求:事先讲好规则,全班同学以小组为单位分组聚拢在一处。

【成果与检测】

(1) 能基本完成店铺商品组合案例分析的组为良好;完成案例分析准确无误的为优秀。

(2) 能对其他小组发言作相应补充的为良好;不仅能为其他小组发言做相应补充并且能改正其他小组陈述中错误的为优秀。

📢【活动】二　　　××商店商品货位布局分析

【活动目标】

(1) 培养学生根据店铺规模、面积、业态、经营品种等为商店合理安排商品货位布局的能力。

(2) 培养学生为商店制作、修改、完善商品配置表的能力。

【活动内容与要求】

(1) 教师准备一系列(5 组)不同商店商品货位布局的图片,并将其制作成 PPT 课件。

(2) 课堂上将这些图片展示出来,并要求学生分析商店商品货位布局的思路、方法、优点及缺陷。

(3) 将全体学生分成 5 组,每幅图片经过 2 分钟左右的简短讨论后,由 5 个小组分别对该案例进行抢答,其他组认为需要补充的,可以对该组的发言进行补充。

(4) 实施要求:事先讲好规则,全班同学以小组为单位分组聚拢在一处。

【成果与检测】

(1) 能基本完成商店商品货位布局案例分析的组为良好;完成案例分析准确无误的为优秀。

(2) 能对其他小组发言作相应补充的为良好;不仅能为其他小组发言作相应补充并且能改正其他小组陈述中错误的为优秀。

知识讲解

（一）商品组合

1. 商品组合结构

（1）商品组合的广度，即商场所经营的商品有多少系列或者有多少种类，组合广度越大，商品经营综合性越浓。如冷冻食品、新鲜食品、加工食品、西装、童装、针织内衣、洗发水、洗涤剂等。

（2）商品组合的长度，即商品项目（同一类商品的品种），某一类商品的项目越多，其商品组合的长度越长。如 P&G 的洗发水就有飘柔、海飞丝、潘婷等多个品种或多个品牌。

（3）商品组合的深度，即某一商品项目之下的规格品种和花色品种，规格品种和花色品种越多，商品组合的深度越深。如飘柔洗发水有二合一、三合一两个品种，每个品种之内又分油性、干性、中性 3 种规格，即共 6 个品种。

（4）商品组合的关联度。这包含 3 层含义：一是指商场所经营的各大类商品和各个商品系列之间的相关程度；二是指在卖场各个商品区域彼此相关的程度，相关程度高的区域应该彼此相连接；三是指在同一商品区域内，相关程度高的商品的货架应该相近。

2. 商品群

1）商品群的内容

商品群是指商场根据其经营观念，创意性地将某些种类的商品集合在一起，成为卖场之中的特定群落或单位。其是一个非标准化的概念，可以随着商品市场生命周期、商品流行、消费习惯以及季节等变化而改变。

商品群一般由以下部分构成：

（1）主力商品，强调品种齐全、内容充实，具有强烈的吸引力和竞争力，拥有相当大的潜在市场分额。

（2）辅助商品，一般是物美价廉的、顾客容易接受或经常购买的日用品（俗称"大路货"），着眼于商品的销售力，强调现实市场分额。

（3）联想商品，是顾客置身于由主要商品和辅助商品构筑的商品群中最易联想到的商品，如在西装区域增设领带、领结、夹扣、衣领饰品、胸带饰巾、手表之类。

（4）刺激商品，是从上述三类商品中刻意挑选出来，并在显著位置突出陈列的商品，起促销作用，可带动整个商品群整体销售。刺激商品可以是未来的主要商品、新开发的商品、某种特选的商品小组合或为适应节日需要而选择的商品等。

试列举当季卖场有哪些商品群？各群内分别有什么商品？

【案例 5-1】

厨柜和它的"朋友"

某商店在销售某企业生产的橱柜时，其摆出的商品群是整体化的橱柜、家用电器（如冰箱、微波炉、电烤箱、电子消毒碗柜、洗碗机、电热水壶）、燃气具（煤气灶)、厨房洁具、厨房用具、调味品等,其中挂放在橱柜中央的是一套厨房用具,特别漂亮和吸引人的眼球。在这一商品群中,请分析其主力商品、辅助商品、联想商品和刺激商品?

2)商品群的创造

商品群是根据消费者需求划分而提出的一个新概念。下面来看看 3 家经营卧室用品的商店,在商品群组合上的不同(见表 5-1)。

表 5-1　商品群组合比较

商品组合	A 商店的商品群	B 商店的商品群	C 商店的商品群
主要商品	成套床上用品	拉舍尔毛毯	席梦思床垫
辅助商品	毛毯、太空被	毛巾被	床上用品
联想商品	室内芳香剂	女式内衣	睡服
刺激商品	睡衣	凉枕、凉垫	窗帘布

很明显,这 3 家商店会给同时逛 3 家店的消费者以似曾相识的感觉,但同时又都会让消费者感觉耳目一新,这其实就是不同的商品群组合所发挥的作用。

3. 商品组合思路

(1)增加商品种类——广度组合,如西服,再增加衬衫、领带、腰带、领带夹、皮鞋、鞋油、鞋擦,即形成西装配套商品群。

(2)扩大商品项目——深度组合,如文具类中的簿册可以通过增加品种、规格和花色的深度组合,建立一个新的商品群,包括大班记事簿、日记本、备忘录、袖珍电话本、名片夹、袖珍名片夹、普通信笺、情人信笺、便条等。

(3)等效商品变换组合,如将卧室用品商品群中的主力商品由套装子母被换成拉舍尔毛毯或毛巾被。这里的所谓"等效"是指相同的商品效用。

(4)类比思考组合,如由卧室商品群,通过类比思考创造出卫生间商品群或睡眠商品群。

(5)主辅调整组合,即在已有商品群中将其主要商品和辅助商品加以调整,组合成的新商品群。

(6)使用环境组合,是将在同一使用环境中的不同商品组合起来,形成新的商品群,如厨房商品群、卧室商品群等。

(7)特定使用目的组合,是将同一使用目的的不同商品组合起来,形成新的商品群。比如常用礼物商品群、儿童节商品群、小学生开学日商品群、重阳敬老商品群等等。

(8)消费意境组合,即为适应当今消费潮流和精神消费需求,根据消费者心态,创造出具有美好意境的新型商品群。如浪漫意境商品群:以香槟酒为主要商品,辅之以红酒、咖啡,或以新型香水为主要商品,辅之以小首饰、唇膏之类的化妆品。

(9)根据供应商进行商品组合,为突出某一品牌,强调该品牌的影响力,可以

> 主辅商品调整时,成为主要商品的原辅助商品的商品项目即品格、规格和花色要精简,一定要突出重点;相反,由主要商品调整为辅助商品的商品项目要扩充。

将该品牌的所有商品组合起来,成为一个同品牌商品群。如将海尔生产的电冰箱、洗衣机、空调、热水器、电视机、小家电等组合成一个"海尔商品群"。

将各种外出旅游时的烧烤用具组合在一起的"烧烤用品商品群";将女式皮包为主要商品,辅之以丝巾、领巾、丝袜、棉袜、内衣等商品组成的"温馨商品群";将松下公司生产的电视机、洗衣机、空调、小家电等商品组成的"松下商品群",这三类商品群采用了什么商品组合方式?

图 5-1 商品群

(a) 家世界商店:厨房用品组合(厨柜、碗碟、灯具、厨房小家电等)

(b) 特力屋商店:家具组合(沙发、茶几、柜、靠垫等)

(二) 商品货位布局

1. 空间分配

目前,零售商分配销售空间最常用的方法有两种:

店铺空间分配的两种方法,以确定商品部门或某商品应占据商店的多少空间。

(1) 销售生产率法,即零售商根据每单位商品的销售额或盈利分配销售空间。高盈利的商品获得较大空间,微利商品获得较小空间。其公式如下:

$$\text{某商品或商品部的空间规模(平方米)} = \frac{\text{某商品或商品部的计划销售额(或盈利)}}{\text{每平方米预期的销售额(或盈利)}}$$

对于已经开业的商店来说,商店的商品或商品部的计划销售额(或盈利)是通过对过去的销售记录和对未来因素的分析形成的,每平方米的预期销售额(或盈利)也来自经验。但对于新开业商店,商品部的计划销售额(或盈利)和每平方米的预期销售额(或盈利)要根据调查同行业的实际情况和行业的平均水平确定。

注意:销售空间与销售额之间并非呈线性关系。当一个商品部的销售处于饱和状态时,即使再增加销售空间也不会提高销售额。

(2) 存货模型法,即由零售商根据每个商品部需要陈列和备售的商品数量决定销售空间规模。其具体步骤如图 5-2 所示。

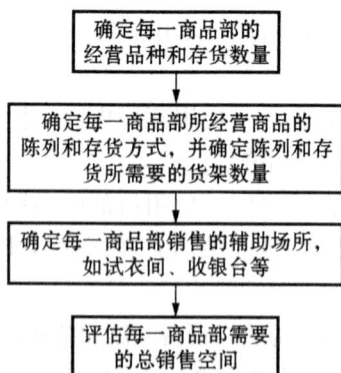

图 5-2 存货模型法具体步骤

注意:总销售空间不得超过商店总的营业面积,如果超过,则修正商品部经营的商品和存货数量。

2. 货位布局的依据

（1）根据商品本身特性设置货位布局。根据商品的性质、特点不同可以分成3大类：方便商品、选购商品、特殊商品。

方便商品是指顾客经常购买，而且不愿意花时间做过多比较选择的商品。其可以分为3类（见表5-2）。

货位布局的依据，以确定某类商品或某商品应摆放某商店的某一具体位置的依据。

表5-2　方便商品种类

方便商品种类	具 体 内 容
日用杂品	单位价值较低，经常使用和购买的商品，具体又可以分为为食品和非食品类日用品
冲动购买品	顾客事先并无购买计划，但因视觉、嗅觉或其他感观受到刺激而临时决定购买的商品，如糖果、风味食品等
应急品	顾客紧急需要时所购买的物品，如大雨时的雨具

方便商品宜放在最明显、最易速购的位置，如商店前端、入口处、收款机旁等，便利顾客购买以及达到促销目的。

选购商品是指顾客在购买过程中，愿意花费较多的时间观察、询问、比较、选择的商品。这类商品一般价格较高，使用期长，如家具、组合音响、服装等等。这类商品应集中摆放在商店宽敞或走道宽度较大、光线较强的地方，以便消费者在从容的观察中产生购买欲望。

特殊商品是指具有特定性能、特殊用途、特殊效用和特定品牌的商品。如集邮品、工艺品、数码相机、摄像机、彩电空调等。这类商品宜放置在店内最远、环境较优雅、客流量较少的地方，设立专门出售点，以显示商品的高雅、名贵和特殊，满足消费者的心理需要。

（2）根据顾客购物行走的特点进行货位布局。具体可如下表5-3所示：

表5-3　零售商根据顾客购物行走特点进行货位布局表

顾客购行走特点	零售商店货位布局对策
不愿走到店内的角落里，喜欢曲折弯路，不愿走回头路，有出口马上要出去，不愿到光线幽暗的地区	零售商店（尤其是超级市场）应该设计多条长长的购物通道，避免设捷径通往收款处和出口，这样可以吸引更多顾客走完主干道后，能转入各个支道，把店内浏览一遍，产生一些冲动性购买
大部分顾客习惯用右手，喜欢拿取右边的东西	零售商店应将利润高的商品陈列在右边
顾客在走道走动时有先向两边走动的习惯	零售商店在设置走道两边的商品时宜特别讲究，如设置一些主力商品、畅销商品等等
我国顾客在商店购物时其流动方向常常是逆时针方向	零售商可将一些购买频率较高的商品摆布在逆时针方向的入口处，而一些挑选性强的商品则可以摆放在离此较远处

（3）根据商品赢利程度来决定商品的货位布局。即零售商将获利较高的商品摆放在商店最好位置，促进其销售，通常为商店的前端和入口处，而将获利较低

的商品摆放在较次位置。

相关知识链接

根据商品赢利程序来决定商品的货位布局的例外

这种例外情况主要有：一是培育畅销产品的需要，而将最佳位置留给受培育商品；二是扶持不太赚钱部门商品的需要，而将这些商品放置于最好的地点；三是商店布置美观的需要，而将外表美观的商品放置入口处，让顾客形成良好的第一印象。

（4）配合其他促销策略来进行货位布局。如在商店每周推出一系列特价商品时，将最有吸引力的特价商品放置在入口处特设的第一组陈列架上，其余的特价货则分散陈列在店内各处，务求使顾客走完商场一周，才能全部看到推出的特价商品。

（5）根据商店的位置优劣决定商品的货位布局。对此可用磁石理论来加以解释。所谓磁石，顾名思义，即卖场中最能吸引顾客眼光、最能引起购买冲动的地方。以超级市场为例，根据商品对消费者吸引力的大小，可以将其分为第一磁石点、第二磁石点、第三磁石点和第四、五磁石点，具体内容可见下表 5-4 及图 5-3。

表 5-4　零售店铺中磁石点的分布及商品货位布局表

磁石点类型	位　　置	货位布局思路：可配置的商品类型
第一磁石点	位于商店中主通道的两侧	（1）销售量大的商品 （2）购买频率高的商品 （3）主力商品：如蔬菜肉类、日用品等 （4）进货能力强的商品
第二磁石点	位于主通道顶端，通常处于商店最里面的位置	（1）前沿商品 （2）引人注目的商品 （3）某些季节性商品，利用季节性差价形成对顾客的吸引 （4）某些华丽明亮的流行和时尚商品
第三磁石点	商店陈列架两端的位置或出入口处	（1）特价品 （2）大众化的品牌、自有品牌商品 （3）季节性商品 （4）时令性商品 （5）厂商促销商品（新产品）
第四磁石点	商店中副通道的两侧	（1）贴有醒目的促销标志的商品 （2）廉价品 （3）大量陈列的商品 （4）大规模广告宣传的商品
第五磁石点	商店中其他显眼、必经的地方	（1）低价展销商品 （2）非主流商品

货位布局确定下来后，并不是一成不变的，商店还应根据市场情况和季节变

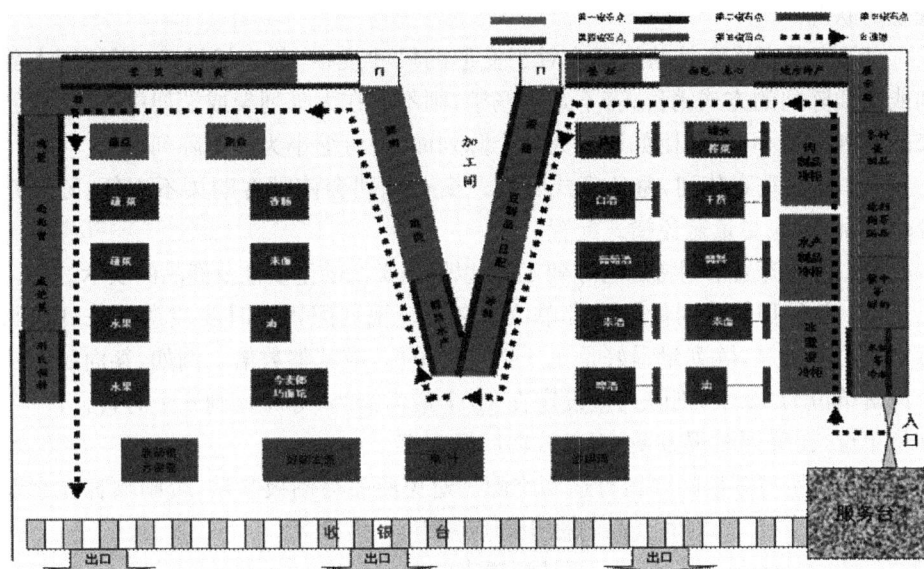

图 5-3　零售店铺中磁石点的分布及商品货位布局图(以超级市场为例)

化、经营规模和经营方向的变动等主客观条件,适当加以调整。

相关知识链接

动线调查法

所谓动线就是顾客从门外进店四处浏览购货或走进之后兜一圈又走出去的流动路线。商店先绘好一张店内配置图,仔细观察每一位顾客的行走路线,再绘成动线,最后将大量顾客的动线画在一起,可显示哪些部位是顾客经常走到的地方,哪些部位是很少走到的死角。面对死角的成因进行分析,是商品配置不当,或是通道设置不良,或是照明不佳等,然后,根据分析原因加以调整,即可改变现状。

3. 商品配置表

商品配置表是指商店在对市场、消费者、商品和商店自身货位面积进行详细分析的基础上做出的一份商品配置分布图表。

1) 商品配置表的制作要领

(1) 中分类商品陈列面积数计算。在规划整个部门的商品配置时,每一个中分类所占的面积数要先决定下来,以易于进行商品的配置。例如,碳酸饮料要配置 1 米长、1.65 米高的货架 3 座,这样决定下来,才能知道要配置多少品项、什么品项。

(2) 货架的规格尽量标准化。商品陈列使用的货架应尽量标准化,比如:把标准尺寸定为 90 厘米长、165 厘米高。

(3) 商品卡的建立。每一种商品都要建立基本资料,如商品本身的尺寸、规格、重量、进价、卖价、成分、供货量、照片等,在规划时常会用到。

(4) 实验架的设置。在配置商品时,利用一座实验架,把商品的排面在货架上试验陈列,看看颜色、高低及容器形状是否很协调、有魅力,否则可再调整至最

> 商品配置表的制作要领与制作程序。

理想的状况。

（5）变形规格商品的处理。对于变形的尺寸规格,若为畅销品,则可用大陈列或端架陈列的方式销售;若不是很畅销,则不必在大陈列架或端架中陈列,将原来的陈列面缩小即可,比如原来为 2 个陈列面,现可缩小为 1 个陈列面。

（6）使用垂直陈列,避免横式陈列。横式陈列会使顾客购买不方便,陈列系统也较乱,故应尽量避免横式配置。

（7）特殊商品采用特殊的陈列工具,以增强卖场的生动性及商品的展示效果。

（8）单品种的陈列量与订货单位的考虑。规划配置表时要注意到陈列量与订货单位的问题,陈列量最好是 1.5 倍订货单位,或其整数倍。例如,某商品的一个订货单位为 12 个,则陈列量设定在 18 个最为恰当,等库存剩 6 个时,再订一个订货单位,在陈列时很方便,不必放在后场库存。

（9）商品与棚板间要留有适当空隙。避免商品与棚板紧贴,否则顾客在拿取商品时会不方便,规划时商品与棚板间应留有 3～5 厘米。

2）商品配置表的制作程序

商品配置表的制作程序如图 5-4 所示。

（1）消费者调查。通过消费者需求调查,决定要卖什么商品,使用多大的卖场面积以及形状。

（2）商品大中分类配置。商店有关商品人员应会同有关部门(如营业部、开发部)共同讨论决定商品大类的配置,决定其所占的面积大小,再根据大类配置图,将大类中的每一中分类安排到中分类配置表里,决定其所占的面积大小。

（3）制作商品平面配置图。根据商品的关联性、需求特征、能见度等因素决定每一类商品的平面位置,制作商品平面配置图。

（4）配置商品陈列设备。根据商品的平面位置配置陈列设备,并使其与前场设备、后场设备构成一个有机的整体。需注意陈列设备的数量及规格应参照商品品种资料。

（5）商品品种资料收集。采购人员应详细地收集每一中分类内可能销售的品种的资料,包括商品的价格、规格、尺寸、包装材料等。这些资料应尽可能收集齐全,最好能一类一类地建立电子档案,便于比较分析及随时调阅。

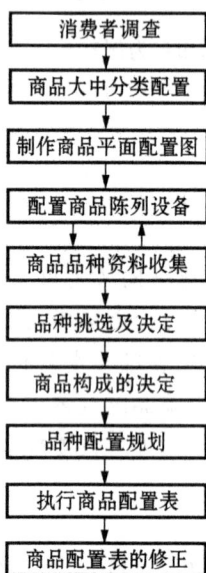
图 5-4 商品配置表的制作程序

（6）品种资料挑选及决定。品种资料收集齐全后,将所有中分类里的商品价格、包装规格及设计依商品的品质及用途做一个详细的比较,将最能符合商圈顾客需要及能衬托出商店优势的商品按优先顺序挑选出来,依次排列,筛选出需要的品种,并列印出商品价格。

（7）商品构成决定。商品品种挑选一经决定后,应把商品的陈列面依畅销度做一个适当的安排,并把这些商品与附近竞争店的商品结构进行比较,看是否商品品种数、陈列面、优势商品、价格比主要竞争对手更具优势,否则就应再调整到最佳的情况。

（8）品种配置规划。这一步骤是把已决定的品种及排面数实际地配置到货架上。什么商品要配置到上段或黄金线，什么商品要配置到中段或下段，都要应用到陈列的原则、经营理念以及与供应商的合作关系，同时也需要考虑到竞争对手的情况、自身的采购能力与配送调度的能力。商店应用商品配置表详细列出每一个商品品种的空间位置，有一个货架，有一个柜台就应有一张商品配置表。如卖场有陈列设备 20 台，就应有 20 张商品配置表。

（9）执行商品配置表。按商品布局表把商品陈列到指定位置，并贴好价格卡，最好还能把实际陈列的结果拍下来，以作为修改辨认的依据。

（10）商品配置表的修正。观察记录顾客对商品布局与商品陈列的反应，以便对商品配置图表进行修正。

具体的商品配置表如表 5-5 所示。

> 有人说，一些个体小商店，如小服装店等，是不制作商品配置表的，因此小商店不需要考虑商品配置问题。你认为对不对，为什么？

表 5-5　商品配置表

商品分类 No.　×××

货架 No.　制作人：×××

180		
170	（示例）	
160	白猫无泡洗衣粉	
150	1000 克	
140	4F　120001　12.2	
130		
120		
110		
100		
90		
80		
70		
60		
50		
40		
30		
20		
10		

厘米　　　10　　20　　30　　40　　50

商品代码	品名	规格	售价	单位	位置	排面	最小库存	最大库存	供应商

注：①位置是最下层为 A，二层为 B，三层为 C，四层为 D，最高层为 E。每一层从左至右，为 A1、A2、A3……，B1、B2、B3……，C1、C2、C3……，D1、D2、D3……，E1、E2、E3……；②排面是每个商品在货架上朝顾客陈列的面，一面为 1F，二面为 2F……；③最小库存以一日的销售量为安全存量；④最大库存以货架放满的陈列量⑤表格上层是货架示意图，以货架有一标价签算一个位置来标示商品名称、规格、排面及单价（见表内示例）。

任务二　陈列各类商品

学习目标

- **终极目标**

能为商店灵活运用各种陈列方法陈列展示商品。

- **促成目标**

(1) 理解并掌握商品陈列的要求和原则。

(2) 理解并掌握商品陈列的方法和技巧。

工作任务

工作任务书(5-2)

总体任务	××商店的商品陈列情况调查分析
具体任务	××商店的商品陈列情况调查分析

【活动】　××商店的商品陈列情况调查分析

【活动目标】

(1) 培养学生能灵活运用商品陈列的技巧和方法,为商店陈列各类商品的能力。

(2) 培养学生主动观察、勤于思考、善于实践的学习习惯。

【活动内容与要求】

(1) 教师选择 5 家不同业态的商店作为商品陈列的调查对象,并详列需要调查的内容。

(2) 将全体学生分成 5 组,每组选择一种业态的商店进行商品陈列调查,上次课结束时教师将相应材料发给每一小组。

(3) 每一小组完成调查并形成调查报告和 PPT 汇报文件,并在课堂上用 5 分钟时间汇报自己的调查结果。

(4) 实施要求:必须运用 PPT 课件进行汇报,每组推举 1 名同学为代表,课后将调查报告与汇报材料上交。

【成果与检测】

(1) 能完成商店商品陈列调查并有调查报告与 PPT 课件的为良好;完成调查并且调查报告详尽完整,PPT 课件制作精美的为优秀。

(2) 小组的汇报人员语言流畅、思路清晰的为良好;小组的汇报人员不仅语言流畅、思路清晰,而且能脱稿讲解,与观众有交流的为优秀。

知识讲解

（一）商品陈列的原则和要求

1. 商品陈列的原则

（1）商品陈列要给顾客以充实感和宽阔感。店内货架一定要摆满，要展现出商品的丰富与充足，同时又要求配以足够的照明，在货架之间设置笔直宽敞的通道，给顾客以宽阔感。

（2）商品陈列要做到造型简练、设计醒目，突出自己的形象，给顾客留下深刻的印象。

（3）商品陈列应能充分展示商品特性，体现美感，强调现场广告效果。

（4）商品陈列要考虑商品之间的关联程度，以形成一个有机联系的统一整体。将关联性强的商品靠近陈列，凡是邻近的商品区域或商品货架，一定要彼此密切相联。

（5）商品陈列要符合大多数顾客的选择心理、习惯心理、求新心理和求美心理，给顾客以艺术的享受。如同一商品柜不宜过长，以免顾客产生厌烦心理；在相邻两个商品柜之间适当布置一些过渡性的设施，使顾客的选购路线顺畅自然等。

相关知识链接

商品陈列的重要性

有项市场调查结果显示，消费者喜欢到店里来消费的原因，气氛占了 30%，可自由且容易选购商品占 24%，主力商品、流行商品齐全占 15%，店铺整洁占 13%，服务占 10%，其他占了 7%。由此可知，顾客来店消费的诸多因素中，商品陈列因素占到了总因素的 1/4，可见商品陈列对顾客和店铺的重要性。

2. 商品陈列的要求

（1）商品陈列要尽量突出商品的实用价值，促进购买欲望。如玻璃制品，要充分显示其玲珑剔透的质感；黄金首饰，要显示出华贵高雅的质感。

（2）货架商品尽量裸露陈列，以使消费者产生亲切感。

（3）商品陈列要保持整齐、丰满、有量感，但同一柜台上中心焦点不宜过多，使顾客在瞬间很快接受与了解。

（4）充分利用营业场所，凡是顾客能接触到的部位，应尽量利用各种设施和方法陈列商品，扩大商品陈列面积。

（5）商品的陈列应与出售的完全一致，做到没有不出售的陈列商品。

（6）商品陈列高度应适宜，注意与消费者进店后无意识的环视高度相一致，按照不同的视觉、视线和距离，确定其合适的位置，尽量提高商品的能见度，便于消费者参观选购。

（7）陈列的商品必须有附加的简洁说明和价格标签。

（8）商品的陈列摆布，应尽量利用空间与壁面，要保留一定宽度的商店通道，满足消费者从容地欣赏与选购商品的欲望。

（9）在形象上、档次上相差过大的商品不宜邻近陈列；在化学性质上有互相影响的商品，不宜就近陈列；连带消费商品之间则要保持相互衔接、邻近陈列。

（10）商品陈列要注重季节性，应按季节的变化随时调整商品的陈列。

（11）便利品，如各种食品、调味品、香皂、香烟等，陈列应方便顾客购买。

（12）选购品，如时装、家具、电器等，最好置于区域大、光线足之处。

（13）特殊品，如工艺精品、金银首饰、手表、高级化妆品、精密小仪器（照相机等）等，应陈列在"特区"。

（14）日配品的陈列用具一般应以冷藏柜为主，应让顾客有廉价感、满足感、季节感、新鲜感。

3. 商品陈列的误区

（1）认为商品销售量与商品陈列无关。这种观点是错误的，因为好的商品陈列可以激发顾客的购买欲，对顾客的冲动购买、情感性购买、即兴购买贡献很大，所以好的商品陈列可以增加销售量，反之亦然。

（2）认为商品一旦陈列好之后，就无须改变。这种观点也是错误的，因为商店的商品陈列只有定期地更换（包括换商品、同样的商品更换地方等），才能保持顾客的新鲜感和兴趣，并充分地体现出商店的发展变化和独有的特点。

（3）认为商品陈列越花哨越好。这种观点仍然是错误的，商品陈列应该遵循的基本原则是简洁、明快，过多的装饰和打扮不仅不能给人很好的感受，往往还会适得其反。

日配品

日配品（DAILY FOOD）是指肉类、水产类、蔬菜、水果和调味品以外的副食品，如豆制品、面包、乳制品、果汁、饮料和冷饮等。这类副食品是顾客每日生活之必需品，应以每日供应配送为原则，因而被称为日配品。

【案例 5-2】

"坚持"不一定成功

小张、小李、小王三个人凑在一起开了一家规模较大、专门针对青年人的加盟连锁服装店，为了经营好服装店，他们在新店开张前请了有关专业人士帮他们设计了商店装潢、商品陈列等事项。开张后，顾客对商店的商品陈列一致反映较好，感觉很方便但又不落俗套，很有新意。三个投资人很高兴，在经营中一直维持着这种陈列格局，但是一年后，他们发现到商店消费的老顾客越来越少。试从商品陈列方面分析老顾客减少的原因。

（二）商品陈列方法与技巧

（1）集中陈列法。集中陈列法就是把同一种商品集中摆放在一个地方的方法，适合于周转快的商品（见图 5-5）。使用这种方法时，要给予好的陈列位置。

（2）主题陈列法（见图 5-6）。这是将商品陈列在一个主题环境中的一种形式，如八月十五中秋节中秋月饼的销售陈列、端午节粽子的销售陈列、圣诞节圣诞用品和圣诞礼物的陈列等。

图 5-5 集中陈列法

图 5-6 主题陈列法(中秋月饼的销售陈列)

（3）端头陈列法(见图 5-7)。端头即货架两端,两端是陈列商品的黄金地段,陈列的商品通常是高利润商品、特价品、新产品或全国性品牌产品,也可以是流转非常快的推荐品。

（4）突出陈列法(见图 5-8)。这是将商品超出通常的陈列线,面向通道突出陈列的方法。其可以在中央陈列架上附加延伸架,据调查这可以增加 180% 的销售量;也可以将商品直接摆放在紧靠货架的地上,但其高度不能太高,否则就会影响背后的货架陈列。

图 5-7 端头陈列法

图 5-8 突出陈列法

（5）关联陈列法(见图 5-9)。这是将种类不同但效用方面互相补充的产品陈列在一起的陈列方法,如将沐浴液与洗发水、香皂与香皂盒、皮鞋与鞋油、牙膏与洗面奶陈列在一起销售。

图 5-9 关联陈列法

图 5-10 整齐陈列法

（6）整齐陈列法(见图 5-10)。这是将商品从纸箱中取出,按一定层面整齐堆放在一起的方法。在零售店铺里,饮料、罐装啤酒常用这种陈列方式。有些季节性商品、高折扣商品、购买频率高购买量大的商品常用这种陈列方法。

(7) 盘式陈列法(见图 5-11)。这种方法通常将包装纸箱底部以上的 2/3 部分剪去,以底为盘,以盘为单位,将商品一盘一盘地堆上去。在实际操作中,有的理货员只剪去了商品包装纸箱的一半或 1/3 部分,主要露出纸箱中的一排商品即可。

(8) 悬挂式陈列法(见图 5-12)。这是将扁平形、细长形等无立体感的商品悬挂起来的一种陈列方法。有些商品由于物理性方面的限制,其外观平淡无奇,不足以打动消费者,运用悬挂式陈列可以增加它的观赏性,加大了销售的可能性。

图 5-11 盘式陈列法   图 5-12 悬挂式陈列法

(9) 岛式陈列法(见图 5-13)。这是在零售店铺卖场的入口处、中部或底部有时不设置中央陈列架,而配置以特殊陈列用的展台来陈列商品的方法。常见的岛式陈列法的用具主要有直径较大的网状货筐、冰柜和平台。

(10) 缝隙陈列法(见图 5-14)。这是将零售店铺卖场的中央陈列架上撤去几层隔板,留下底部的隔板形成一个槽状的狭长空间,用来突出陈列商品量感的一种方法。这种方法打破了中央陈列货架一般陈列的单调感,使陈列富于变化,有一定的新意,能够吸引顾客的注意力。

图 5-13 岛式陈列法   图 5-14 缝隙陈列法

(11) 散装或混合陈列法(见图 5-15)。这是将商品的原有包装拆下,或将单一商品或几个品项组合在一起陈列在精致的小容器中出售,往往是以一个统一的价格或在一个较小的价格范围内出售,如糖果的陈列可用这种方法。

(12) 比较陈列法(见图 5-16)。这是将同一品牌的商品,按不同规格、不同数量进行分类,然后陈列在一起,让顾客通过数量和价格方面的比较来选择购买的一种陈列方法。

(13) 定位陈列法。这是在零售店铺卖场中,某些商品的陈列位置一经确定,相当一段时期内不会发生变化的一种陈列方法。

图 5-15 散装或混合陈列法

图 5-16 比较陈列法(不同品种康师傅方便面的陈列)

(14)情景陈列法(见图 5-17)。这是为再现生活中的真实情景而将一些相关商品组合陈列在一起的陈列方式。如用家具、室内装饰品、床上用品布置成一间卧室;用厨房用具布置一个整体厨房等。

(15)随机陈列(见图 5-18)。这是将商品随便堆放在固定货架上的方法,不用讲求陈列造型或图案,主要用来陈列特价商品。陈列用具主要有四角形和圆形的网状盛器,有时也用特价牌,牌子的上面既有原价,也有现在售价。

图 5-17 情景陈列法

图 5-18 随机陈列法

(16)兼有随机陈列法。这是一种将整齐陈列和随机陈列的特点结合起来的一种陈列方法,是将商品不按层面整齐地堆放在一起。

(17)投入式陈列法(见图 5-19)。这种方法是将商品投入某一容器中进行陈列,给人一种仿佛是将商品陈列筐中一样的感觉。

图 5-19 投入式陈列法

图 5-20 墙面陈列法

(18)墙面陈列法(见图 5-20)。这是用墙壁或墙壁状陈列台进行陈列的方法,其可以有效地突出商品,使商品的露出度提高。

【案例5-3】

换季酬宾

一家百货商店到了夏季末时,对部分女式夏季服装进行特价销售,商店将这些商品服装置放在框状平面货架里,并将这些货架放在商店较宽的走道两边,用特价标示牌标示出来。请问:这是一种什么样的商品陈列方法? 请说明理由。

任务三　展示个性橱窗

学习目标

- **终极目标**

能为商店进行橱窗设计与展示。

- **促成目标**

(1) 理解并掌握商店橱窗展示的构思。

(2) 理解并掌握商店橱窗展示的构图。

(3) 理解并掌握商店橱窗陈列的准备工作。

(4) 理解并掌握商店橱窗具体布置的要求及注意事项。

(5) 理解并掌握商店橱窗管理的要求及注意事项。

工作任务

工作任务书(5-3)

总体任务	××商店的橱窗展示情况调查分析
具体任务	××商店的橱窗展示情况调查分析

【活动】　××商店的橱窗展示情况调查分析

【活动目标】

(1) 培养学生能灵活运用商店橱窗展示的技巧和方法为商店设计、布置橱窗的能力。

(2) 培养学生主动观察、勤于思考、善于实践的学习习惯。

【活动内容与要求】

(1) 教师选择5家不同业态的商店作为橱窗展示的调查对象,并详列需要调查的内容。

(2) 将全体学生分成5组,每组选择一种业态商店进行橱窗展示调查,上次课结束时教师将相应材料发给每一小组。

(3) 每小组完成调查并形成调查报告和PPT汇报文件,并在课堂上用5分钟时间汇报自己的调查结果。

（4）实施要求：必须运用 PPT 课件进行汇报，每组推举 1 名同学为代表，课后将调查报告与汇报材料上交。

【成果与检测】

（1）能完成商店橱窗展示调查并有调查报告与 PPT 课件的组为良好；完成调查，调查报告详尽完整、PPT 课件制作精美的为优秀。

（2）小组的汇报人员语言流畅，思路清晰的为良好；小组汇报人员不仅语言流畅，思路清晰，而且能脱稿讲解，与观众有交流的为优秀。

知识讲解

（一）橱窗展示的构思

1. 橱窗种类

在实践中橱窗（见图 5-21）主要有以下这些种类：

（1）**综合式橱窗陈列**：是指将许多不相关的商品综合陈列在一个橱窗内，以组成一个完整的橱窗广告。其陈列方法有：

①横向橱窗陈列，即将商品分组横向陈列，引导顾客从左向右或从右向左顺序观赏。②纵向橱窗陈列，即将商品按照橱窗容量大小，纵向分布几个部分，前后错落有致，便于顾客从上而下依次观赏。③单元橱窗陈列，即用分格支架将商品分别集中陈列，便于顾客分类观赏，多用于小商品。

（2）**系统式橱窗陈列**：是指将商品按照商品的类别、性能、材料、用途等因素分别组合陈列在一个橱窗内。其陈列方法有：

①同质同类商品橱窗，即同一类型同一质料制成的商品组合陈列，如各种商店的冰箱、自行车橱窗。②同质不同类商品橱窗，即同一质料不同类别的商品组合陈列。如羊皮鞋、羊皮箱包等组合的羊皮制品橱窗。③同类不同质商品橱窗，即同一类别不同原料制成的商品组合陈列。如杏仁蜜、珍珠霜、胎盘膏组成的化妆品橱窗。④不同质不同类商品橱窗，即把不同类别、不同制品却有相同用途的商品组合陈列橱窗。如网球、乒乓球、排球、棒球组成的运动器材橱窗。

（3）**专题式橱窗陈列**：是指以一个广告专题为中心，围绕某一特定的事情，组织不同品牌或同一品牌不同类型的商品进行陈列，向媒体受众传输一个诉求主题。其陈列方法有：

①节日陈列，即以庆祝某一个节日为主题组成节日橱窗专题，如圣诞节以圣诞礼品、圣诞老人等组合的橱窗。②事件陈列，即以社会上某项活动为主题，将关联商品组合的橱窗。如大型运动会期间的体育用品橱窗。③场景陈列，即根据商品用途，把有关联性的多种商品在橱窗中设置成特定场景，以诱发顾客的购买行为。如将旅游用品设置成一处特定的旅游景点，吸引过往观众的注意力。

（4）**特写式橱窗陈列**：是指运用不同的艺术形式和处理方法，在一个橱窗内集中介绍某一零售店铺的产品，适用于新产品、特色商品的广告宣传。其陈列方法有：

①单一商品特写陈列，即在一个橱窗内只陈列一件商品，以重点推销该商品，如只陈列一台电冰箱或一架钢琴。②商品模型特写陈列，即用商品模型代替实物陈列，多适于体积过大或过小的商品，如汽车模型、香烟模型橱窗，某些易腐商品也适用于模型特写陈列，如水果、海鲜等。

（5）**季节式橱窗陈列**：是指根据季节变化把应季商品集中进行陈列。其陈列方法是：每季末将下季要推出的商品以拟定的主题进行陈列展示；选择适应季节需要的商品在橱窗中展出，橱窗形式要新颖，目的在于刺激消费、指导消费、方便选购。

> 在综合式橱窗陈列方式中，橱窗陈列的商品之间差异很大行不行，为什么？

(a)   (b)

(c)   (d)

图 5-21 橱窗

(a) 百货店橱窗   (b) 服装店橱窗

2. 橱窗展示的心理效应

（1）能引起顾客的注意。由于橱窗处于消费者最佳的视觉范围，且橱窗内琳琅满目的商品，对视觉器官的直接刺激作用大于门面其他部位，因而具有引起注意的重要功能。

（2）能激发顾客购买兴趣。橱窗将热卖或特色商品或推荐商品展示于橱窗内，创造某种适应消费者心理的意境，增加了消费者的新鲜感和亲切感，因而能引起顾客对商品的需求。

（3）能通过联想促进消费者购买。橱窗展示是使消费者接受某种暗示的有效途径，对消费者的诱导在于其对橱窗展示意境的遐想，从而促使消费者购买欲望的产生。

（4）能增强消费者购买信心。橱窗用实在的商品组成货样群，直接或间接地宣传商品的质量可靠、价格合理等信息，给消费者货真价实的感觉，增强购买商品的信心。

【案例 5-4】

时间的累积

　　某商店在电扇展示橱窗内,摆放几台昼夜连续运转的电扇,并且每日用醒目的大字附以说明:"××电扇,现已连续运转××小时"。果然,在橱窗展示的这段时间内,该品牌的电扇销售得很好。请问:该橱窗展示对消费者产生了什么样的心理效应?

　　3. 橱窗构思类型

　　橱窗应构思新颖、主题明确、富有时代气息,以满足消费者的精神需要。橱窗构思的类型主要有以下几种:

　　(1) 情节型构思,即把商品放在一个有简单情节的故事场景中进行展示。其特点是带给顾客一种家的温馨、舒适,这无疑会吸引大都市中忙于奔波的上班族和远离亲朋在外工作、学习的消费者。

　　(2) 现代派构思,即在橱窗中运用抽象手法,它传达给人的只是色彩感、形式感、节奏感。其主要适用于定位在"高、新、尖"的现代豪华商厦,通过抽象的图形、线条等各种信号的刺激把消费者带入一个新奇神秘的店堂,这不仅能引起他们对本商店商品的仰慕追求,而且还能体现本店卓越超群,清新脱俗的风格。

　　(3) 寓意型构思,即第一印象与橱窗无关,甚至给人以莫名其妙的感觉,但只要细加品位、推敲便会发现橱窗主题巧妙地寄寓于形象设计之中,以致使人恍然大悟。当顾客苦思冥想,终于悟出其中奥妙时,会不由自主地对经营者的聪明才智感到由衷佩服,甚至会被经营者的良苦用心深深打动,从内心中产生共鸣,当然会更加"照顾"商店的商品。

　　4. 橱窗展示的要求

　　在构思过程中,单单从商品本身去考虑或是从陈列形式上去琢磨,都是不够的,重要的是应该充分考虑与商品相联系的各个方面,既要结合广告设计原则慎重加以考虑,还要从联想中去丰富主题。

　　(二) 橱窗展示的构图

　　橱窗展示构图应优美完整,具有强烈艺术感染力,满足消费者的审美需要。橱窗的构图必须根据陈列内容的要求去研究组合、配置和安放。橱窗的构图要均衡和谐、层次鲜明,排列新鲜,疏密有致,形成一个统一的整体。橱窗的色彩要清晰明朗,丰富柔和,富有吸引力与感染力,能增强商品的美感。选择商品也是构图工作中的一项重要步骤:首先要确定哪类商品作为陈列的主题,然后要进一步选择具体商品的颜色、大小、多少等,接着就要确定道具、衬托、装饰等。

　　(三) 橱窗陈列的准备工作

　　橱窗构图确定后负责布置人员根据陈列图样预先准备陈列用具,如托盘、托架、玻璃板、衣架等,然后借取商品样本,制好价格标签、说明牌,美术人员则根据图样作好文字图画。

（四）具体的橱窗布置与参观

陈列用具和商品等准备妥当后即可将橱窗玻璃、用具及商品揩拭干净，并依照图样按次序先后摆列，再放置每件商品的价格标签说明牌，然后布置背幕或图画，如有专题橱窗陈列商品的，应设立说明牌，陈列完了以后，再对橱窗外面详加检查，最后召集布置小组全体人员参观，听取意见后再修正。

橱窗布置过程中应注意以下事项：

（1）橱窗横度中心线最好能与顾客的视平线相等，这样，整个橱窗内所陈列的商品就都在顾客的视野中。

（2）在橱窗设计中，必须考虑防尘、防淋、防晒、防风、防盗等，要采取相关的措施。

（3）不能影响店面外观造型，橱窗建筑设计规模应与商店整体规模相适应。

（4）橱窗陈列的商品必须是本店出售的，而且应是畅销的商品，展示商品可选择：①货源充沛，代表本店经营重点和特色的商品；②适合时令的季节性商品、流行性商品；③新上市的商品，包括新品种、新花色、新式样；④需要推广介绍的连带性商品和试销商品；⑤符合创作意图以及规格、颜色、尺寸合理的商品。

（5）橱窗陈列季节性商品必须在季节到来之前一个月预先陈列出来向顾客介绍，这样才能起到迎季宣传的作用。

（6）陈列商品时，应先确定主题，无论是多种类或是同种不同类的商品，均应系统地分种分类依主题陈列，使人一目了然地看到所宣传介绍的商品内容，不能乱堆乱摆，分散消费者的视线。

（7）橱窗布置应尽量少用商品作衬托、装潢或铺底，除根据橱窗面积注意色彩调和、高低疏密均匀外，商品数量不宜过多或过少。要做到使顾客从远处到近处，正面侧面都能看到商品全貌。

（8）容易液化变质的商品如食品糖果之类，以及日光照晒下容易损坏的商品，最好用其模型代替或加以适当包装。

（9）橱窗展示要有一定的变换性，不能永远是一幅老面孔。橱窗陈列需勤加更换，尤其是有时间性的宣传以及陈列容易变质的商品尤应特别注意。每个橱窗在更换或布置时，停止对外宣传时间，一般必需在当天完成。

（10）橱窗的背景在形状上，一般要求大而完整、单纯，避免小而复杂的繁琐装饰；在颜色上，尽量用明度高、纯度低的统一色调，即明快的调合色（如粉、绿、天蓝等色）。如果广告宣传商品的色彩淡而一致，也可用深颜色作背景（如黑色）。总之，背景颜色的基本要求是突出商品，而不要喧宾夺主。

（11）橱窗陈列中的道具如支架等摆放得越隐蔽越好，商品的摆放要讲究大小对比和色彩对比，商品名称、企业名称或简捷的广告用语，可以安排在台架上，亦可悬挂起来或直接粘贴在橱窗玻璃等突出的部位。

（12）橱窗要配上适当的顶灯和角灯，对灯光的一般要求是光源隐蔽，色彩柔和，避免使用过于鲜艳、复杂的色光，如：食品橱窗广告，用橙黄色的暖色光；家用电器橱窗陈列，则可用蓝、白等冷色光等等。

（13）橱窗陈列的布置要强调其立体空间感和空间布置的相应对比。装饰物、背景和橱窗底面的材料也应充分讲求与广告商品的相应对比。如：电冰箱橱窗陈列应以皮、毛类材料作背景，颗粒材料作底面，更能突出电器产品的表面金属质地感。

（五）橱窗管理

橱窗建立后，应指定专人负责管理，橱窗应配橱锁，进行定期检查，搜集本单位工作人员及顾客意见以便改进。每次更换要清扫一遍，以保持橱窗内的清洁，橱窗玻璃应经常擦洗，保持干净明亮。橱窗的灯光、遮光布及窗门开闭启落时间由负责人以季节不同加以调节。为了扩大宣传，发挥橱窗效能尽量供顾客参观，一般可在营业时间以外延长橱窗陈列时间。

【案例 5-5】
鞋店的"成长史"

日本大阪郊外有一家以 18～22 岁少女为对象的女士鞋店。这家鞋店的日均营业额为 40 万日元，以时段来分析销售额时，发现其销售额 70% 都集中在傍晚。店主希望能进一步提高营业额，就做了一次详细的调查，结果是：上午经过的顾客 70% 是家庭主妇；午后光顾的大多是学生；傍晚上门的则以职业妇女为主。因此，店主决定改变单纯经营年轻人的商品的做法，经营对象由过去的年轻人，扩大到了学生、家庭主妇等需求的商品。在橱窗陈列上，该店也使用了极有创意的改变。该店在上午家庭主妇较多的时段，展示以家庭主妇为诉求的对象的商品；午后，则针对学生顾客展示商品；傍晚，则改变陈列，以年轻人所需之商品为主加以陈列布置。结果，顾客进店的比例大幅度提高，营业额也有了较大的突破。请问：该商店成功的原因是什么？

经典案例赏析

> 讨论：品析案例，分析相关商品陈列知识点在案例中的体现。

"童话世界"里的"童车"

某店铺专门经营童车，但是这里的布置摆设却有其独到之处。通常情况下，一般店铺出售童车只是将其排列整齐、保持洁净，如此而已。而在这里，除了这种基本面貌外，在营业场地的一角，有一个类似屏风的东西圈出一个小屋，小屋里放着一辆漂亮的童车，童车上拴着五颜六色的风铃、彩条，一个十分逼真、美丽的大布娃娃躺在童车里手拿奶瓶在吃奶，小屋的墙上贴着一张充满童趣的彩笔画，地上放着玩具狗、玩具熊……置身在这个环境，看着这一切，不由人不生出一缕温馨之情。

思考（结合所学知识分析下列问题）：请分析该商店童车的商品陈列方式和特点？

思考与练习

姓名_____　班级_____　学号_____

（1）商店将旅行包、帐篷、望远镜、登山鞋、绳索、不锈钢水壶等商品组合在一起的登山用品组合以及组成的以滋补保健品为主要商品，辅之以精美糕点、方便食品的幸福生活商品组合，分别采用了什么样的商品组合思路？请说明理由。

（2）一家商店的男士服装部每平方米销售额高于鞋部，于是，商店决定削减鞋部的销售空间，扩大男士服装部的销售空间，希望能创造更多的销售额。但结果却使男士服装部的每平方米销售额下降了，鞋部的总销售额也下降了。

请问：这说明了什么问题？

(3) 1991 年春北京西单商场购物中心的"艺珍阁"对部分商品的货位进行了调整,将畅销的镶嵌首饰调整到客流量比较大的柜台。同时,扩大黄金首饰柜台。结果,黄金首饰柜组的月销售额比调整前增长 42%,镶嵌柜组的平均日销售额增加了 3.2 倍。

请问:"艺珍阁"在对商品的货位布局进行调整后取得良好业绩的原因是什么?

(4) 某商店进行雨伞展销,就以"小雨中的回忆"为主题。在橱窗中,精美的雨伞、雨中的步行人、夸张的雨点、朦胧的景色、柔和的灯光等,情节和场景的设计为商品创造了一个最能展示其"自身价值和特色"的环境,也给消费者一个"身在其中"的美好意境,取得了良好的效果,从而使得该商店进行的雨伞展销活动十分成功。

请问:该商店在进行橱窗展示时采用了什么样的构思手法?为什么能获得成功?

项目六 | 商品销售

本项目内容结构图

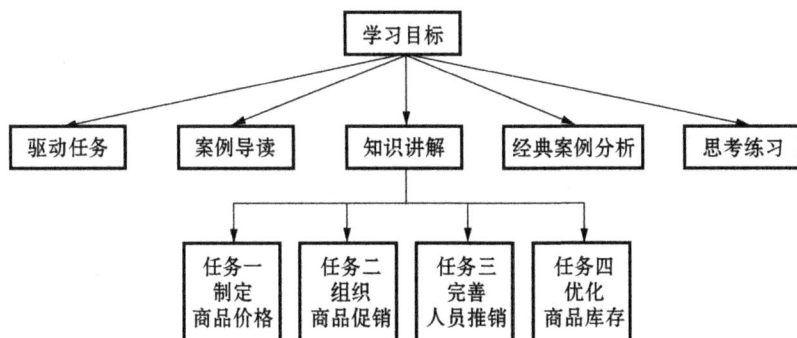

```
                    ┌──────────┐
                    │  学习目标  │
                    └──────────┘
       ┌──────────┬─────┼─────┬──────────┐
   ┌──────┐  ┌──────┐ ┌──────┐ ┌──────────┐ ┌──────┐
   │驱动任务│  │案例导读│ │知识讲解│ │经典案例分析│ │思考练习│
   └──────┘  └──────┘ └──────┘ └──────────┘ └──────┘
                   ┌────┬───┼───┬────┐
              ┌──────┐┌──────┐┌──────┐┌──────┐
              │任务一 ││任务二 ││任务三 ││任务四 │
              │制定  ││组织  ││完善  ││优化  │
              │商品价格││商品促销││人员推销││商品库存│
              └──────┘└──────┘└──────┘└──────┘
```

学习目标

- **终极目标**

能为商店经营商品进行定价、价格促销与价格调整,能在商店经营中灵活运用各种促销手段和评估促销效果,能为商店完善人员推销工作、更新推销理念,能为商店合理管理库存。

- **促成目标**

(1) 理解并掌握商店的商品定价、价格促销策略与价格调整。

(2) 理解并掌握商店经营中的促销策略设计及零售广告、销售促进、公共关系等促销手段。

(3) 理解并掌握商店经营过程中人员推销各个环节的主要内容及要点。

(4) 理解并掌握商店经营中库存仓库的选择及库存作业流程。

驱动任务

(1) 对现有店铺经营商品的定价、价格促销情况进行调查分析。

(2) 对现有店铺的促销手段运用情况进行调查分析。

(3) 对现有店铺的人员推销情况进行调查分析。

(4) 对现有店铺的库存安排情况进行调查分析。

案例导读

误打误撞的"贵卖"

位于深圳的某珠宝店专门经营由少数民族手工制成的珠宝首饰。该店位于游客众多、风景秀丽的华侨城,因此生意一直比较稳定。客户主要来自两部分:游客和华侨城社区居民。

珠宝店店主进了一批由珍珠质宝石和银制成的手镯、耳环和项链的精选品。与以前的进货相比,店主认为这批珍珠质宝石制成的首饰的进价还是比较合理的。他对这批货十分满意,因为它比较独特,可能会比较好销。店主在进价的基础上,加上其他相关的费用和平均水平的利润后定了一个价格,他觉得这个价格应该是十分合理的,肯定能让顾客觉得物有所值。但这些珠宝在店中摆了一个月之后,销售统计报表显示其销售状况很不好,店主十分失望。于是改变了这些商品的陈列位置和陈列方式,但一个月后销售还是没有起色。

就在此时,店主准备外出再选购一批产品,为了能给新购进的商品腾出地方,他决心采取一项重大行动,选择将这一系列珠宝半价出售,临走时,他给副经理匆忙地留下一张字条,告诉她:"调整一下那些珍珠质宝石首饰的价格,所有的都以50%销售。"

当他回来时,店主惊喜地发现该系列珠宝都已销售一空。副经理对店主说,该批滞销的珠宝提价后售出速度十分惊人。店主不解地问:"什么提价? 我留的字条上是说价格减半啊。""减?"副经理吃惊地问,"我认为你的字条上写的是这一系列的所有商品的价格一律按双倍计。"结果,副经理将价格增加了一倍而不是减半。

> 那么为什么滞销的珠宝提价后反而销得好了呢? (通过对本项目的学习,你将找到这些问题的答案。)

任务一 制定商品价格

学习目标

- **终极目标**

能为商店经营的商品进行合理定价、价格促销与价格调整。

- **促成目标**

(1) 理解并掌握商品定价的内容,能根据商店情况灵活运用这些定价方法。

(2) 理解并掌握商品的价格促销策略,能根据市场情况灵活运用这些促销策略。

(3) 理解并掌握商品的价格调整策略,能根据市场情况合理调整价格。

工作任务

工作任务书(6-1)

总体任务	××商店商品定价、价格促销情况调查分析
具体任务	(1) ××商店商品定价情况调查分析 (2) ××商店商品价格促销情况调查分析 (3) ××商店商品价格调整情况调查分析

【活动】一　××商店商品定价情况调查分析

【活动目标】

(1) 培养学生运用各种定价方法为商店经营的商品进行合理定价的能力。

(2) 培养学生观察、分析、判断的能力。

【活动内容与要求】

(1) 教师事先确定10种左右的商品。

(2) 将全体学生分成5组,每组负责到3种不同业态的商店去调查这10种商品的价格,并分析说明这些价格存在差异的原因。

(3) 教师应在上次课结束时将这一调查任务布置给每组,要求调查完成后形成相应的调查报告,并要求每组选1名代表进行PPT汇报。

(4) 实施要求:每组选择3家不同业态的商店;调查完成后应上交调查报告和PPT文件。

【成果与检测】

(1) 能完成店铺商品价格调查分析并有调查报告与PPT文件的组为良好;完成调查分析并且调查报告分析透彻、PPT文件制作精良的为优秀。

(2) 小组的汇报人员语言流畅,思路清晰的为良好;小组的汇报人员不仅语言流畅,思路清晰,而且能脱稿讲解,与观众有交流的为优秀。

【活动】二　××商店商品价格促销情况调查分析

【活动目标】

(1) 培养学生灵活运用价格促销手段为商店进行商品促销的能力。

(2) 培养学生敏锐的观察能力、细致的分析能力、准确的判断能力。

【活动内容与要求】

(1) 将全体学生分成5组,每组分别选择百货商店、专业店、专卖店、大型超级市场、网络商店、邮购商店、仓储式商店中的一家商店,对其所使用的价格促销手段进行调查分析。

(2) 这一任务应与上一任务一起布置给5组同学,要求每组在完成上一任务时同时完成该任务。

(3) 实施要求:每组可以自行确定所要调查的商店;完成调查后应有调查报告和PPT汇报,并选1名代表进行汇报。

【成果与检测】

(1) 能完成店铺商品价格促销调查分析并有调查报告与PPT文件的组为良好;完成调查分析并且调查报告分析透彻,PPT文件制作精良的为优秀。

(2) 小组的汇报人员语言流畅,思路清晰的为良好;小组的汇报人员不仅语言流畅,思路清晰,而且能脱稿讲解,与观众有交流的为优秀。

【活动】三 ××商店商品价格调整情况调查分析

【活动目标】

(1) 培养学生灵活运用调价手段为商店商品调高或调低价格的能力。

(2) 培养学生观察、分析、判断的能力。

【活动内容与要求】

(1) 将全体学生分成5组,每组分别选择百货商店、专业店、专卖店、大型超级市场、网络商店、邮购商店、仓储式商店中的一家商店,对其所使用的价格调整情况进行调查分析。

(2) 这一任务应与上一任务一起布置给5组学生,要求每组在完成上一任务时同时完成该任务。

(3) 实施要求:每组可以自行确定所要调查的商店;完成调查后应有调查报告和PPT汇报,并选1名代表进行汇报。

【成果与检测】

(1) 能完成店铺商品价格调整情况分析并有调查报告与PPT文件的组为良好;完成调查分析并且调查报告分析透彻,PPT文件制作精良的为优秀。

(2) 小组的汇报人员语言流畅,思路清晰的为良好;小组的汇报人员不仅语言流畅,思路清晰,而且能脱稿讲解,与观众有交流的为优秀。

知识讲解

(一) 商品定价

1. 影响商店商品定价的因素

(1) 商品进货成本。商品进货成本包括商品批发价格、采购费用、仓储运输费用等,它是商品定价的基础,也是定价的最低界限。

(2) 消费者价格心理。一般而言,消费者价格心理,主要包括以下常见形式:

① 习惯性价格心理。如长期以来市场上销售的60克包装的榨菜,一直是1元3包,从而使消费者对这种商品的价格形成了一种习惯,这一习惯就成为消费者衡量其价格的一个心理尺度,超出这一尺度的价格就被认为是不合理的。

② 敏感性价格心理。从消费者对价格变动的敏感性来看,心理价格标准较

低的商品(如蔬菜、副食品等),价格敏感性强:价格稍有上涨,即引起强烈反应;心理价格标准较高的商品(如高档电器等),价格敏感性相对较弱:价格即使幅度较大,其反应依然很平静。

③ 倾向性价格心理。如倾向于选择高价商品的消费者,心理上总认为高价意味着高质量;倾向于选择低价商品的消费者,则在心理上认为,价格并不完全代表质量,商品价格上的不同档次并非意味着商品质量存在很大差别,所以比较倾向于选择低价商品。

④ 感受性价格心理。消费者对价格高低的判断通常通过三种途径获得:一是在同类商品中进行比较;二是在同一售货现场对不同类商品进行比较;三是对商品本身的外观、重量、包装特点、使用说明进行比较。通过这三种途径形成的价格心理即为消费者的感受性价格心理。但消费者对商品价格的知觉判断有时会出错,出现价格错觉,因此零售商在定价时可以有意识地调整价格背景,改变消费者对价格的判断。

【案例 6-1】

是"玩具",又是"健身器材"的跳舞毯

前些年十分流行的跳舞毯,即可以连接到电脑上,通过屏幕提示运动方向进行运动的商品,开始商家将它放在玩具类商品中销售,消费者以为它是普通玩具,因而觉得它的价格高,无人问津。后来,商家将其放入体育用品中销售,因它的价格比一般健身器材便宜而受到欢迎,销售看好。请问:该商家运用了消费者的什么心理使跳舞毯畅销的?

(3)竞争对手的价格策略。市场需求和商品的成本分别为零售商的商品价格确定了上限和下限,而竞争对手的成本、价格和可能的反应则有助于零售商确定合适的价格。

一般来讲,处于竞争优势的企业往往有较大的定价自由,处于竞争劣势的企业则更多地采用追随性价格策略。但是有的竞争对手会制定一个竞争性价格,这时零售商在制定价格策略时,就要考虑是否迎战。需要考虑以下几个因素(见表 6-1)。

表 6-1　应对竞争对手的竞争性价格零售商需考虑的因素

需考虑的因素	具 体 内 容
价格灵敏度	价格对消费者需求的影响程度。若零售商的品牌号召力很强,相互之间市场区分明显,价格的影响较小,可以不必应战
市场地位	若一个在市场中微不足道的零售商发动价格攻势,市场地位较高的企业可以不必理睬;若行业领头者降价,市场地位较低者不得不迎战
产品特性	对于某些高价商品,人们可能会更关注其形象而少关注价格,如果一味地降价,可能会弄巧成拙

(4)零售商店的本身特征。商品价格的决定,应当与零售商的经营品种、开

设地点、促销活动、服务水平以及希望传播的关于商店的印象等因素互相配合。

(5) 商品的市场特点。其主要表现为这些方面：①消费者购买该商品的频率。购买频率大的商品如日用品，适宜薄利多销；存货量小及周转率低的商品如特殊品，利润率(价格)应高一些。②商品的标准化程度。标准化程度较高的商品，价格变动的可能性一般较小；反之，价格变动的可能性一般较大。③商品的易腐性、易毁性和季节性。如水果、蔬菜等特性较强的商品价格变动性大。④商品的流行程度、品质威望及推销能力。这些都强的商品，价格属于次要问题。如：洗发水中的飘柔、白酒中的五粮液等商品，价格过低反而可能使消费者失去购买的动力。⑤商品的市场需求情况。某一时期在某一市场上对某一商品的需求量是增加的，则可以采取适当的提价措施；反之，则应适当降价。

(6) 国家法规政策。零售商对价格的制定既要受到国家有关法规的限制，也要受到政府制定的政策的影响。

2. 商品的定价政策

1) 商品定价目的

零售商的定价目标一般来说有以下这些：

(1) 以取得最大化利润为目的的商品定价。对商品价格按照"品种别原则"实施管理，该原则将商品划分为两类：一是为企业带来主要利润的商品；二是为树立"一次购足"的零售店铺形象的便利、廉价商品——"亏损拳头商品"。在陈列上，以"亏损拳头商品"为核心，周围大量陈列高利润的商品，以其带动和增加商品销售量，实现利润最大化。

(2) 以一定的投资收益率为目的的商品定价。即商店在商品定价时以达到自己确定的资金利润率目标为标准，商品价格为商品成本加预期报酬。一些规模较大、竞争力强的店铺常采用这种方法定价。

(3) 以保持价格稳定为目的的商品定价。即商品价格由大型零售店铺先制定出并加以保持，其他店铺的商品价格与之保持一定的比例关系，以避免不必要的价格竞争或风险。

(4) 以保持、增加市场份额为目的的商品定价。即商品定价为商店保持和扩大市场占有率服务。

2) 定价政策

目前，在国内外零售界流行两种对立的定价政策，即高/低价格政策和稳定价格政策。

(1) **高/低价格政策**：是指零售商制定的商品价格有时高于竞争对手，有时低于竞争对手，同一种商品价格经常变动，零售商会经常使用降价来进行促销。适用于大型零售商店，如大润发、家乐福、欧尚等，而且过去只是季末有降价商品，现在是每天都有特价商品。

(2) **稳定价格政策**：是指零售商基本上保持稳定的价格，不在价格促销上过分做文章。主要形式有：①每日低价政策，要求零售商尽量保持商品低价，尽管有些商品价格也许不是市场上最低的，但给顾客的印象是所有商品价格均比较低

商品定价基本原则主要有：一是薄利多销原则；二是物有所值原则；三是适当利润原则。

为什么稳定的价格政策能培养顾客对商店的忠诚度？

廉;②每日公平价政策,要求零售商在商品成本上附加一个合理的加价,其并不刻意寻求价格方面的竞争优势,而是寻求丰富的花色品种、销售服务、卖场环境及其他方面的优势。但如果忽视了控制进货成本和管理费用,而使商品价格过高,同样不能被顾客所接受。

3. 商品的定价方法

1) 以成本为导向的定价方法

主要是成本加成定价法,具体计算公式如下:

$$商品零售价格＝商品进货成本×(1＋毛利率)$$

例如,假设某一商品的进货成本为 100 元,零售商希望经营这种商品获得 30％的毛利,则该商品的零售价格为:100×(1＋30％)＝130 元。

相关知识链接

零售商店商品的加成方法

在零售店铺的经营活动中,不同商品种类的毛利率是不同的,根据美国"零售店铺之父"迈克尔·卡伦的设想,零售店铺商品中有 27％的种类按进价出售,18％的品种按进价加 5％的毛利的价格出售,27％的品种按进价加 15％的价格出售,剩下的 28％的品种按进价加 20％的毛利的价格出售。这种按照不同商品品种加成确定销售价格的方法,本质是通过控制商品销售毛利来降低零售店铺的整体售价水平,为零售店铺赢得竞争优势。

成本加成定价法往往导致在市场疲软时商品定价过高,在市场景气时定价过低。为了修正以其可能产生的价格偏差,经理们往往允许有关部门在一定范围内有调整价格的机动性。

【案例 6-2】

计算初始价格和进货成本

假设一种商品的建议零售价是 100 元,它有一个初始加价,商品进货成本和它的零售价格之间的差价率(即毛利率)是 25％,那么,该商品的初始加价和进货成本是多少?

2) 需求导向的定价方法

需求导向的定价方法更多考虑的是消费者需求对价格变动的反应,主要有:

(1) 理解价值定价法。基本思想:认为决定商品价格的关键因素是消费者对商品价值的理解水平,而不是零售店铺的经营成本。

第一步:决定初始价格。根据商品的性能、用途、质量、外观及市场营销因素组合策略水平,确定顾客的理解价值,决定商品的初始价格。

第二步:预测商品销售量。即估计在前述市场营销因素组合策略及初始价格的条件下,可能实现的销售量。

第三步:预测目标成本。公式如下:目标成本总额＝销售收入总额－目标利润总额－税金总额(或:单位商品目标成本＝单位商品价格－单位商品目标利润－单位商品税金)。

第四步:可行性分析决策。将上述单位商品的预测目标成本与实际成本对比,可能出现两种情况:一是实际成本不大于目标成本,说明目标利润可以保证,即可确定初始价格为商品的实际销售定价;二是实际成本大于目标成本,说明在初始价格条件下,目标利润得不到保证,需要进一步作出选择,或降低目标利润水平,或设法进一步降低实际成本(运用价值分析或加强管理措施等),使原价格方案仍然付诸执行。否则,不能保证实现预期利润目标。

(2)区分需求定价法。主要有以下几种形式:

一是以顾客为基础的差别定价,即对不同的顾客群,可以用不同的价格。如对购买整辆车和购买零部件的顾客分别采用不同的价格;与商店有稳定关系的会员制消费者,购买商品可享受10%～20%的价格优惠等。

二是以商品的外观、式样、花色等为基础的差别定价。如同等质量和规格而花色或式样陈旧的商品,可以定低价,而花色或式样新的则可以定高价;快到保质期的商品价格低一点等。

三是以时间为基础的差别定价。如节假日、商品展销、店庆、每天商店关门前一至二小时内对商品进行特价等。

零售店铺采用各种区分需求定价法,要具备一定的前提条件。最主要的是要搞好市场细分,使各细分市场的需求差别比较明显。

(3)以商品需求价格弹性为基础的定价方法。下面以零售商店的定价实验来说明这种方法。

假设一个服装专卖店要推出一种新款式的T恤衫,开发该产品的固定成本是30 000元人民币,可变成本为每件20元。固定成本不随生产和销售产品的数量的改变而改变,可变成本是随生产和销售产品的数量改变而改变的。该T恤衫以4种不同的价格在4家商店销售,其结果如表6-2所示。

表6-2 需求导向的定价实验

市场	单位价格(1)	该价格下的需求(2)	总收益[(3)＝(1)×(2)]	总成本(固定成本＋可变成本)(4)	总利润[(5)＝(4)－(3)]
商店1	30	20 000	600 000	430 000	170 000
商店2	40	15 000	600 000	330 000	270 000
商店3	50	8 000	400 000	190 000	210 000
商店4	60	3 000	180 000	90 000	90 000

从上表可以看出,每件T恤衫定价40元是获利最高的价格。因此零售商店可以此价格作为该T恤的市场价格。

这个案例比较简单,零售商的实际定价往往比这种方法要复杂得多。

相关知识链接

商品价格需求弹性

商品价格需求弹性是需求量变化的百分比与商品自身价格变化的百分比之间的比值。其计算公式是:商品价格需求弹性$(E) = \dfrac{商品需求量变动百分比}{商品价格变动百分比}$。根据计算的结果,商品的价格需求弹性划分为 5 种类型:①需求富有弹性 $E>1$,这意味着商品降价所带来销量增加而增加的利润,比降价所带来的利润减少要大得多,即商品降价会带来利润增加。②需求缺乏弹性 $E<1$,这正好与第①种情况相反。③需求弹性单一 $E=1$,这意味着商品价格的上升与下降所带来的销售变化是同幅度的,即不管价格如何变化,零售企业总收益都会保持基本不变。④需求完全有弹性,E 趋向于∞,即商品价格的微小变化都会导致商品需求量无穷大的变化。⑤需求完全缺乏弹性,E 趋向于 0,即不管商品价格如何变化,需求量都保持不变。第④、⑤种情况在生活中一般不会存在。

3) 竞争导向的定价法

其主要有以下几种形式:

(1) 同竞争者保持一致的温和价格:一是随行就市定价法,即根据同行业企业(例如,百货公司、仓储商店、其他零售店铺)的价格水平来定价的方法;二是追随领导者企业定价法,即以同行业中实力最雄厚或影响最大的企业的价格为标准来为自己的商品定价。使用效果:可以避免企业之间相互竞争。

(2) 高于市场价格。可运用的具体情况:①为标志消费者地位和财富的商品制订高价,如劳力士手表、范思哲服装等等;②为标志商品高品质而制订高价,如采用高价策略的化妆品;③为标志商店服务高水平而制订高价。

(3) 低于市场价格。使用条件:①进货成本低,业务经营费用低;②存货周转速度快;③顾客对商品的性能和质量很熟悉,价格便宜会使顾客大量购买;④能够向顾客充分说明价格便宜的理由;⑤商店必须在顾客心目中享有较高的信誉,不会有经营假冒伪劣商品之嫌。

4. 商店对商品价格带的选择

陈列商品的**价格带**是指零售店铺卖场中某一类商品的销售价格由高到低形成的一条价格幅度,而不是指单一商品的价格。具体如图 6-1 所示。

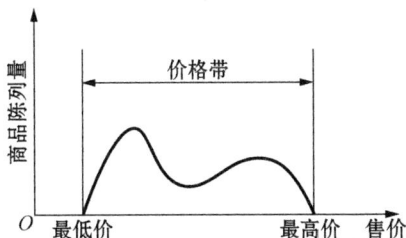

图 6-1 零售商店某类商品的价格带

一般而言,零售店铺经营者对价格带的选择应该是:在品种数量一定的条件下,规格、花色、品种应该充分,即产品线的宽度要窄、深度要深,价格种类要少并且多集中于低价位,价格带窄,商品陈列量要充分。

(二)商品的价格促销策略

1. 巧用数字定价

(1)尾数定价。如一双皮鞋标价 29.97 元或 19.95 元,比标价 30 元或 20 元要受欢迎。

为什么有时尾数定价会比整数定价受欢迎?

(2)整数定价。将商品价格定为整数,适用于价格较高的商品,如高档商品、耐用品和礼品等。另外,对一些方便食品、快餐等商品制定整数价格,可以迎合人们的"惜时心理"。

(3)吉祥数字定价。在我国 6 和 8 是吉祥数字,用这两个数字定价的例子随处可见。如某品牌皮鞋标价 168 元(一路发),某品牌手表 518 元(我要发),等等。

2. 招徕定价

即用某些商品的低价吸引顾客,带动其他商品的销售,从而实现零售商店的利润目标的一种定价方法。如前文提到的"亏损拳头商品"的定价就是如此。当然有时起招徕作用的商品也可以定超高价,也能起到引起消费者注意的作用。

3. 拆零定价

例如,茶叶店将每公斤 100 元的茶叶,分装为每 250 克一包,每包定价为 25 元,这既符合顾客小量购买的习惯,又给顾客留下价格不高的印象。

4. 组合定价

将既可以拆零单卖,又可成套出售的商品,采用配合成套的方式统一定价,成套商品价格略低于单件购买的价格之和。如将"大有帅才"学生写字桌与"孩视宝"护眼灯、健康座椅组合在一起定价销售。

5. 复合单位定价

即针对顾客图便利的心理,将顾客经常购买的商品采取复合定价。例如,苹果 10 元 3 斤,因为消费者买苹果很少一斤一买。

6. 陪衬定价

即商店以主力商品的价格为核心,再补充适当的廉价辅助品,以衬托主营商品的优良品质;或者补充高价格商品,以衬托主营商品的价格合理性。如两种造型和价格一样,但颜色不一样的"小鹿",商店将其中一种价格提高,将其作为未提价小鹿的陪衬商品一起销售。

7. 错觉定价

即利用顾客对商品价格知觉上的误差,巧妙地确定商品销售价格的一种定价方法。如某些袋装食品 500 克,价格 5 元一袋,而同样的商品 450 克,价格为 4.85 元。

8. 折扣定价

(1)数量折扣。即当顾客购买商品达到一定数量或金额时给予的价格折扣。具体又可分为累计性数量折扣(即累计购买达到一定数量给予的折扣)和一次性数量折扣(一次性购买达到一定数量给予的折扣)两种。

（2）季节折扣。即对于一些具有季节性消费特征的商品(如皮衣、空调等)，为了鼓励消费者反季节购买，而采取的折扣销售方式。如皮衣在夏天销售的价格往往只有冬天的 2/3，有时甚至只有 1/2。

（3）特卖品折扣。特卖品一般是指不再流行的商品，或是企业专门挑选出来大幅让利的商品。例如，原价 100 元的商品，现在也许只卖 10 元。

（4）限时折扣。即零售商只在指定的时间对指定的某些商品给予折扣，这种折扣方式在我国国内的许多大超市运用得非常普遍，如大润发、易初莲花、家乐福、欧尚等。

9. 分享利润定价

分享利润定价是按顾客每次购买商品数量的多少自动降低商品售价，具体降价幅度视顾客每次购买数量的多少而定。另外，顾客全年累计购买量达到一定的数额，还可以按一定的比例参与商店每年经营利润的分成，商店每年用于给顾客分成的利润占盈利总额一定的百分比。如澳大利亚悉尼的一家女士用品店，每年给顾客分成的利润占其盈利总额的 20%。

【案例 6-3】

"10%"的诱惑

日本三越百货公司对商品采用折扣方式进行销售，其声称实行的是"100 元优惠 10%买 110 元商品"的九折方式，即 110 元商品的卖价是 100 元，请问它的折扣比例是不是 10%？这是一种什么商品定价方式？

（三）商品的价格调整

1. 降价

（1）降价的原因。尽管零售商降价有许多原因，但对这些原因进行归纳后，最终无非有两个：一是清仓(处理商品)；二是促销(贱卖)。

（2）降价的计划。无论是清仓还是促销，商品降价都应有一个销售计划。即商店首先应制定一个完善的促销计划，每期促销应选择什么商品作为促销商品，采购员要事先与供应商接触，争取他们的促销配合。

此外，商店还要把过去的销售记录保存完好，并对现时的销售情况及时分析。实施降价控制时必须能够对降价做出估计，并修改最近各期的进货计划，以反映这种降价。评价降价理由的一种良好方法，是让采购员记录他所采购的商品每次降价的理由，并定期检查这些理由。

（3）降价时机的选择。在商品销售的保本期内，降价时机可以有三种情况：一是选择早降价；二是选择后期降价；三是选择早晚交错降价。

选择降价时机，关键要看减价的效果。如果商品能顺利地销售，商店可以选择延迟降价；如果降价对顾客有足够的刺激，可以加速商品销售，可以早降价。交错降价就是将早期降价和晚期降价策略结合起来运用，如许多时尚商品专卖店在前几周之后削价 20％,然后又过几周再削价 30％,这样下去直到商品卖完。

(4)降价的次数。降价的次数不宜过多。减少降价次数需要零售商有一个好的销售计划、对商品的选择进行很好的协调、能与供货方通力协作适时供货等。

(5)控制适宜的降价幅度。根据实践经验,各类商品的降价幅度如下:①耐用消费品降价幅度一次不宜超过 10％;②一般商品降价幅度应在 10％～50％。如果降价幅度超过 50％,顾客可能会对商品品质产生怀疑。

2.提价

零售商在提价时,要注意的有:

(1)将实情告诉顾客。如商店采购成本确实上涨而无法不提价等。

(2)分步骤提价。商店应采用分步骤、部分、逐步提价为好,以化解消费者的抵触情绪。

(3)选择适当涨价时机。如提价前已有公示通知,顾客都已知晓;应节商品(春节前各种春节商品的涨价)等。

(4)一次涨价幅度不能过高,尤其是顾客价格敏感度较高的商品。从经济数据上看,一次上调幅度不宜超过 10％。

(5)附加馈赠。涨价时,以不损害商店正常收益为前提,搭配附属商品或赠送一些小礼物,以使顾客感觉价格上涨是由于附加了小礼品的缘故,过一段时间后再取消。

(6)采取隐性提价策略,具体有:对商品的附加服务收费或取消该服务;推出商品的新型号(其内在与老的商品相比没有变化,或只增加某种对成本影响不大的功能)的同时确定一个比老型号商品更高的价格。

任务二　组织商品促销

学习目标

- **终极目标**

能在商店经营中灵活运用各种促销手段和评估促销效果。

- **促成目标**

(1)理解并掌握促销及其组合要素。

(2)理解并掌握零售促销策略设计,能根据市场情况为商店设计促销策略和评估零售促销效果。

(3)理解并掌握零售广告,能根据商店情况灵活运用零售广告。

(4)理解并掌握销售促进,能根据商店情况灵活运用销售促进手段。

(5)理解并掌握零售公共关系,能根据商店情况灵活运用零售公共关系。

📖 工作任务

工作任务书(6-2)

总体任务	××商店商品促销情况调查分析
具体任务	(1) ××商店零售促销策略运用情况分析 (2) ××商店零售广告运用情况调查分析 (3) ××商店销售促进运用情况调查分析 (4) ××商店零售公共关系情况调查分析

📢【活动】— ××商店零售促销策略运用情况分析

【活动目标】

(1) 培养学生为商店制订切实可行、效果良好的零售促销策略的能力。

(2) 培养学生严密的逻辑思维能力和关注工作细节的工作态度。

【活动内容与要求】

(1) 教师准备一系列不同商店如何运用零售促销策略的案例,并将其制作成PPT课件。

(2) 课堂上将这些案例展示出来,并要求学生分析并说明这些商店在现实情形中是如何运用促销策略的,要注意哪些问题。

(3) 将全体学生分成5组,每个案例经过2分钟左右的简短讨论后,由5个小组分别对该案例进行抢答,其他组认为需要补充的,可以对该组的发言进行补充。

(4) 实施要求:事先讲好规则,全班同学以小组为单位分组聚拢在一处。

【成果与检测】

(1) 能基本完成店铺零售促销策略案例分析的组为良好;完成案例分析准确无误的为优秀。

(2) 能对其他小组作相应补充的为良好;不仅能为其他小组发言作相应补充,并且能改正其他小组陈述中错误的为优秀。

📢【活动】二 ××商店零售广告运用情况调查分析

【活动目标】

(1) 培养学生灵活运用价格促销手段为商店进行商品促销的能力。

(2) 培养学生敏锐的观察能力、细致的分析能力、严密的逻辑思维能力。

【活动内容与要求】

(1) 将全体学生分成6组,在其中选定两组来完成这一任务。这两组应分别选择一家商店对其使用零售广告的情况进行调查分析,并说明其使用的零售广告的种类、特点和效果。

(2) 教师在本项目开始教学时向选定的两组布置任务,并要求其在下次上课前完成。

（3）实施要求：每组可以自行确定所要调查的商店；完成调查后应有调查报告和 PPT 汇报并选 1 名代表进行汇报。

【成果与检测】

（1）能完成商店零售广告使用情况调查分析并有调查报告与 PPT 文件的组为良好；完成调查分析并且调查报告分析透彻，PPT 文件制作精良的为优秀。

（2）小组的汇报人员语言流畅，思路清晰的为良好；小组的汇报人员不仅语言流畅，思路清晰，而且能脱稿讲解，与观众有交流的为优秀。

📣【活动】三　××商店销售促进运用情况调查分析

【活动目标】

（1）培养学生灵活运用销售促进手段为商店组织商品促销活动的能力。

（2）培养学生敏锐的观察能力、细致的分析能力、严密的逻辑思维能力。

【活动内容与要求】

（1）将全体学生分成 6 组，在其中选定两组来完成这一任务。这两组应分别选择一家商店对其使用销售促进手段的情况进行调查分析，并说明其使用的销售促进手段的种类、特点和效果。

（2）教师在本项目开始教学时向选定的两组布置任务，并要求其在下次上课前完成。

（3）实施要求：每组可以自行确定所要调查的商店；完成调查后应有调查报告和 PPT 汇报并选 1 名代表进行汇报。

【成果与检测】

（1）能完成商店销售促进手段使用情况分析并有调查报告与 PPT 文件的组为良好；完成调查分析并且调查报告分析透彻，PPT 文件制作精良的为优秀。

（2）小组的汇报人员语言流畅，思路清晰的为良好；小组的汇报人员不仅语言流畅，思路清晰，而且能脱稿讲解，与观众有交流的为优秀。

📣【活动】四　××商店零售公共关系情况调查分析

【活动目标】

（1）培养学生灵活运用零售公共关系手段为商店树形象、振声誉的能力。

（2）培养学生敏锐的观察能力、细致的分析能力、严密的逻辑思维能力。

【活动内容与要求】

（1）将全体学生分成 6 组，在其中选定两组来完成这一任务。这两组应分别选择一家商店对其使用零售公共关系的情况进行调查分析，并说明其使用的零售公共关系手段的种类、特点和效果。

（2）教师在本项目开始教学时选定的两组布置任务，并要求其在下次上课前完成。

（3）实施要求：每组可以自行确定所要调查的商店；完成调查后应有调查报告和 PPT 汇报并选 1 名代表进行汇报。

【成果与检测】

（1）能完成商店零售公共关系使用情况分析并有调查报告与 PPT 文件的组为良好；完成调查分析并且调查报告分析透彻，PPT 文件制作精良的为优秀。

（2）小组的汇报人员语言流畅，思路清晰的为良好；小组的汇报人员不仅语言流畅，思路清晰，而且能脱稿讲解，与观众有交流的为优秀。

知识讲解

（一）促销及其组合要素

1. 促销及其效果

零售促销是指零售商为告知、劝说或提醒目标市场顾客关注有关企业任何方面的信息而进行的一切沟通联系活动。

零售商应用促销活动的目标与经营目标是一致的，有利于提高商店长期的和短期的经营效果，具体如图 6-2 所示。

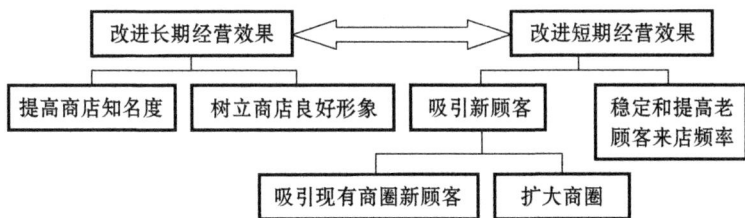

图 6-2　零售促销活动的长短期经营效果图

2. 促销对消费者购买行为的影响

（1）消费者的购买行为。消费者的购买行为一般是由 6 个阶段组成，具体如图 6-3 所示。

购买行为模式表示的是顾客购买的一般过程，实际情况要复杂得多。

（2）促销对消费者购买行为的影响。这种影响主要体现在消费者购买前、购买中和购买后 3 个阶段。

在消费者决定购买前，零售商的促销活动能够激发消费者的消费需求，提供商品信息，影响潜在消费者，将一部分潜在消费者转化为本商店的现实消费者。

在消费者决定购买过程中，促销活动能提供商品销售的时间、地点、经销单位等信息，并通过促销

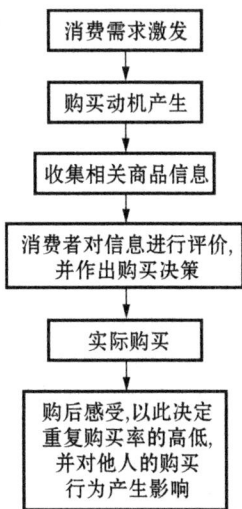

图 6-3　消费者购买行为流程图

信息进一步增强消费者信心,帮助消费者决策和方便消费者实际购买。

在消费者购买商品后,由于其往往会怀疑自己决策的正确性,急需外界信息的肯定,因此促销活动提供的信息能把他们的心理紧张程度降到最低限度,使消费者感到满意,从而影响其周围人的购买行为或促使其将来进行重复购买。

3. 促销活动的类型和促销组合因素

1)促销活动类型和促销组合因素的内容

(1)促销活动类型。主要有:①开业促销活动;②周年庆促销活动;③例行性促销活动,如:以节日为主题或以重大活动为主题的促销活动;④竞争性促销活动,即针对竞争对手的促销活动而采取的临时性促销活动。

(2)促销组合因素。具体有:广告;销售促进;公共关系;人员推销;消费者口碑传播等5种。

2)促销组合因素的长处与不足

零售商在实际运用促销组合中的促销手段时,要从可控性、灵活性、可信度、成本这几个方面(见表6-3)衡量其长处和不足,以取长补短,形成促销组合。

表6-3　各种促销手段的特点

项目		可控性	灵活性	可靠性	成本
付费项目	广告	高	低	低	中等
	销售促进	高	中等偏低	——	中等偏低
	人员推销	中等偏高	高	低	中等偏高
不付费项目	公共关系(公共宣传)	低	低	高	中等偏低
	消费者口碑传播	低	低	高	低

从表中可以看出,零售商付费的促销项目都是可控的,而不付费的项目可控程度非常低的,另外,不需零售商付费的公共关系手段,在现实运用过程中可能产生成本,如商店在制造新闻(如搞某项活动)时,会引起一定的间接成本。

3)促销组合的运用

商店对这些促销手段有所选择地加以组合使用就是促销组合。要对这些手段组合使用,就要了解这些手段对商店的重要性,由于这些手段对不同性质的产品和不同业态的商店的重要性不同,这里只说明一般情况:对于消费品市场而言,广告的作用最大,销售促进的作用次之,然后是人员推销和公共关系。因此,本知识讲解环节主要阐述零售广告、销售促进、公共关系这3类促销手段,人员推销在下一任务中阐述。

(二)零售促销策略设计

零售商在实施促销活动的过程中,需要进行一系列的策划活动,具体步骤如图6-4所示。

1. 确定促销目标

促销就是为了提高业绩,增加销售,增强企业的竞争力。但每一次促销都会

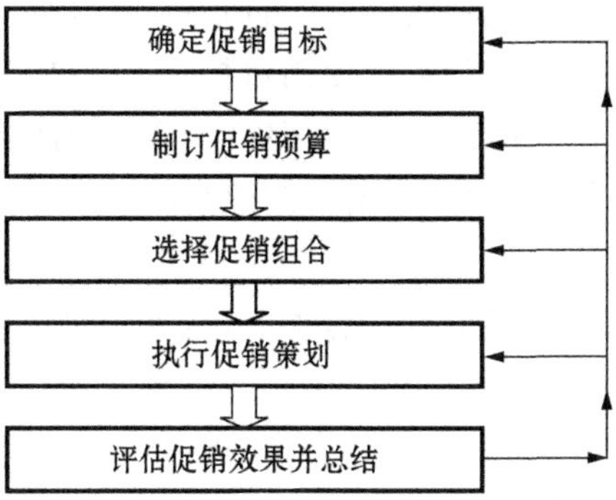

图 6-4　零售促销策划及实施步骤图

有其侧重点,因此商店采取每一次具体促销活动前必须明确本次促销活动的重点所在。

2. 制订促销预算

不同零售商在决定促销费用问题上差异很大。这里主要介绍几种制订促销预算的常用方法:

(1) 量力而行法。即零售商在自身财力允许的范围内确定预算的方法,其首先要预测周期内的销售额,计算各种支出和利润,然后确定能拿出多少钱来作为促销费用。小型、保守的零售商主要使用这种方法。

(2) 销售百分比法。零售商以年度预测的销售额为基础,固定一个比例来计算一年总的促销预算,然后再根据一年中计划举办多少次促销活动进行分摊的一种促销预算确定方法。其中促销费用占销售额的比率可以是过去使用的比率,也可以是参考了同行业中其他零售商的预算比率,或者是根据经验确定的。

另外,在这种方法中还有一种细分为一类商品促销预算费用的计算方法——总促销预算百分比法,即以某类商品的销售额在商店总销售额中的比例,作为这类商品的促销预算占总预算的百分比,以此来计算其促销费用,其中总促销费用的计算同销售百分比法。

【案例 6-4】

计算销售促销运算

A 品牌食品的销售额在零售店铺总销售额中占 30%,本年度的销售促销预算为 50 万元,按销售百分比法计算则 A 品牌食品的销售促销预算应为多少?

(3) 目标任务法。即由零售商首先确定促销目标,再据此确定一年所计划举办的促销活动和每一次促销活动需要的具体金额,将所有促销活动的费用加起来,便得出全年的促销预算的方法。

(4) 竞争对等法。即零售商根据竞争者的行动来增加或减少促销预算的方法。若某一区域的领先企业将其促销费用增加或减少 10%,则该区域的竞争者也会作出相应的调整,目的是为了取得与竞争对手对等的发言权。

以上这些方法主要用于确定商店总体的促销预算,对于每一次具体促销活动的预算则应根据总体促销目标和本次促销目标以及本年度促销预算的计划分配来确定。同时,商店要注意在确定本年度促销预算分配计划时应预留一部分备付金,以备具体开展促销活动需要临时增加促销费用之需。

3. 选择促销组合

零售商可以选用的具体促销方式有很多,例如各种媒体广告、降价、试吃、举办竞赛活动、猜奖与摸彩、限时采购、折扣、贵宾卡、现场示范、优惠券、公关宣传等。零售商要在考虑促销目标、零售商类型及竞争环境、费用预算这三大因素的情况下,对这些方式作出选择和组合。

主要出售食品和日用品的超级市场与高级百货商店所采用的促销方式组合会不会相同?为什么?

4. 执行促销策划

执行促销策划包括一系列具体促销工作的落实。具体如表 6-4 所示。

表 6-4 执行促销策划的具体工作

具体工作	内　　容
确定促销时间	即确定从什么时间开始促销活动,活动持续多长时间等问题
确定促销商品	既要选择一些敏感性的商品,又要选择一些不太敏感的商品组成促销商品组合,同时需要考虑季节的变化、商品销售排行榜、厂商的配合度、竞争对手的状况等因素来加以衡量
确定促销主题	促销活动通常与某些季节、假日、节日等联系起来,形成主题,这样容易赢得顾客的好感,使之了解商店促销的原因
确定宣传媒体	常采用店内广播、海报、POP 广告、红布条等媒体,但如果要选择电视、报纸等媒体,则需要零售商考虑采用哪种宣传媒体及制作的数量、规格、方式、时间长短、使用时机等
确定人员分工	要事先对每一项工作进行分工,安排人员具体负责,以使活动能有序进行
其他因素	如:国家政策是否允许;促销商品能否有充足的供应等等

5. 评估促销效果并总结

促销活动结束后,应及时进行评估检讨,切不可于促销活动结束后置之不理,还应召集营业、商品、促销部门有关人员,就实施效果与目标差异做分析,为以后的促销活动执行做参考。

这里主要以零售广告为例来说明销售效果测定的方法。

(1)销售费用率、单位费用销售率及单位费用销售增加额。为测定每百元销售额支出的广告费用,可以采用销售费用率这一相对指标,表明广告费与商店销售额之间的对比关系。计算公式为:

$$销售费用率 = \frac{本期广告费用总额}{本期广告后的销售总额} \times 100\%$$

销售费用率的倒数可称为单位费用销售率,它表明每支出 1 元或 100 元广告费所能实现的销售额。其公式为:

$$单位费用销售率 = \frac{本期广告后销售总额}{本期广告费用总额} \times 100\%$$

为了测定投入广告费用刊播广告以后增加的销售额,可以计算单位广告费销售增加额。其公式为:

$$单位费用销售增加额＝(S_2－S_1)/C$$

式中,S_2为本期广告后的销售总额;S_1为本期广告前的平均销售额;C为本期广告费用总额。

以上三个公式是计算广告费用支出的销售费用率和单位费用销售率,如果将其中的"广告费用""广告后""单位广告费用"换成"销售促进费用、销售促进后与单位销售促进费用""公共关系费用、公共关系后与单位公共关系费用""人员推销费用、人员推销后与单位人员推销费用"之后,就可计算销售促进、公共关系、人员推销的这3种促销手段的这3个比率了。

(2)利润费用率和单位费用利润率、单位费用利润增加额。这3个比率的具体公式为:

$$利润费用率＝\frac{本期广告费用总额}{本期广告后实现的利润总额}×100\%$$

$$单位费用利润率＝\frac{本期广告后实现的利润总额}{本期广告费用总额}×100\%$$

$$单位费用利润增加额＝(P_2－P_1)/C$$

式中,P_2为本期广告后实现的利润总额;P_1为本期广告前的平均利润总额;C为本期广告费用总额。其他3种促销手段的这3个比例的计算也可用此法。

(3)市场占有率与市场扩大率。**市场占有率**是指本商店经营的某商品在一定时期的销售量占本区域市场内同类品牌商品同一时期销售总量的比例。其公式为:

$$市场占有率＝\frac{本商店的某商品销售额(量)}{本行业同类商品的销售总额(量)}×100\%$$

$$市场扩大率＝\frac{本广告后的市场占有率}{本广告前的市场占有率}×100\%$$

如果市场扩大率大于1,表示该商店的市场地位上升;市场扩大率小于1,表示该商店的市场地位下降了。其他3种促销手段的这2个比例的计算也可用此法。

相关知识链接

促销活动的评估方法

评估促销活动效果的方法主要有:①目标评估法。将促销实际业绩与目标进行比较分析,一般而言,实际业绩在目标95%～105%之间,为正常表现;在目标105%以上,为高标准表现;在目标95%以下,则须反思。②前后比较法。选取开展促销活动之前与促销完成时的营业情况进行比较,一般会出现十分成功、得不偿失和适得其反等几种效果。③消费者调查法。商店组织有关人员抽取合适的消费者样本进行调查,向其了解促销活动的效果。

（三）零售广告

零售广告是指零售商以付费的方式，以媒体向最终消费者提供关于商店、商品、服务、观念等信息，以影响消费者对商店的态度和偏好，直接或间接地引起销售增长的沟通传达方式。

1. 零售广告的媒体选择

零售广告可选择的媒体有很多，具体分类如表 6-5 所示。

表 6-5　零售广告媒体分类表

种　类	包　括　项　目
印刷媒体	报纸、杂志、招贴、传单、商品说明书、商品价目表、商品目录、内部通讯、包装纸（盒）、广告牌、邮寄广告、电话号码簿等
电波媒体	电视、广播电台、电子广告牌、剧场广告等
其他媒体	商店橱窗、公共汽车及站台、气球、店内广告、互联网等

1）选择主要媒体类型和具体媒体类型需考虑的因素

（1）主要媒体类型（即媒体大类，如报纸、电视、杂志、网络等）的选择。选择前需考虑的因素有：①目标顾客的媒体习惯，如电视是青少年接触最多的媒体；②商店经营的性质，如经营妇女服装的商店的广告最好刊登在彩色杂志上；③信息含量，如一项包含大量技术资料的数码相机的信息，就需要专业性杂志或邮寄广告来进行广告宣传；④成本，即要在成本最低的情况下达到最好的广告效果。

（2）具体媒体的选择，即决定了媒体大类（如报纸）之后，再决定选择其中哪一家具体的媒体（如决定选择《新民晚报》）。选择前需考虑的因素有：①发行量，即媒体的覆盖范围；②消费者人数，即接触媒体的人数；③有效消费者人数，即能接触媒体载体的具有目标市场上顾客特点的消费者人数；④接触广告的有效消费者，即实际看（听）到广告的具有目标市场上顾客特点的消费者人数；⑤每千人成本标准，如在某报上刊登一幅全页 4 色广告要花费 8.4 万元，而该报读者数估计约 300 万人，则接触每千人的成本为 28 元，同样的广告在另一报上刊登要花 4 万元，但只能接触 100 万人，因此每千人成本为 40 元。

2）对商店使用广告媒体情况的分析

商业实践中，零售商使用各类媒体的情况如表 6-6 所示。

表 6-6　零售商店使用广告媒体情况分析表

媒体项目	使用频率	使用时机	费用
电视	少	开幕或多店联合促销	高
广播电台	中	开幕，周年庆，联合促销	高
宣传单	多	开幕，周年庆，联合促销，例行性促销	中
店内音像宣传	中	开幕，周年庆，联合促销	低
人员广播	多	各式销售场所促销活动	低

（继表）

媒体项目	使用频率	使 用 时 机	费用
报纸	中	开幕,联合促销	高
海报,POP	多	各式销售场所促销活动	低
电话	少	对固定顾客通知促销信息	低
户外宣传品	少	开幕宣传	低
知名人物宣传	少	开幕或大型庆祝活动	高

2. 零售广告种类

（1）电视广告。较适合于零售商店开幕庆典使用。

（2）广播广告。主要有电台广播和商店内部广播两种。商店内部广播由于其成本较低,能配合商店销售,零售商用得比较多。

（3）报纸广告。常被商店用作优惠展销、季节与节日推销、降价推销等广告宣传,而且商店广告以地方性、区域性报纸刊登为好。

（4）直接邮寄广告（见图6-5）。寄送的内容包括：会员制商店给会员的特色特价商品目录、优惠赠券、单张海报等。适合各种商店采用,也是实践中用得最多的广告形式之一。

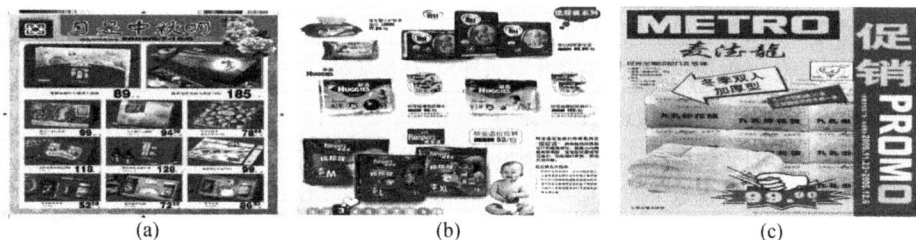

图 6-5　直接邮寄广告

（a）易初莲花 DM　（b）沃尔玛 DM　（c）麦德龙 DM

（5）交通工具广告。包括公交汽车、电车、出租汽车、地铁列车内部张贴的广告宣传画、外部张贴或喷绘的广告宣传画。

（6）户外广告牌。主要被那些以社区居民为目标顾客的商店所采纳。

（7）杂志广告。商店较少采用。

（8）传单广告。适于中小商店使用。

（9）电话号码簿广告。由于我国电话簿不是十分普及,因而这种方式效果有限。

（10）包装广告。将商店的店徽、店名、地址、电话号码、经营项目等信息印在包装纸（袋）上,在购买成交后包装商品时使用,适于各种各类商店使用,在实践中也是用得最多的广告形式之一。

（11）POP 广告（见图6-6）。**POP 广告（point of purchase advertising）**也称为**店面广告、售点广告**是指在商品购买场所、零售商店的周围、入口、内部以及有商品的地方设置的广告。根据定义,商店的招牌、商店名称、门面装潢、橱窗布置、商店装饰、商品陈列等,都属于 POP 广告的范畴。

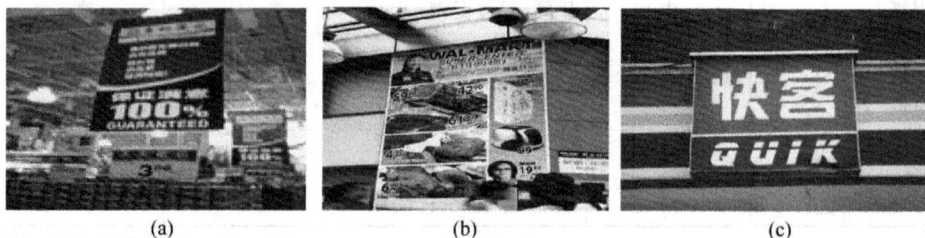

图 6-6 POP 广告

(a) 超市陈列现场 POP (b) 沃尔玛室内 POP (c) 便利店店头 POP

① POP 广告的作用和设计时应遵循的原则(见表 6-7)。

表 6-7 POP 广告的作用和设计时应遵循的原则

POP 广告的作用	传输新产品信息,吸引媒体受众注意,引发兴趣
	唤起媒体受众的潜在意识,使他们根据自己的偏好选购产品
	塑造企业形象,保持与顾客的良好关系
	能够配合季节促销,营造节日的气氛
	取代推销员,传达商品信息
	促使现场消费者产生购买冲动,达成交易行为
设计 POP 广告应遵循的原则	造型简练、设计醒目原则
	重视陈列设计原则,即设计要有利于树立企业形象,要注意商品陈列、悬挂以及货架的结构等,要加强和演染购物场所的艺术气氛
	强调现场广告效果原则

② 不同种类 POP 广告及其功能(见表 6-8)。

表 6-8 POP 广告的种类与功能一览表

区分	种 类	功 能
店头 POP	店头招牌、商品名称	告诉顾客这里有家商店及它卖的是什么样的商品
	橱窗展示、旗子、布帘	通知顾客正在实施特价大拍卖,或制造气氛。另外,给整个商店带来季节感或节目感
	表示专柜的 POP、售货场地的引导 POP	告诉走进商店的顾客,商品在什么地方
	拍卖 POP、廉价 POP	告诉走进店里的顾客,正在实施拍卖,并将拍卖内容告诉他们
	告知 POP、优待 POP、气氛 POP	告诉顾客商店的性质及商品的内容,也可以制造店内气氛
	橱柜(陈列箱)等	方便顾客选择商品,另外,也可保护商品,提高商品价值
	厂商海报、广告板、实际售货的场地	传达商品情报及厂商情报的功能

(续表)

区分	种 类	功 能
陈列现场POP	展示卡	告诉顾客商品的品质、使用方法及厂商名称等特征,帮助顾客选择商品
	分类广告	告诉顾客广告品或推荐品的位置、规格,以及分别的价格
	价目表	告诉顾客商品的名称、数量等。另外,同购买决定的关系最直接的就是价格的表示

相关知识链接

不同国家和地区 POP 广告的特点

美国式 POP:突出数字(价格),且以印刷为主,同时比较注意强烈的色彩,以大型的 POP 为主。日本式 POP:注重商品特卖价格和商品料理方法的介绍,往往是大型 POP 和小型 POP 的结合。

(四) 销售促进

销售促进又称为营业推广,主要有优惠券、赠送商品、折价优待、竞赛、抽奖、集点优待、退费优待、商品展示等方式。

1. 优惠券

零售商将印在报纸、杂志、宣传单或商品包装上的计有一定面值的优惠券或单独的优惠券,通过邮寄、挨户递送、销售点分发等形式发放,持券人可以凭此券在购买某种商品时免付一定金额的费用。例如,凭券到某一商店购买某牌子的咖啡,原价 145 元,但只需付 119 元即可购得。

优惠券优惠的幅度应以 15%为宜。优惠券一般有三种:

(1) 直接折价式优惠券。即某特定零售商店规定在特定期间内,针对某特定品牌,消费者凭券购买可以享受某种金额的折价优待。

(2) 免费送赠品优惠券。即购买 A 商品,可凭此券免费获赠 B 商品。

(3) 送积分点券式优惠券。即购买某商品时,可获赠积分点券,凭这些点券可在该商店兑换自己喜欢的赠品。

2. 赠送商品

赠送的商品一般由生产厂家提供,其主要包括两种方式:

(1) 免费赠送。这种方式是消费者无需具备什么条件即可得到赠品。如对所有入店的顾客都免费赠送某商品的促销样品;女士购买化妆品犹豫不决时,可以免费赠送化装包、化装棉棒等小物品,以促成顾客购买。

(2) 付费赠送。即只要消费者购买某种特定商品或购买金额达到一定数量时,就可免费获得赠品,或者消费者在购买某种商品的同时支付赠品的部分费用即可获得赠品。主要有以下方式:

①买一赠一。如购买一套西装赠送一条领带;②酬谢包装。如某牌子的大米

加量不加价等;③包装赠品。如购买某化妆品赠送精美化妆包;④批量购买赠送。如买一整套价值 2000 元以上的西门子品牌的开关、插座,送价值 100 元的电工工具等;⑤商品中奖。这种方式有两种做法:一是商品本身有编号,商品销售一段时间后,通过既定方式和程序确定中奖号码,中奖者可得到一笔可观的奖金或奖品;二是顾客购买商品的同时,可得到若干张彩票(彩票的多少由购买金额大小决定),商店销售一段时间后,公开开奖,中奖者可得到相当可观的奖金和奖品;⑥随货中奖赠品。这种方式有两种做法:一是并非所有商品都是随货赠送物品,而是其中少数商品内装有赠品;二是少数商品内放有彩票,并标明彩票的等级,顾客持彩票向商店免费领取赠品。

3. 折价优惠

零售商常采用的折价优惠形式有:

(1) 商品降价特卖(特价)。如某品牌的微波炉,原价 568 元,特价 508 元;某种食品原价 5 元,疯狂特价 1 元等。

(2) 限时抢购,即在特定的营业时段提供优惠商品,以刺激消费者购买。如限定上午 9:00~10:00,A 商品 6 折优惠等。

(3) 折扣优惠。折扣优惠的形式有:①购买折扣。如超市有时会对生鲜商品,按其原价五折销售。②数量折扣(前一节已有阐述,这里不再赘述)。③免服务费折扣。如购空调,免送货费、送三年维护服务等。④有效期折扣,即按商品离有效期长短给予折扣,离保质期越近,折扣越大。如鲜牛奶的销售常用这种方法。⑤限量折扣。如某商店打出广告"某品牌型号的液晶电视机,六折销售,限量 100 台,先买先得,数量有限,欲购从速。"即为限量折扣。

4. 竞赛

零售商在经营活动中开展的竞赛活动常见的有:

(1) 在商店内或通过媒介开展各类游戏比赛活动,让消费者参加。

(2) 让消费者回答有关商店以及销售商品的问题,以加深顾客印象,扩大销售量。

(3) 征求商店的广告词、店歌、店徽等,或征求商店某一时期的促销创意等,取得消费者对商店的认同感。

此类活动通常需要具备 3 个要素:奖品、才华和学识以及某些参赛的规则。竞赛着眼于趣味性及顾客的参与性,尤其要有一个清晰、易懂的活动规则。

5. 抽奖

零售商在经营活动中常用的抽奖方式有:

(1) 直接抽奖方式,即购买商品后可立即参加抽奖或者获得一张对奖卡,抽奖结果可以马上知道。

(2) 事后对奖方式,即在一组奖券送完或到了指定的日期时,由商店公布中奖的号码、图标、文字等。

(3) 多重抽奖方式。如消费者购买一定数量或金额的商品,可以立即刮卡得知是否中第一层奖,随后又可参加在商店举行的即行抽奖,可知是否中第二层奖,

折扣优惠促销手段的实施容易引发零售商店什么问题?

然后该抽奖券还可以参加商店举办的一定时期的公开抽奖,看是否中第三层奖。

相关知识链接
抽奖与赠送商品中的商品中奖、随货中奖的区别

抽奖与赠送商品中的商品中奖、随货中奖的区别主要在于:抽奖是购买商品后,凭购物小票等证明从商店方获得抽奖券,再参加抽奖。而商品中奖和随货中奖都是与商品有直接关系的,即奖品或奖券就在商品中,顾客获奖的直接原因是购买了该商品。生产厂商多采用商品中奖和随货中奖的促销手段,而零售商则多举办抽奖方式进行促销。

6. 集点优待

集点优待又叫积分卡或商业印花(商业贴花),即顾客每购买单位商品就可获得一张印花,若筹集到一定数量的印花就可以免费换取或换购(即支付少量金额)某种商品或奖品。

7. 退费优待

退费优待是消费者提供了购买商品的某种证明之后,商店退还其购买商品的全部或部分款项,以吸引顾客,促进销售。

常见的退费优待主要有以下几种:一是返还现金,如"买一台三星1.5匹空调送200元礼金";二是返券,如"满200送20元礼券";三是返还现金加礼券;四是返还现金加赠品。

8. 商品演示

商品演示的主要形式有:

(1)定点展览演示。如某一不粘锅生产商为表明其产品质量的优异,而在商店主通道摆设专门的摊位进行演示产品品质。

(2)外出流动演示。如无锡市永乐家电商店曾雇用几十名骑自行车的人员,穿着宣传商店的服装,插着宣传商店的旗子在无锡市内组成车队,四处游走演示。

(3)制作演示。主要用于手工艺品的促销,有些商店也用于食品的促销。

(4)模特演示。这种形式主要适用于服装和首饰等的推销。

(5)电视演示。如商店在营业场所安置电视机和录像机,在营业时间内播放提前录制好的商品广告或商品的介绍以及商品的使用方法等,以此吸引顾客的注意。

(五)零售公共关系

公共关系是市场营销的一个重要工具,其前身就是公共宣传。虽然现在公共关系市场营销的功能比公共宣传广泛得多,但是对于零售商来说,起主要作用的还是公关宣传。

公关宣传是指零售商用非付费的方式,通过在报刊、广播、电视、会议、网络等传播媒体上发表有关商店的能引起公众注意的公益消息或服务信息,以提升商店形象并获得消费者好感与信赖的一种宣传方式。

1. 零售公共关系的目标

零售公共关系的目标主要有：①提高零售商的知名度；②在社会公众中树立良好的形象,赢得消费者信赖,为确立竞争优势打下基础；③协调好企业内部上下级、员工之间的关系,为商店的顺利经营创造和谐、融洽的内部环境；④减少促销费用,获取更佳的促销效果。

2. 零售商可利用的公关宣传方式

零售商可利用的公关宣传方式主要有：

(1) 制造新闻。即发现和创造对商店、自有品牌或职员有利的新闻。其方法主要有：

①就公众关注的话题联系本商店经营的商品、提供的服务,从不同角度和层次挖掘制造有利于提升企业形象的新闻。②抓住"新、奇、特"三个要素创造有新闻价值的新闻,出奇制胜。③有意识地把名人与商店或自有品牌联系起来,并以此制造新闻。如请影视明星参加商店的公关促销活动。④巧借传统节日、纪念日开展公关促销活动,易于制造新闻。⑤与新闻机构联办活动,增加亮相机会。

(2) 演讲。店铺经营者可经常通过宣传媒体圆满地回答各种提问,并在行业协会和销售会议上演说的方式树立商店形象。

(3) 创造事件、举办公益活动。其方法主要有：

①新闻发布会。如某大型百货公司股票成功上市之后,可举办新闻发布会,而大量新闻媒体的报道,会使商店信誉大增。②对体育、文化、教育、慈善事业或其他公益、公众活动提供赞助的赞助活动。如资助希望工程、赞助职业奖励与竞赛活动等。③特别纪念日活动。如八月中秋节时向孤寡、贫困老人赠送过节礼品等。

除此以外,还有讨论会、旅游、展览、竞赛和比赛、周年纪念等活动。

(4) 编辑、散发书面材料和视听材料给顾客。这些材料有小册子、文章(由商店行政人员写的好文章)、商店的业务通讯和杂志、视听材料(如幻灯片、录像、录音带、CD、VCD、DVD、电脑光盘等)等。

(5) 提供电话服务。通过高质量的电话服务,使目标顾客获得有关商店方面的信息,使潜在的顾客成为现实的顾客,也有可能使他们成为商店信息的传播者。

(6) 媒体识别。零售店铺经营者应努力创造一个使公众能迅速辨认出本商店的视觉身份标志。视觉身份的传播可通过商店的广告标识、文件、小册子、招牌、企业模型、业务名片、建筑物、工作人员制服和车辆等企业永久性媒体来完成。

相关知识链接

公关活动新闻价值的评判标准

公关活动的新闻价值的评判标准主要有两个：一是心理效应：公关活动要有新的内容、带有新情报和信息,能引起公众注目,留下深刻印象,产生美好联想与期盼,形成愉快舒畅的心绪,振奋人的精神,促人奋发向上。二是社会效益:公关活动应能树立组织良好形象和信誉,创造和谐的公众环境,赢得公众的支持。

任务三　完善人员推销

学习目标

- **终极目标**

能为商店完善人员推销工作、更新推销理念。

- **促成目标**

(1) 理解并掌握顾客进入商店购物到顾客进行售后评估的整个购物心理过程。

(2) 理解并掌握推销人员面对顾客进行商品推销直至与顾客建立良好关系的整个过程。

工作任务

工作任务书(6-3)

总体任务	××商店人员推销情况调查分析
具体任务	(1) 现有商店人员推销案例分析 (2) ××商店人员推销活动调查分析

【活动】一　　现有商店人员推销案例分析

【活动目标】

(1) 培养学生为连锁门店进行门店导购、商品推销的能力。

(2) 培养学生察言观色的应变能力和关注工作细节的工作态度。

【活动内容与要求】

(1) 教师准备一系列不同商店进行人员推销活动的案例,并将其制作成 PPT 课件。

(2) 课堂上将这些案例展示出来,并要求学生分析并说明这些商店在人员推销活动中存不存在问题以及要注意的推销要点有哪些?

(3) 将全体学生分成 5 组,每个案例经过 2 分钟左右的简短讨论后,由 5 个小组分别对该案例进行抢答,其他组认为需要补充的,可以对该组的发言进行补充。

(4) 实施要求:事先讲好规则,全班同学以小组为单位分组聚拢在一处。

【成果与检测】

(1) 能基本完成商店人员推销活动案例分析的组为良好;完成案例分析准确

无误的为优秀。

（2）能对其他小组作相应补充的为良好；不仅能为其他小组发言作相应补充并且能改正其他小组陈述中错误的为优秀。

【活动】二　　×× 商店人员推销活动调查分析

【活动目标】

培养学生从观察、分析现有商店人员推销活动的过程中学习他人进行人员推销活动时的长处、避免其不足的能力。

【活动内容与要求】

（1）将全体学生分成 5 组，每组分别选择一家有专门人员做推销活动的商店，对其人员推销活动的情况进行调查分析，分析推销人员在推销过程中做得好的地方和做得不好的地方。

（2）教师可以在学完这一内容后，将任务布置给学生，让学生利用课余时间去完成。

（3）实施要求：每组可以自行确定所要调查的商店；完成调查后应有调查报告和 PPT 汇报，在下次课上课时选 1 名代表进行汇报。

【成果与检测】

（1）能完成商店人员推销活动情况调查分析，并有调查报告与 PPT 文件的组为良好；完成调查分析并且调查报告分析透彻，PPT 文件制作精良的为优秀。

（2）小组汇报人员语言流畅，思路清晰的为良好；小组汇报人员不仅语言流畅，思路清晰，而且能脱稿讲解，与观众有交流的为优秀。

知识讲解

商店在销售商品的过程中往往需要有销售人员提供销售服务，对于许多顾客而言，销售人员就是商店。更进一步地说，他们是顾客与销售商联系的唯一途径。

销售人员在工作过程中的具体销售流程如图 6-7 所示，由于销售过程与顾客的购买过程是紧密结合的，具有对应性。

（一）顾客：进入商店——销售人员：接近顾客

——顾客购买的第一个阶段是进入商店，引发的心理过程为注意，即顾客会有意或无意地被店内的广告，陈列的商品所吸引，或者有目的地寻找购买目标。如果商品在柜台内就会要求营业员出示该商品，如果商品摆在货架上就会自行取出商品再反复观看。

——与此对应，销售流程的第一个步骤是想办法接近顾客。这一过程可分为以下两个步骤：

（1）待机。**待机**是指销售人员在顾客还没有进店之前，或进店后还没有提出购买要求时的等待行为。待机时间的长短与商品价格的高低有关，价格愈高往往

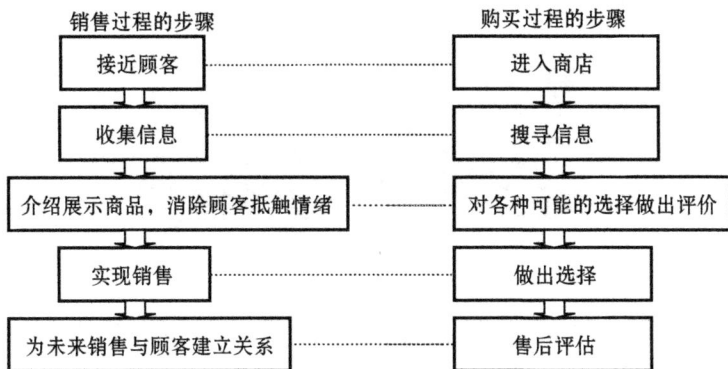

图 6-7 销售流程图

待机的时间越长,反之亦然。

在这个阶段,销售人员要特别注意以下问题:

一是销售人员要固定位置、坚守岗位,即要站在容易与顾客做初步接触的位置上,但并不要求一点都不能动,而是要求其能照顾好自己负责区域,知晓商品陈列地点,一般以 2～5 个货架或柜台为宜(见图 6-8)。

图 6-8 销售人员坚守岗位、熟悉商品陈列

二是销售人员要根据营业情况,随时调整位置。即生意清淡时,可抽取部分销售人员做整理商品,贴标签,打扫卫生等工作,其他的人员则继续坚守岗位。

三是销售人员固守位置,且注意补位。这是针对封闭式柜台销售而言,每位销售人员应固定位置,不能因忙碌而错位导致不方便为顾客提供服务。另外,在柜台内还应设置"守备位置",应有销售人员在位,当 A 销售人员离位时,B 要补位,B 离位时,C 要补位,以此类推。

四是销售人员应以端正的姿态,优雅的仪容迎接顾客(见图 6-9)。

图 6-9 销售人员仪容示范

五是销售人员应利用空闲时间做一些检查,整理,补充商品的工作。

六是销售人员要采取积极的行动引起顾客注意,并不得有"店员之间聊天、嘻嘻哈哈、打电话没完等"行为(见图 6-10)。

图 6-10　错误的门市接待(店员之间聊天)

(2)初步接触。初步接触是指当顾客对某种商品发生了兴趣时,销售人员主动打招呼接近顾客。

销售人员在初步接触顾客时应注意以下几个最佳时机:一是当顾客认真观看商品时,或观看商品时间较长时;二是当顾客抚摸商品时;三是当顾客看完商品抬起头时;四是当顾客在店内边行走边浏览突然止步时;五是当顾客在柜台或货架前东张西望好像在寻找什么时;六是当顾客与营业员的目光接触时。

初步接触的六个时机,销售人员要根据各自商店的情况、经营商品的种类及所处地区而灵活运用。接触顾客时的礼仪如图 6-11 所示。

图 6-11　销售人员接触顾客礼仪示范

(二)顾客:搜寻信息——销售人员:收集信息

——顾客购买的第二个阶段是搜寻信息阶段,主要包括两种心理过程:

(1)兴趣。顾客根据自己的喜好,观察和评判某种商品后,对这种商品产生了较浓厚的兴趣,有时还会向营业员进一步询问了解。

(2)联想。顾客产生兴趣后,会去进一步获得对目标商品的主观感受,同时还会联想到自己或他人使用这种商品时的情景。

——销售流程的第二个步骤是收集信息。在这个阶段一个销售员应当了解信息一般应当包括以下内容:①顾客寻找的商品的类型;②顾客可接受的商品的价格范围;③顾客打算如何使用购买的商品;④顾客的生活模式;⑤顾客现在拥有哪些物品(如衣柜、家用器具或消费类电器);⑥顾客喜爱的样式及颜色。

对于这些信息,销售人员可以通过适当的提问来获得,但特别注意不要引起顾客的反感。

(三)顾客:对各种可能的选择做出评价——销售人员:介绍并展示商品,消除顾客的抵触情绪

——顾客购买的第三阶段是对各种可能的选择做出评价,其中主要包括了 3

种心理过程：

（1）欲望。即随着顾客了解商品情况的深入，可能这些信息已激起了拥有该商品的购买欲望，但此时其一般不会立即决定购买。

（2）比较。顾客产生购买欲望后，会对可供选择的同类商品从各方面进行权衡鉴别，综合评价购买的得失利弊。

（3）信心。即比较之后，顾客确信目标商品符合自己的要求，坚定了购买信心，准备作出购买抉择。

——销售流程的第三个步骤是介绍并展示商品，消除顾客的抵触情绪。这一阶段又包括以下 3 个步骤：

（1）展示商品（见图 6-12）。展示商品就是让顾客充分了解商品的性能，价值及使用方法等，以激发他们的购买欲望。此阶段对应的顾客购买心理过程为联想到欲望阶段。

图 6-12　销售人员展示商品

销售人员在展示商品时，一般要做到以上几点：一是让顾客了解商品的使用情形；二是让顾客亲手触摸商品；三是让顾客了解商品的价值；四是多拿几样商品让顾客选择；五是先让顾客看价格低的商品，再让顾客看价格高的商品。因为这样，如果是低价商品的顾客，就可以省去不少时间；反之，则可以使高价商品的顾客产生满足感。

（2）说明诱导。说明诱导是指营业员对顾客启迪诱导，进行商品说明，激发他们的购买欲望。此阶段对应的顾客购买心理过程为欲望到比较阶段。

销售人员对顾客进行说明诱导要注意以下几点：一是介绍商品实事求是，要因人而异，有针对性地介绍商品；二是销售人员应察言观色、揣摩心理，根据顾客要求进行诱导；三是销售人员既要强调商品的优点，也要介绍其与其他商品的不同之处，让顾客进行比较、认可。

> 是不是所有商品的销售都要求销售人员"先让顾客看价格低的商品，再让顾客看价格高的商品"？为什么？

相关知识链接

销售人员介绍商品时的注意点

有效地促销介绍必须将呈现给顾客的商品的特性与功能二者有机地结合起来。只包含特性的介绍不能回答这样的问题——"它的哪一点适合我？"。同样，只把焦点放在商品功能的介绍也不能帮助顾客理解商品怎么样和它为什么具有这些功能。介绍中包含的特性可以使顾客放心，使其认为商品必然有展示中所说明的那些功能。

（3）销售要点。销售要点是指销售人员根据顾客的心理需求,向他们介绍商品的主要特征,如设计,性能,品质,价格等,以增强其购买信心。这一步骤往往与说明诱导融合在一起,对应的顾客购买心理过程为比较到信心的阶段。

销售人员在这一阶段要注意以下几个问题:一是在接待顾客时必须充分考虑商品的使用情况,以便拟订正确的销售要点;二是语言应简明扼要、详略得当;三是销售要点要随时代不同而变化,更要因人而异。

说明诱导与销售要点往往结合在一起进行(见图 6-13)。

图 6-13　销售人员对顾客进行说明诱导,阐述销售要点

相关知识链接

确定销售要点时应考虑的 5W1H

5W1H 的内容是:WHO——考虑使用商品的对象是何人;WHERE——商品在何处使用最适宜;WHEN——商品适合在何时使用(季节、气候条件);WHAT——顾客最需要的是什么(数量和分量);WHY——了解顾客使用商品的原因;HOW——告知顾客商品的使用方法。

（四）顾客:做出选择——销售人员:实现销售

——顾客购买的第四阶段是做出购买选择,其包括的心理过程是顾客的购买行动,即顾客把购买决心变为实际行动,向销售人员表达自己的愿望,付清货款,买卖成交。

——销售流程的第四个步骤是实现商品销售。这一阶段为成交阶段,销售人员应注意以下几个问题:

（1）寻找达成交易的有利时机。一般来说,当顾客出现下列情形时,有可能是达成交易的有利时机:一是顾客问了一些问题后,不再发问时;二是顾客的话题集中在某个商品上时;三是顾客在挑选商品过程中,突然若有所思时;四是顾客挑选了一段时间后,对销售人员的介绍不断点头时;五是顾客开始注意价格时;六是顾客反复问同一个问题时;七是顾客关心售后服务问题时。

（2）货款收付。在这一过程中,销售人员应注意:首先要告知顾客购物的金额;其次是营业员接过货款后,要将金额口述出来;第三是将找回的款项连同销售小票(或发票)一并交给顾客,并口述找回款项的数额;第四是待顾客确认找零的钱后,将商品交给顾客。

（3）商品包装。在这一过程中,销售人员要注意:一是包装纸要适合商品的尺寸;二是包装要快捷而美观;三是要根据商品的品种、形状,采用不同的包装方法。

（五）顾客:售后评估——销售人员:为未来销售与顾客建立关系

——顾客购买的第五个阶段是售后评估,其主要包括的心理过程是顾客是否满意商品和销售人员提供的服务。

——销售流程的第五个步骤是为未来销售与顾客建立关系。当商品卖出去后,顾客同销售员之间的关系不应随之结束。当销售人员是以顾客为导向,而不是以销售为导向提供商品和服务时,顾客就会觉得满意。销售人员与顾客之间就会建立信誉,就会使得顾客在下一次要买商品时就会再次惠顾该商店,并还找这位销售员。

而销售人员与顾客之间建立信誉最好方法是将顾客的利益摆在第一位,肯定顾客的判断,确保商品的适当用途,处理顾客的抱怨,记住向顾客提供一流的服务。

【案例 6-5】

心理推销

某商店销售人员在向某老年人推销 A 品牌皮鞋时,针对老年人怕滑倒的心理,不仅详细介绍了这款鞋鞋底不同于一般鞋底的特点,即用防滑材料制成,还准备了另外一种鞋,让该老人分别试穿,感受其区别。请问:这属于销售流程中的哪一步骤哪一环节? 为什么?

任务四　优化商品库存

学习目标

• **终极目标**

能为商店合理管理商品库存。

• **促成目标**

（1）理解并掌握库存仓库的选择。

（2）理解并掌握库存作业流程。

工作任务

工作任务书(6-4)

总体任务	××商店库存安排情况调查分析
具体任务	（1）现有商店库存仓库选择的案例分析 （2）××商店库存作业流程调查分析

📢 【活动】一　　现有商店库存仓库选择的案例分析

【活动目标】

　　培养学生运用库存仓库选择的方法为商店经营合理确定库存仓库的能力。

【活动内容与要求】

　　(1)教师准备一系列不同商店库存仓库选择和使用的案例,并将其制作成PPT课件。

　　(2)课堂上将这些案例展示出来,并要求学生分析并说明这些商店在库存仓库选择过程中存不存在问题。

　　(3)将全体学生分成5组,每个案例经过2分钟左右的简短讨论后,由5个小组分别对该案例进行抢答,其他组认为需要补充的,可以对该组的发言进行补充。

　　(4)实施要求:事先讲好规则,全班同学以小组为单位分组聚拢在一处。

【成果与检测】

　　(1)能基本完成商店库存仓库选择案例分析的组为良好;完成案例分析准确无误的为优秀。

　　(2)能对其他小组作相应补充的为良好;不仅能为其他小组发言作相应补充,并且能改正其他小组陈述中错误的为优秀。

📢 【活动】二　　××商店库存作业流程调查分析

【活动目标】

　　(1)培养学生灵活运用库存作业手段为商店合理管理库存的能力。

　　(2)培养学生敏锐的观察能力、细致的分析能力、准确的判断能力。

【活动内容与要求】

　　(1)由教师联系一家商店,并设置一系列问题。

　　(2)将全体学生分成5组,根据教师联系的商店和提供的系列问题,由教师带领全体学生考察该商店的库存状况,并请学生分析该商店的库存作业流程的状况。

　　(3)实施要求:每组完成调查后应有调查报告和PPT汇报,并选1名代表进行汇报。

【成果与检测】

　　(1)能完成商店库存状况调查分析并有调查报告与PPT文件的组为良好;完成调查分析并且调查报告分析透彻,PPT文件制作精良的为优秀。

　　(2)小组的汇报人员语言流畅,思路清晰的为良好;小组的汇报人员不仅语言流畅,思路清晰,而且能脱稿讲解,与观众有交流的为优秀。

知识讲解

（一）库存仓库的选择

库存是指处于储存状态的物品或商品，也是在保证物品的品质和数量的前提下，在一定期间内把物品存放在一定场所的活动。

1. **库存仓库的类型**

商店库存仓库（见图 6-14）主要有 3 种类型：

（1）自有仓库，即由店铺自己拥有所有权并管理的仓库。

（2）公共仓库，即专门向客户提供保管、搬运和运输等服务的仓库，因而又被为"第三方仓库"。

（3）合同仓库，即店铺将物流活动转包给外部公司，由外部公司为店铺提供综合物流服务，所谓的"第三方物流"。

(a)   (b)

图 6-14　商店仓库

（a）物流仓库外景　（b）物流仓库内景

2. **不同仓库的成本比较**

自建仓库仓储、租赁公共仓库仓储和合同制仓储各有优势，店铺决策的依据是物流的总成本最低。这 3 类不同仓库的成本比较可用图 6-15 表示。

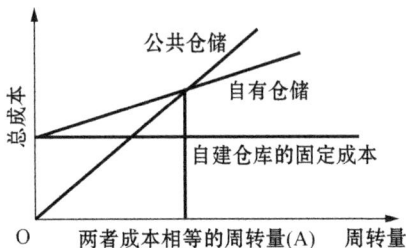

图 6-15　自有仓库与租赁公共仓库的仓储成本比较

3. **选择不同类型仓库需考虑的因素**

（1）周转总量。从图 6-15 可以看出，如果存货周转量较高，自有仓储比较经济。而对于周转量较低的店铺，如销售冷僻商品等的店铺，选择公共仓库更合理。因为周转总量大于 A 周转量时，将有大量的存货来分摊自有仓库的成本，从而使其平均成本低于公共仓库的成本。

（2）需求的稳定性。市场需求稳定的商品，使仓库具有稳定的周转量，因此自有仓储运作更为经济。

（3）市场密度。市场密度较大或许多供应商相对集中，有利于修建自有仓库。因为这样可以降低零担运输费率。相反，市场密度较低，则在不同地方使用几个公共仓库要比一个自建仓库合理。

（二）商品储存的类型

商品储存主要有 3 种类型：

（1）周转性商品储存，它的作用是保证商品销售连续不断地进行。

（2）季节性商品储存，商店为了保证季节性销售的需要而进行的储存。

（3）专用性商品储存，这是商店为了应付市场销售的特殊变化，而保持的一定量的机动储存。

3 种情况中最基本的是周转性商品储存。季节性商品储存和专用商品储存都是特定时间和特定情况下使用。

在进行存货管理时，商店负责人应该做到：

（1）及时分析哪些商品是适销对路的、哪些商品是逾量储存的、哪些商品是滞销的、哪些商品是残次变质的。

（2）按类别、品种分析掌握情况，及时采取改进措施。

（3）掌握情况可用如下方法：建立健全统计报表制度；经常深入仓库实地查看；询问有关保管、业务人员或召开座谈会，汇报反映库存情况。

相关知识链接

无需储存的商品

商店中无需储存的商品主要有：①店铺所需的鲜活类物资，可直接由供货商送到经销部门，以保证物资的鲜活度；餐饮类店铺每日所需但需求量无法准确估计的新鲜食品，如面包、牛奶。②业务部门在经营过程中随市场新形势而产生的新的物资需求，如小包菜、小番茄等各种新近研究生产的特殊品种的果蔬等属于少量试销的商品。③供应暂时间断、对经营活动的正常进行影响不大而货源又不十分难寻的物资，如操作工具。

（三）库存作业流程

1. 库存作业流程

库存管理的作业过程，通常可以分为入库管理、在库管理和出库管理 3 个阶段。每个阶段又分为若干步骤，每个步骤又包括若干内容，具体如表 6-9 所示。

表 6-9　现代仓库(物流中心)内的一般业务和功能

业务	作业项目		主要作业内容
入库 管理	1. 进货检查 2. 入库作业	(1)核对入库凭证 (2)入库验收准备 (3)记账记录 (4)保管场所标示	①进货商品与进货清单的核对(质量核对、数量核对) ②保管条形码的贴附(固定放货时标示货架号) ③在流动场所放置货物时,装入入库商品及物品的货架号后保管 ④在固定场所放置货物时,在贴附条形码的货架中保管
在库 管理	1. 保管作业 2. 发货准备	(1)数量管理 (2)质量管理 (3)流通加工 (4)在库作业	①检查在库量是否适当(是否需补充发货) ②保持正确的库存记录(核查库存实物与账目是否相符) ③把握库存物在库时间 ④按客户的要求进行包装作业 ⑤根据客户的要求贴附价格等有关标签
出库 管理	1. 发货作业 2. 配送	(1)备货 (2)分拣包装 (3)配车安排	①根据装箱商品和小件商品划分备货 ②备货品与客户订单核对(商品号、数量、配送对象) ③根据不同配送对象分拣包装 ④制作发货单、运送单等单据 ⑤根据发货数量进行派车 ⑥装车后进行记载确认

2. 库存作业注意事项

(1) 库存商品要定位,即将不同的商品按分类分区域管理的原则来存放,并用货架放置,勿在指定的场所外放置商品。仓库至少要有 3 个区域:第一是大量存储区,即以整箱或栈板方式存储;第二是小量存储区,即将拆零商品放置在陈列架上;第三是退货区,即将准备退换的商品放置在专门的货架上。

(2) 区位确定后应制作一张配置图,张贴在仓库入口处,以方便存取。小量存储区应尽量固定位置,整箱存储区则可弹性运用。

相关知识链接

货位编码

物资入库后按一定方式分类排列,为了防止出现混乱,需要对其进行编码。编码排列的顺序一经确定,就不要随意改变,特定位置上的编码有特定的含义。如 1、2 位表示仓库,3、4 位表示货架号,5、6 位表示层号,最后两位表示货位,使所编的代码能一目了然地表明物资所在的实际位置。如某物资在账页上的编码为 06-05-12-13,代表该物资放在第 6 号仓库,第 5 号,第 12 排,13 货位上。

(3) 商品存放的原则是,重量较大的商品,以及补货工作要花较多时间的商品应优先排在仓库出口处,以缩短补货路线的距离。

(4) 商品勿放置在仓库的通路上。

(5) 储存商品不可直接接触地面,主要是避免潮湿,保持商品卫生清洁。

(6) 要注意仓库区的温度(冷冻-18℃以下、冷藏0~5℃、常温等)和湿度,保持通风良好,干燥,不潮湿。

(7) 仓库在设计时要设有防水、防火、防盗等设施,如排水沟、栈板、沙袋、灭火器、紧急照明灯等,以保证商品安全。

(8) 商品储存货架应设有存货卡,商品进出要注意先进先出的原则。也可采用色彩管理法,如每周或每月采用不同颜色的标签,以明显识别进货的日期。

(9) 订货人员要与仓库管理员及时进行联系,以便到货及时存放。此外,还要提出存货不足的预警通知,以防缺货。

(10) 仓库存取货原则上应随到随存,随需随取,但出于效率和安全的考虑,应对作业时间进行规定。

(11) 商品存取要考虑省力与效率,最好购置台车、推车、推高机、检货机等必要设备。此外重的、大件商品,尽量放在入口处附近及料架下段,或以栈板方式堆放。

(12) 商品进出仓库要做好登记工作,以便明确保管责任。

(13) 仓库要注意严禁管理,不得随便出入,企管人员下班后需上锁管理。

相关知识链接

仓库物资的堆放

仓库物资在堆放时要讲究合理、牢固、定量、整齐、节约、方便。常见的堆放方法是五五制堆放。即以五或五的倍数在固定区域内堆放,使物资"五五成行,五五成方,五五成包,五五成堆,五五成层",做到堆放横竖对齐,上下垂直,过目知数。流动后零头尾数要及时合并,以方便点数。

(四) 零库存的意义和形式

1. 零库存意义

零库存是指以仓库储存形式的某种或多种物品的储存为零,即不保持库存。

实现零库存可以免去仓库存货而产生的一系列问题和费用,也简化了库存控制的工作量,如无需库存盘点、实物动态掌握,这样可大大节约库存费用降低经营成本,最终增强商店的竞争能力,其意义是显而易见的。

2. 零库存形式

(1) 委托保管方式。即供货商接受用户的委托,由受托方(供应商)代存代管理所有权属于用户的物品,使用户不再保有库存。这种方式是靠库存转移实现零库存的,不是真正的零库存。

(2) 准时供应制度。零售商可以随时提出购入要求,采取需要多少就购入多少的方式,供货者以自己的库存和有效的供应系统承担准时供应的责任,从而使零售商实现零库存。

(3) 配送方式。即通过多种方式配送商品,保证供应,从而使零售商实现零库存。

店铺企业应根据自身实际情况制订零库存的管理方式。

【案例6-6】

"多多"是否"益善"

小李和朋友合资开了一家中型超市,为了储存采购的货物,他们租了一个仓库,由于仓库不大,因此小李想充分利用空间,多储存一些采购货物,于是他采用了密集堆放的方式,从里面开始将整箱的货物一层层、没有空隙地往外堆,一直堆到门口。这样,果然使仓库放进了以预想更多的商品。请问:小李的这种库存作业有没有问题? 如有,请说明。

经典案例赏析

讨论:品析案例,分析相关商品销售知识点在案例中的体现。

"用心良苦"的麦当劳

麦当劳在孩子们身上,真可谓是"用心良苦"。

麦当劳卖一种5元的着色月历。孩子们可以在动物图案上涂涂抹抹,制成自己喜欢的画片,也可以在游戏中寻找乐趣,更有诱惑力的是,每月画片下都附有一张优惠卡,这样,买了月历的孩子们每月都要被麦当劳"优惠"一次。

"六一"节快到了,麦当劳早早就做好了准备——"买开心乐园餐,得开心旋转车玩具,转出无限快乐。"

从2004年5月7日起,凡购买汉堡套餐、吉士汉堡套餐或4块麦香鸡套餐中任何一款开心乐园餐,即可获得一款开心乐园旋转车玩具:5月7日～11日,开心旋转巨无霸车;5月12日～16日,开心旋转薯条车;5月17日～21日,开心旋转奶昔车;5月22日～26日,开心旋转汉堡车。每款开心乐园玩具价值6元,只限跟开心乐园套餐一起出售。要得到玩具必须吃套餐,要凑齐4种玩具,必须吃4次套餐。

麦当劳的促销手段在不断翻新。随着"六一"的临近,又有新"节目"。5月31日至6月20日,凡购买1、2、3、4号套餐的顾客,可免费获得孚特拉糖一条,6月1日儿童节当日,购买1、2、3、4号套餐,可再获麦当劳用心奉献的节日礼物一份。

思考(结合所学知识分析下列问题):试分析本案例中麦当劳所采用的销售促进手段? 并说说这些销售促进手段的特点。

思考与练习

（1）某商店规定凡在本店购物满 50 元者,可凭购物小票换取一张印花,多购多换,印花集齐之后可按以下目录获得赠品:5 张印花——卡通毛巾一条;10 张印花——洗发水一瓶;15 张印花——餐具一套;20 张印花——高级熨斗一个。

请问:该商店采用了销售促进中的哪一种促销手法? 为什么?

（2）下面有一段商店销售人员与顾客的对话。

销售员:早上好! 我是周礼,请问您以前到过我们商店买过东西没有?

顾客:我以前曾来这看过这些运动服,但我从未买过任何东西。

销售员:如果我能发现您想要的运动服,那就替您节省了时间,请问您准备在哪儿穿运动服呢?

顾客:哦,我已经说过,我只是看看,我想要运动型的,工作之余我能穿在身上的那种运动服。

销售员:您看上去要穿 40 或 42 号的,对吗?

顾客:我一般穿 42 号的。

销售员:我想您将会对我们这儿的运动服感兴趣的。请试一下这一件,看它合不合身。

顾客:我想我不是很喜欢这一件。

销售员:为什么您不喜欢它呢?

顾客:首先是它的颜色。我并不喜欢褐红色的。

销售员:请问您喜欢什么样的颜色呢?

顾客:我妻子说我穿蓝颜色衣服效果最好。

销售员:您已经有了那种运动服?

顾客:我最喜欢的两种衣服一件是海军蓝的外衣,一件是有小图案装饰的运动夹克,它只有蓝、灰两种颜色,有点像这件运动服。这些衣服穿起来太考究了,我想要更带有运动色彩的。

销售员:让我找找,你想要的运动服式样不能太考究,要有蓝色或至少和蓝色相搭配的,而且样式看起来很随意。那么我想你对这些运动夹克应当很感兴趣。

试分析:上述一段对话一般发生的顾客购买过程和销售人员销售流程的哪一环节?为什么?

(3) 有一家香港保险公司推出了一种新的防盗安全保险柜,可上市初期因知名度不高,无人问津,产品积压严重。为了迅速打开销路,该公司在知名度极高的香港《大公报》和《文汇报》上打了这样一则广告:"本公司展厅保险柜里放有 10 万美金,在不弄响警报器的前提下,各路英雄可用任何手段拿出来享用。"结果广告一出,即刻轰动香港,各路人马纷纷前往一试身手,各大媒体纷纷报道,公众也对此强烈关注。但是,那些前去小试身手的各路英雄,却无一人得手,香港各大报据此为其大肆渲染,一时间,该品牌保险柜名扬全港,购者如云。

请问:该公司运用了什么手段使原本销售不好的保险柜,反败为胜取得了十分优异的销售业绩?

项目七 商店的服务与人员管理

本项目内容结构图

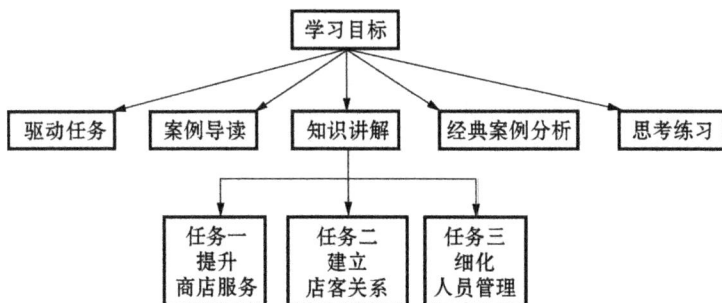

```
                         学习目标
        ┌───────┬───────┼───────┬────────┐
     驱动任务  案例导读  知识讲解  经典案例分析  思考练习
                         │
                ┌────────┼────────┐
             任务一      任务二      任务三
             提升        建立        细化
            商店服务     店客关系    人员管理
```

学习目标

• **终极目标**

能为商店设计和改进零售服务,能为商店建立与实施顾客关系管理机制,能为商店做好员工的培训、考评、激励与酬劳工作。

• **促成目标**

(1)理解并掌握商店零售服务的种类、设计、服务质量的改进及服务技巧与服务艺术。

(2)理解并掌握商店顾客关系管理的理念、思路和实施要求。

(3)理解并掌握商店经营中对员工的培训、激励、考评、酬劳和奖励。

驱动任务

(1)对现有店铺提供的零售服务情况调查分析。

(2)对现有店铺的顾客关系管理情况调查分析。

(3)对现有店铺员工管理情况进行调查分析。

案例导读

商品的跟踪推销

有一个访问学者到英国做研究,他的太太到英国陪读,不久他的太太怀孕了。

自从他的太太怀孕以后,他们家会定期收到来自各个厂家的有关孕妇用品的广告、准妈妈培训班的招生、孕妇的保健知识等。到他太太快要临盆之时,又收到很多妇产医院的介绍。孩子出生之后,在孩子成长的不同阶段又收到婴儿用品的推荐……他们一家对此感到很奇怪,他们刚到英国来,也不认识几个人,这些厂商是如何得知他太太怀孕了呢? 是谁透露这个消息的呢? 这引起了学者的浓厚兴趣。

任务一　提升商店服务

学习目标

- **终极目标**

能为商店设计和改进零售服务。

- **促成目标**

(1) 理解并掌握零售服务及零售服务的设计。

(2) 理解并掌握零售服务质量的改进及服务技巧与服务艺术。

工作任务

工作任务书(7-1)

总体任务	××商店零售服务提供情况调查分析
具体任务	××商店零售服务提供情况调查分析

【活动】　××商店零售服务提供情况调查分析

【活动目标】

(1) 培养学生为连锁门店设计和改进零售服务的能力。

(2) 培养学生敏锐的观察力、严谨的逻辑思维能力和准确的判断分析能力。

【活动内容与要求】

(1) 教师准备对5家连锁门店的零售服务进行调查评价的相关资料。

(2) 将全班学生分成5组,每组选择一家门店进行零售服务调查评价,需要完成相应的调查报告和PPT。

(3) 教师提前一周将这一任务布置给学生,并要求学生利用课后时间来完成。

(4) 分析的重点:抓住调查要点进行分析;每组需推举1名代表进行汇报;课后上交调查报告和PPT文件。

【成果与检测】

(1) 能完成商店零售服务调查分析,并有调查报告与PPT文件的组为良好;完成调查分析,调查报告分析透彻,PPT文件制作精良的为优秀。

（2）小组汇报人员的语言流畅，思路清晰的为良好；小组汇报人员不仅语言流畅，思路清晰，而且能脱稿讲解，与观众有交流的为优秀。

知识讲解

（一）零售服务概述

1. 服务及其特性

顾客服务是指零售商为顾客提供的、与其基本商品相连的、旨在增加顾客购物价值并从中获益的一系列无形的活动。与提供的商品相比，零售商为顾客提供的服务具有以下特点：①无形性；②不可分割性；③可变性；④易消失性。

2. 零售服务类型

零售服务类型如表 7-1 所示。

> 零售业唯一的差别在于对待顾客的方式。——美国商界名言

表 7-1　零售服务类型

零售服务类型	具 体 内 容	
售前服务 （顾客购买商品之前，向潜在顾客提供的服务）	免费培训班	赠送宣传资料
	产品特色设计	商品展示
	请顾客参加设计	商品质量鉴定展示
	导购咨询	调查顾客需要情况和使用条件
	免费试用	其他可能提供的服务
售中服务 （向进入销售现场或已经进入选购过程的顾客提供的服务）	提供舒适的购物现场（如冷暖空调、休息室、洗手间、自动扶梯等）	现场试用（如试穿、品尝、试看、试听等）
	现场导购	热情回答
	现场宣传	协助选择
	现场演示	帮助调试和包装
	现场培训	信用卡付款
	照看婴儿	其他可能提供的服务
	礼貌待客	
售后服务 （向已购买商品的顾客所提供的服务，是对顾客感情的延伸，关键是坚持、守信、实在）	免费送货	维修服务网点
	安装调试	巡回检修
	包退包换	特种服务
	以旧换新	组织用户现场交流
	用户免费热线电话	顾客抱怨处理
	技术培训	顾客联谊活动
	产品保证	向用户赠送自办刊物和小礼品
	备品和配件的供应	其他可能提供的服务

相关知识链接

Alan Dutka 对零售服务的解释

"SERVICE"：S——sincerity：真诚（为顾客提供真诚、有礼貌的服务）；E——empathy：角色转换（以适合顾客的方式为顾客提供服务）；R——reliability：可靠性（掌握服务所需要的专业技能，并以诚恳的态度为顾客服务）；V——value：价值（提供顾客期望得到的服务，增加价值）；I——interaction：互动（具备优秀的沟通技能并及时给予顾客回应）；C——completeness：竭尽全力（竭尽全力为顾客提供所能做到的最好的服务）；E——empowerment：授权（给予服务人员一定权限以确保在一定时间内解决顾客的各类问题）。

（二）零售服务设计

1. 期望服务与容忍区域

顾客对服务的期望是零售商设计服务的标准和参考点。顾客对于零售商的服务主要有两种不同类型的期望：第一个水平被称之为理想服务，即顾客想得到的服务水平；第二个水平被称为适当服务，即顾客可接受服务绩效的最低水平。这两个水平之间的区域为顾客对商店提供服务效果的容忍区域。

在商业实践中，假如服务降到适当服务水平——被认为可接受的最低水平之下，顾客将感受到挫折并对商店的满意度降低；假如服务水平超过了容忍区域的上限——理想服务水平，顾客会非常高兴并可能吃惊；假如服务水平在容忍区域，顾客则不会特别注意服务绩效。如：顾客在超市排队付款时间可接受的范围大约为5～10分钟（容忍区域），如果其在一超市排队付款时间总是2分钟以内（超过理想服务水平），其可能会注意到这项服务并判断其为优秀的服务；反之如果超过10分钟（低于适当服务水平），其则会抱怨甚至弃商品而去。

2. 顾客服务水平设计

1）零售商设计顾客服务水平需决定的相关问题

首先，每一家零售商必须针对具体情况确定哪些服务是目标顾客期望的适当服务，哪些服务是目标顾客期望的理想服务。适当服务是商店必须提供的，理想服务则可不必强求。

其次，提供什么质量水平的服务也是零售商必须考虑的，因为服务质量不仅关系着顾客的满意度，而且关系着零售商的服务成本。

再次，零售商要确定服务的价格，即其收费情况。服务是免费提供，还是需要收费；如果是收费的话，是对所有人收费，还是对使用服务的人收费等都是需要零售商决策的。

2）顾客服务水平设计需考虑的因素

（1）不同服务的效果。设计时要考虑某项服务能否促进销售，效果如何。服务与销售量的关系如图7-1所示。

图中，A线表示服务项目与销售量无关或相关性极小；B线表示服务项目的服务水平与销售量呈线性关系，同增同减；C线表示服务项目刚增加时有利于增

为什么适当服务是商店必须提供的，理想服务则可不必强求？

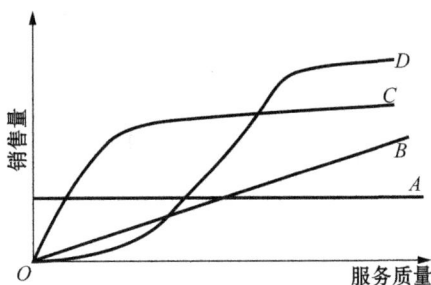

图 7-1　服务项目与销售量关系图

加销售量,但增加到一定程度后,销售量增长缓慢甚至处于停滞状态;D 线表示在一定的范围内增加服务项目提高服务质量对销售量的影响很大,而且在服务质量较低时,对销售量影响很小。

由上可知,服务项目与销售量的增长并非都有关,零售商在设计服务水平时需要对此有所考虑。

(2) 商店特点。不同业态商店所提供的服务水平是不相同的。如对顾客而言,大型百货商店提供的导购、送货上门、退换、售后保修等多项服务是期望之中的;对于超级市场和折扣商店,人们期望更多的是购物便利与价格合算。因此零售商设计服务水平也应考虑这一因素。

(3) 竞争对手的服务水平。零售商必须考虑竞争对手提供的服务,并分析是否随竞争者一样也提供这些服务或类似服务,或者是否应该比竞争对手提供更高质量的服务,或者用比较低的销售价格来取代这些服务。

(4) 经营的商品特点。不同的商品需要提供的服务是不同的,如耐用性商品(如家电),需要提供保修服务、安装服务、维修服务;技术性复杂的商品,甚至还需要提供培训服务等。

(5) 目标顾客的特点。目标顾客收入水平、素质等因素的不同,会导致对服务的要求也是不同的,如收入低的顾客往往要求少服务但商品价格要低;而收入高的顾客则要求服务优良,商品价格高一些无所谓。

(6) 服务成本。零售商提供的每一项服务,都需要付出成本,因此,对提供服务项目的数量要视企业承担成本能力而定,关键是要看增加或取消服务项目的经济效果。

3. 常见的零售服务项目

常见的零售服务项目主要有:①咨询服务;②导购服务;③信贷服务,主要形式有商业信用卡、支票、分期付款等;④送货服务;⑤处理顾客意见服务;⑥培训服务;⑦安装维修服务;⑧退换货服务;⑨包装服务;⑩服装修改、干洗、定做服务;⑪提供休息室服务;⑫以旧换新服务;⑬提供购物设备(车、篮等)服务;⑭代管小孩服务;⑮其他服务,如存包、停车、茶点等服务。

(三) 服务质量的改进

1. 服务差距模型

服务差距模型如图 7-2 所示。

> 折扣商店和以低价销售为主要特征的商店,可以提供以下基本服务:免费停车、分期付款、信用卡付款以及便利顾客购买的营业时间等。

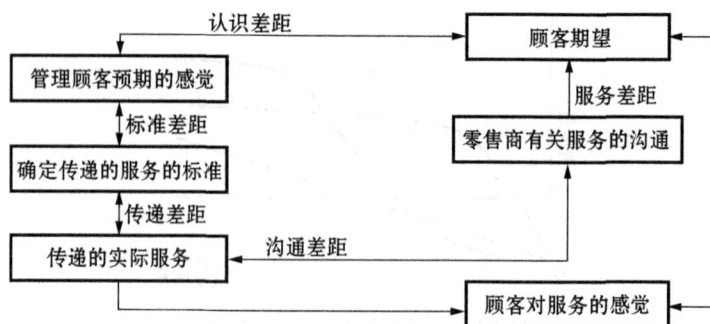

图 7-2　服务质量影响因素的模型

从图中可以看出,有 4 个因素会影响到服务差距:

(1) **认识差距**,是指顾客期望与零售商对顾客期望的认识之间的差别。零售管理者有时不能正确地感知顾客的需求。例如,管理者可能认为顾客需要更贴身的人员服务,但顾客需要的是:更自由自在地选购商品,当出现困惑时,能够立刻得到营业员的帮助。

(2) **标准差距**,是指零售商对顾客期望的认识与他制定的顾客服务标准之间的差距。管理部门可能正确感知了顾客的服务需求,但没有建立正确的服务标准。例如,管理者可能要求商店收银员实行快速服务,但没有具体量化的标准,收银员的速度可能达不到要求。

(3) **传递差距**,是指零售商的服务标准与实际提供给顾客的服务之间的差别。大量事实表明,即使建立了如何提供良好服务和正确接待顾客的标准,高质量的服务也未必能水到渠成。服务标准必须由适当的资源支持(人、系统和技术),而这些支持必须行之有效,也就是说,对人员要进行培训、激励,对他们的表现要按照标准进行奖惩。如果企业不能为服务标准提供支持,即便标准能准确反映顾客的期望,也无济于事。

(4) **沟通差距**,是指零售商提供给顾客的实际服务与零售商对外沟通中承诺的服务之间的差别。零售商通过广告媒介、营业人员和其他沟通途径所做的服务承诺可能会提高顾客对服务的期望。例如,一家零售商大肆宣传自己商店中的商品品种如何齐全,价格如何低廉,但顾客到达后却发现商店中的一些畅销商品缺货,价格也不便宜,那么这种外部沟通就扭曲了顾客的期望。

2. 缩小服务质量差距的方法

(1) 了解顾客的真实需要。顾客的期望是在不断变化着的,不同顾客有不同的需要,服务同样也应跟着变。零售商不仅要跟着顾客转,还要跟着竞争对手转,只有提供比竞争对手更优质的服务,零售商才能以此胜出。

(2) 寻找并控制关键的服务点。**服务点**,就是指提供服务时与顾客互动关系的触点。零售商要提升服务质量,必须确认关键的服务点,并进行不断的改进(见图 7-3)。

(3) 设计具体可行的服务标准。如要求"顾客热线电话总机话务员必须在 15

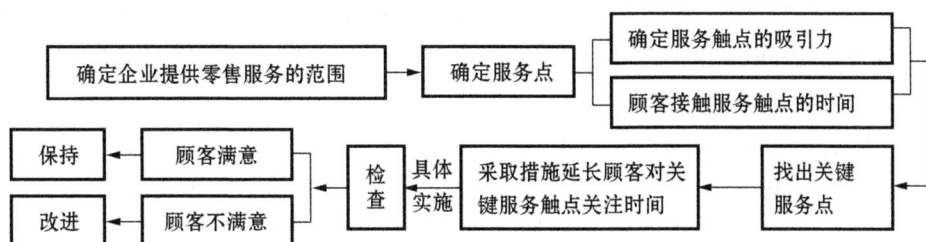

图 7-3　零售商寻找并控制关键服务点的流程

秒钟之内接听电话",这就是一个具体明确的质量标准,这比要求"话务员必须尽快接听电话"更加具有可操作性和可考核性。

（4）由上至下改进服务。要提供优质服务,必须使"顾客满意"的理念扎根于基层员工的价值观中,使"顾客满意"成为全体员工的责任。改进服务不能仅仅是销售部门、市场部门和客户服务部门员工的工作。

（5）实施有效的服务补救计划。商店在提供服务时可能会出现失误,因此企业要有完善的失误补救计划,以便在服务出现失误时能尽快地采取措施,消除不良影响。

（四）服务技巧与服务艺术

商店员工在销售商品过程中如何提供服务,里面有许多技巧和艺术。有时候,面对同样的商品、同样的顾客,掌握了不同服务技巧的销售人员,就能帮助顾客解决各种难题,让顾客高兴地掏钱,满意地离去;而没有掌握技巧的销售人员,就会让顾客满怀兴致而来,败兴而去(见图 7-4)。

> 在实践中往往有许多零售商店会有意或无意地忽视服务补救策略的制订和运用,你认为这是为什么?

图 7-4　销售人员的错误行为范例
（a）错误引导顾客　（b）对不同顾客采取不同待遇　（c）让顾客等待　（d）将顾客挑选过的商品随意处置

1. 微笑艺术

商店员工应用如下方法向顾客提供微笑服务:①要发自内心的微笑;②要学会分解和淡化自身烦恼,决不能将其带入工作过程中;③要心胸宽阔,保持愉快的情绪,不能与顾客争一时之气;④要善于利用微笑与顾客沟通感情;⑤要能站在顾客的立场考虑问题。

2. 语言艺术

1) 接待用语的原则

注意话语的逻辑性;突出重点,简明扼要;不讲多余的话;不哗众取宠,夸大其辞;不要与顾客争论;接待用语要因人而异;语言要通俗易懂。

2) 接待用语的技巧

(1) 多使用敬语,避免使用命令式的语句。如:顾客去某商店买香皂,正好香皂买完了。如果销售人员说:"没有了,你明天再来吧!"(顾客听了这话,一定很反感。)但如果改成:"实在对不起,香皂刚好卖完了,不过我们已去进货了,您明天早上再来买好吗?"(顾客则会心情愉快地接受这一结果。)

(2) 多用肯定句,少用否定句。如:顾客问:"这种款式的泳衣还有蓝色的吗?"销售人员回答:"没有。"(这就是否定句,顾客听了这话后,很可能会放弃购买。)但如果营业员回答:"是的,目前只剩下紫色和黄色的,但这两种颜色都很好看,您穿上效果一定不错的。"(这就是一种肯定的回答,顾客很可能还会继续选购。)

(3) 要运用负正法,即缺点——优点=优点的介绍方法。如"价格虽然稍微高了一点,但质量很好。"和"质量虽然很好,但价格稍微高了一点。"给顾客的感受完全是不同的,明显第一种负正法的介绍更容易为人接受。

(4) 言语要生动,语气要婉转。如"您穿上这双鞋很好看。"(这一句话说的不够生动。)"您穿上这双鞋显得很高雅,像贵妇人一样。"(显得有点别扭和夸张。)"您穿上这双鞋显得很年轻,至少年轻几岁。"(这句话和上一句话比较生动,形象,顾客听了明知道你是在恭维他,心理还是高兴的。)

(5) 语言要通俗易懂。要求销售人员讲普通话,不用商业专业术语或商品专用代码以及粗俗语言。

(6) 讲话时要配合适当的动作和表情,注意形体语言的使用。一般销售人员在销售过程中不能用"扫视和侧视"来看顾客,因为扫视会给人心不在焉的感觉,侧视给人蔑视的感觉(见图7-5)。销售人员服务过程中也尽量不要用"伸出食指,其余手指紧握,呈指点状"的手势,因为这不礼貌,甚至带有威胁、教训的意思。

图7-5 销售人员对待顾客的错误行为(侧视、傲慢)

(7) 销售人员在销售商品时不能轻易断言,而应让顾客自己决定,但可提一些建议。断言的说法是:"这个最好,那个不好。"等,建议的说法是:"我想,这个比较好。"等。

（8）要有问必答，回答不上来的问题要向顾客表示歉意。

（9）要学会用事实和诚意赞美顾客，而不是有口无心、口是心非的奉承。

3. 对顾客抱怨的处理

1）顾客抱怨的原因及其处理

（1）商品本身品质不良。如床单在经过洗涤后缩水、褪色、变皱；电热水瓶漏电等。对于顾客这方面的抱怨，根本的解决方法是在进货上严格把关：首先要严格控制进货渠道；其次是商场在收货时要仔细检查，绝不把质量有问题的商品上架；最后，对于已有几次投诉质量问题的商品，应将其剔除出商场，重新选择优质同类商品，以免影响商场形象。

（2）商场服务不佳。这主要表现在两个方面：一是服务方式欠妥，如紧紧跟在顾客后面，把顾客当小偷一样防范；不愿顾客用手触摸商品等；二是服务态度欠佳，如只顾自己聊天，不理会顾客招呼；包装作业失当，导致商品损坏等。对于顾客这方面的投诉和抱怨，根本的解决方法是提高营业员自身的素质，提供良好的服务。

（3）商场环境方面。如商品卸货时影响行人的交通；商店内声响太大；电梯只有上没有下等。对此商店应在管理上下工夫，明确各部门和各岗位人员的职责，调整改进顾客不满意的处所和环境。

2）处理顾客抱怨的注意事项

（1）要注意改变商店员工认为顾客抱怨是找麻烦的旧思想观念，而是要把它作为提高商店服务水平、改善与顾客关系的大好机会。

（2）在处理抱怨事件时，接待人员一定要耐心倾听，让顾客把心里话全部说出来，消除自己心中的怨气，使其在心理上得到一种平衡。

（3）不论顾客提出的问题，其责任是否属于商店，接待人员都必须真心诚意地表示歉意，并感谢顾客提出的问题。对于顾客个别激烈的言辞，也应平和对待，不得有任何懈怠和轻侮，绝对不能与顾客争一时之口舌之快。

（4）商店应立即处理顾客抱怨的问题，商场接待人员必须采取具体的行动，根据不同情况，对顾客提出来的问题提出意见和处理方案。

（5）当处理完顾客的投诉和抱怨后，应再次询问顾客还有什么不满意的地方，如果有，应再做解决，或让顾客自己提出解决方案。如果有些问题一时无法解决，也应告知顾客一个准确的时限，不能让顾客空等。

相关知识链接

处理顾客抱怨十条"禁言"

①"这种问题连三岁小孩都会"；②"一分钱，一分货"；③"不可能，绝对不可能发生这种事"；④"这种问题请去问生产厂家，我们只负责卖"；⑤"这个问题我不太清楚"；⑥"我绝没有说过那种话"；⑦"我不会"；⑧"这是本店的规矩"；⑨"总是会有办法的"；⑩"改天我再和你联系"

任务二　建立店客关系

✎ 学习目标

- **终极目标**

能为商店建立和实施顾客关系管理机制。

- **促成目标**

(1) 理解并掌握传统营销管理与顾客关系营销管理的差异。

(2) 理解并掌握商店顾客关系管理的构建要求、技术要求与实施要求。

📖 工作任务

工作任务书(7-2)

总体任务	××商店的顾客关系管理情况调查分析
具体任务	××商店的顾客关系管理情况调查分析

📢【活动】　××商店的顾客关系管理情况调查分析

【活动目标】

(1) 培养学生构建与实施商店顾客关系管理机制的能力。

(2) 培养学生敏锐的观察力、严谨的逻辑思维能力和准确的判断分析能力。

【活动内容与要求】

(1) 教师准备对 5 家连锁门店的顾客关系管理情况进行调查评价的相关资料。

(2) 将全班学生分成 5 组,每组选择一家门店进行顾客关系管理情况的调查评价,需要完成相应的调查报告和 PPT。

(3) 教师提前一周将这一任务与上一个任务一起布置给学生,并要求学生用课后时间来完成这两个任务。

(4) 分析的重点:抓住调查要点进行分析;每组推举 1 名代表进行汇报;课后上交报告和 PPT 文件。

【成果与检测】

(1) 能完成商店零售服务调查分析,并有调查报告与 PPT 文件的组为良好;完成调查分析并且调查报告分析透彻,PPT 文件制作精良的为优秀。

(2) 小组汇报人员语言流畅,思路清晰的为良好;小组汇报人员不仅语言流畅,思路清晰,而且能脱稿讲解,与观众有交流的为优秀。

知识讲解

（一）顾客关系管理

顾客关系管理是指一种建立在现代电子信息技术基础上，旨在改善店铺与顾客之间关系的新型管理机制，其实施于店铺的市场营销、销售、服务和技术支持等与顾客有关的领域，但并不是指单纯的一套管理软件和技术，而是融入了店铺经营理念和营销策略等内容的一整套的顾客关系解决方案。

1. 常规营销管理与顾客关系营销管理

常规营销管理与顾客关系营销管理，这两种营销管理观念的区别如表 7-2 所示。

表 7-2　两种营销管理观念的区别

常规营销管理	顾客关系营销管理
关注开发新市场	关注保持老顾客
较少强调顾客服务	高度重视对老顾客的服务
只做有限承诺	对顾客高度承诺
适度的顾客联系	高度的顾客联系
企业本身是所有人关心的	顾客是所有人关心的

【案例 7-1】

一个洗车店店主，通过计算机来统计顾客的冲洗频率，运用汽车牌照来识别顾客。他很快发现，顾客中的 2/3 一年仅来 1～2 次，其余 1/3 一年超过 2 次，而且，占他的业务量的 2/3。因此，他设计一些激励因素来鼓励常来洗车的顾客。例如，他给两个星期之内就回来洗车的顾客折扣券，对他们给予特别的关照，劝说他们购买像打蜡和冲洗车底这样的额外服务。对计算机上提出的问题进行回答，顾客就能获得更多的折扣。老顾客一进入洗车店内，他的名字就会出现在屏幕上，他就会得到个性化的服务。这个冲洗店很快就超过竞争对手，并建立了众口称赞的友好服务声誉。请问：该洗车店成功的关键是什么？

2. 顾客关系管理的指导思想、目标与作用

（1）顾客关系管理的指导思想：了解顾客需求的基础上对其进行系统化的分析和跟踪研究，并以此为根据进行"一对一"的个性化服务，提高顾客的满意度和忠诚度，为店铺带来更多的利润。

（2）顾客关系管理的目标：①获得顾客价值的最大化；②适时地将顾客想要的商品和服务传送给他们，提高营销效率；③尊重和实现顾客的利益，增加顾客的价值，满足顾客的消费需求。

(3) 顾客关系管理的作用:①实现前端互动:营销与顾客服务、顾客支持、顾客追踪、顾客挖掘和顾客自助之间的互动;②在吸引并留住顾客的同时,与商业伙伴和供应商保持良好的关系,以期最大限度地挖掘和协调利用店铺资源,包括信息资源、顾客资源、生产资源和人力资源;③拓展店铺的生存空间,提升店铺的核心竞争力。

> 一位中国的超市经理去美国考察店铺经营。他走进一家名店时,发现了一件奇怪的事情,感到十分可笑:这家商店将啤酒和尿布陈列在一起销售。然而,这家商店这样陈列之后,啤酒与尿布的销售却都大增。请问:啤酒和尿布能放在一起销售吗? 这样组合后,销售还能大增,这又是为什么呢?

(二) 顾客关系管理的要求

1. 顾客关系管理的技术要求

(1) 有良好的信息分析能力。对经营中得到的大量关于顾客和潜在顾客的信息,应能充分利用,并进行分析,以便及时做出决策。

(2) 必备的硬件设备。最基本的硬件设施是电脑及相关的分析软件。经营者应及时将顾客信息输入电脑资料库中,以便进行集成分析。

(3) 建立网络应用系统。这一方面能使员工只需很少的训练或不需训练就能使用顾客关系管理系统;另一方面可以节省日常开支,缩短业务流程,可以使店铺获得更多的信息,有利于经营者科学决策。

(4) 建立顾客资料库。经营者应注意收集有关顾客姓名、性别、年龄、住址、单位、电话、爱好、购买兴趣等一系列的信息,并把这些信息统一集成。

2. 顾客关系管理的构建要求

(1) 能够建立互动的双向沟通渠道,使店铺与顾客之间的沟通建立在轻松、愉快的氛围之中。

(2) 能够了解顾客的想法,并作出快速反应。经营者应主动、不断地让顾客说出他们的反应、评价和个人要求。只有这样,才能促进沟通,顾客关系才能建立起来。

(3) 对顾客的每一次购买行为都能够详细记录,并输入到顾客资料库中。

(4) 能够认真地倾听顾客的意见和建议,对需要改进的地方迅速改进。

(5) 对顾客的承诺能够言行一致,通过各种方式获得顾客的信任。

(6) 能够奖励顾客。对于长期忠诚于店铺的顾客和提出合理化建议的顾客,能够给予特别奖励。对于一般顾客,能够定期奖励。

顾客关系管理的构建和运用是一个长期的战略,应长期实施并坚持不懈。

3. 顾客关系管理的实施要点

(1) 评估顾客价值。市场竞争也是争夺顾客资源的竞争,因为顾客是店铺生存和发展的基础,任何店铺都必须依赖于顾客,尤其是要保持顾客对商店的忠诚度。因而,有必要评估顾客的价值。

美国汽车业的调查报告

　　美国汽车业的调查报告显示:1个满意的顾客会引发8笔潜在的生意,其中至少有1笔成交;1个不满意的顾客会影响25个人的意愿。争取1位新顾客所花的成本是保住1个老顾客的费用的7~10倍。

　　(2) 了解顾客。商店了解顾客的方式有很多种,主要可有:

　　①要求顾客留下个人资料。店铺可以做一些促销活动,比如商品特卖、打折、赠送、赞助等,举办活动的同时,就可以要求顾客留下个人资料。留下顾客个人资料时,最好一并留下顾客的交易资料。②利用信用卡付款方式获取顾客资料。信用卡付款方式会使顾客与店铺的每笔交易都会留下记录,把交易记录和顾客个人资料结合起来运用,会使店铺更易于了解顾客,分析顾客的购买行为。③利用会员制度获取顾客资料。其具体做法是消费者可免费或付少量费用的方式(国内零售商基本都采用免费方式)向商店申请会员资格,申请时只需要在服务台填写基本的个人资料,就能得到一张印有电脑条形码的塑胶卡片,消费者购物时即可凭此卡享受会员折扣或会员特价商品。④通过询问顾客在其他同类店铺的交易情况来获得顾客资料。

【案例 7-2】

　　美国鞋盒贺卡公司在每个连锁店散发优惠折价券,只要顾客填妥一份简单问卷,就可以享有买二送一的优惠。问卷的内容很简单,只问了姓名、地址、电话号码、生日,以及下面3个问题:①过去3个月当中,你家总共买了多少贺卡(包括盒装贺卡在内)? ②你最近寄出的10张贺卡,有几张是在贺卡/礼品店买的? ③你通常在哪些节日寄贺卡? 情人节、复活节、犹太光明节、圣诞节? 请问:美国鞋盒贺卡公司通过问卷可获得的消费者资料有哪些? 这种资料获取方式主要体现了上述的哪种方法?

　　(3) 与顾客协作。顾客关系管理模式要求:

　　①注重个体顾客的需求。店铺不应再将顾客视为俘获目标,而是要注重个体顾客的需求,而不是只关注一群顾客的需求。②提供符合顾客需求的高品质商品和服务。③要长期关照每位个体顾客。要求经营者把目光放在个体顾客身上,而且要长期关照,注重顾客的满意度、保持率,注重一对一服务。④记录顾客的每次交易。⑤了解顾客因何不满,并设法排除障碍。⑥将顾客抱怨视为额外的商机。当顾客抱怨时,其实等于给店铺提供了合作解决问题的机会。假使经营者有接受抱怨的准备,不但可以赢得顾客的忠诚,还可借着口碑赢得顾客周遭朋友、同事、亲戚等的忠诚。⑦创造与顾客合作的机会。假如一个店铺所经销的商品因行业的特殊性而不那么容易与顾客建立长期关系,那么就得在服务上下工夫,创造与顾客合作的机会,使顾客感受到便利,使双方受益。

（4）改革传统的绩效考评方式。实施顾客关系管理模式的店铺可以顾客满意度为核心指标，而不是以销售量为核心指标来考评商店员工。

> "如果营业额与营业员的收入直接挂钩，营业员服务的目的就只在于'成交'。成交又意味着顾客的付出，这使买卖双方站在了对立的立场。以顾客满意度为营业员收入依据，便使双方的关系发生了微妙的变化。他们的共同点都在于'满意'。利益的一致使双方变得亲近，服务也更发自内心。"
>
> ——陈昕《企业不是机器》

（5）推行现场管理。推行现场管理，不但能及时发现问题、解决问题，更重要的是可以教给员工解决问题的方法。现场指导还有一个重要职责就是，记录并激励员工每次成功的服务和每一点一滴的进步。

（6）理顺业务流程。建立顾客导向型店铺要求认真分析店铺的业务流程，进行重新规划和整理，加强内部协作，建立一个能保证顾客满意的经营团队。

实现这种业务流程重组的程序如图 7-6 所示。

| 了解顾客的真实需求 | → | 确定业务或服务部门的服务规范和工作流程 | → | 确定店铺工作流程的调整 | → | 实现顾客满意 |

图 7-6 推行顾客关系管理的业务流程重组图

（7）建立一个快乐的团队。店铺要靠团队建立和顾客的联系，首先要有快乐的员工，经营者要鼓励员工参与到与顾客的沟通中来，员工的参与程度是成败的关键；同时，要制定相应的工作目标、及时鼓励优秀的员工、并设计相应的绩效考核体制，做好行为的引导工作。经营者要帮助他的员工成为团队的一员，让整个团队愿意投入，进而挖掘顾客的需要，建立一个快乐的团队。

（三）顾客数据库管理

1. 顾客数据库的构建要求

（1）建立动态的、整合的顾客数据管理和查询系统。

（2）建立基于数据库支持的顾客关系格局。建立一套把新顾客提升为老顾客的计划和方法，如给老顾客寄发提醒通知、提供优惠卡等，这比通过广告来吸引新顾客花费少得多。

（3）建立一套吸引顾客多次消费和提高购买量的计划。这个计划不仅给予顾客享受特殊待遇和服务，也有效地吸引顾客为获得较高级别的待遇和服务而反复购买。

（4）建立基于数据库支持的忠诚顾客识别系统。数据库应能在顾客交易时及时地识别顾客的特殊身份，从而给予相应的商品和服务，使老顾客满意，保持他们的忠诚度。

（5）建立基于数据库支持的顾客流失警示系统。如特惠润滑油公司的顾客数据库在顾客超过 113 天没有再次使用他们的商品或服务，便会自动打出一份提

在一家国际著名酒店中，领班必须将员工每天遇到的问题和处理方法记录在一个专用笔记本上，每个员工上班的第一件事就是查看这个笔记本。请问：这是为什么？

醒通知。这样的预警系统将促使经营者思考顾客因何流失,应采取何种办法补救。

（6）建立基于数据库支持的顾客购买行为参考系统。如现在的读者俱乐部都会根据会员最后一次的选择和购买记录,针对他们最近一次与会员交流获得的有关个人生活信息,向会员推荐不同的书籍。

2．顾客数据库的内容

1）顾客档案的具体内容

其内容如表 7-3 所示。

表 7-3　顾客档案的具体内容

顾客档案资料项目		具 体 内 容
顾客基本资料	单个顾客	姓名、身份证号码、出生年月、性别、婚姻状况、家庭结构、教育程度、收入阶层、就业状况、工作性质、生活方式、心理特征,以及其他相关描述等
	团体顾客	企业名称、企业简介、经营领域、企业规模、经营状况、主要产品或服务、信用状况等级、法人代表或采购负责人,以及关于企业的具体分析等
顾客的地址信息	单个顾客	通信地址、邮政编码、地址类型(城镇还是乡村等)、地区代码、销售区域、电话号码、电子邮件地址等
	团体顾客	详细通信地址、邮政编码、主要电话号码、传真号码、电子邮件地址、网址、企业类型代码、地区代码等
顾客的财务数据		第一次订货(购买)日期、最近一次订货(购买)日期、平均订购(购买)价值、付款方式、平均付款期限、信用状况等级、账户类型、开户银行、账号等
顾客购买行为方面的数据		购买习惯、品牌偏好、购买地点、购买数量、购买频率、购买时间
		回应类型(包括订购、询问,对调查活动、广告活动、促销活动等的反应)、回应的日期、回应的频率、回应价值、回应方式(电话、传真、邮政、电子邮件等)
		每次与顾客进行接触的时间和方式(信件、电话、人员往来、参加展览会等)
		每次顾客的抱怨及其解决的记录、售后服务的记录等方面的详细资料
竞争对手的资料		竞争店铺的名称、商品名称、商品价格、商品的功能、商品的优缺点、竞争对手的策略等

2）利用顾客档案管理顾客的原则

（1）实行动态管理原则。商店应通过调整剔除陈旧的或已经变化的资料,及时补充新的资料,在档案上对顾客的变化进行追踪,使顾客管理保持动态性。

（2）对重点顾客重点管理原则。经营者应从众多的顾客资料中找出重点顾客,重点顾客不仅要包括现有顾客,而且要包括未来顾客和潜在顾客,并对这些顾客进行重点管理。

（3）灵活运用顾客档案原则。商店应以灵活的方式将顾客档案及时提供给销售人员及相关人员,以便他们在销售过程中利用,从而提高顾客管理效率。

（4）指派专人负责管理原则。进行顾客管理应确定具体的规定和办法,由专

日本连锁便利店的盒饭销售量很大,便利店的老板在收款的时候,经常会在收款机上顺便输入一些信息,如年轻人、三十多岁、男性等等。请问:便利店老板为什么要这么做?

人负责管理,严格控制、管理顾客情报资料的利用和借阅。

任务三　细化人员管理

学习目标

• **终极目标**

能为商店做好员工的培训、考评、激励与酬劳等工作。

• **促成目标**

(1)理解并掌握商店员工的培训、考评、激励、酬劳与奖励等内容。

(2)能为商店制作员工培训计划,设计员工激励措施。

工作任务

工作任务书(7-3)

总体任务	××商店员工管理情况调查分析
具体任务	(1)现有商店人员管理案例分析 (2)××商店员工管理情况调查分析

【活动】一　　现有商店人员管理案例分析

【活动目标】

(1)培养学生为商店设计人员管理制度和改进人员管理现状的能力。

(2)培养学生分析判断和解决问题的能力。

【活动内容与要求】

(1)教师准备一系列不同商店进行人员管理方面的案例,并将其制作成PPT课件。

(2)课堂上将这些案例展示出来,要求学生分析并说明这些商店在人员管理过程中存不存在问题及如何解决等问题。

(3)将全体学生分成5组,每个案例经过2分钟左右的简短讨论后,由5个小组分别对该案例进行抢答,其他组认为需要补充的,可以对该组的发言进行补充。

(4)实施要求:事先讲好规则,全班同学以小组为单位分组聚拢在一处。

【成果与检测】

(1)能基本完成商店人员推销活动案例分析的组为良好;完成案例分析准确无误的为优秀。

(2)能对其他小组作相应补充的为良好;不仅能为其他小组发言作相应补充,并且能改正其他小组陈述中错误的为优秀。

【活动】二　　××商店员工管理情况调查分析

【活动目标】

　　培养学生从观察、分析现有商店员工管理情况的过程中学习他人好的管理经验和方法，并避免将来从事人员管理时出现缺憾与不足的能力。

【活动内容与要求】

　　（1）教师为学生联系若干家商店，将全体学生分成 5 组，每组选择一家商店完成员工管理情况调查。

　　（2）教师可以在学完这一内容后，将任务布置给学生，让学生利用课余时间去完成。

　　（3）实施要求：每组可以自行确定所要调查的商店；完成调查后应有调查报告和 PPT，下次上课时选 1 名代表进行汇报。

【成果与检测】

　　（1）能完成商店人员管理情况调查分析并有调查报告与 PPT 文件的组为良好；完成调查分析并且调查报告分析透彻，PPT 文件制作精良的为优秀。

　　（2）小组汇报人员语言流畅，思路清晰的为良好；小组汇报人员不仅语言流畅，思路清晰，而且能脱稿讲解，与观众有交流的为优秀。

知识讲解

（一）培训员工

1. 培训计划的确定

　　培训计划用于教育新员工（和现有员工）如何干好工作，以及如何提高自己。培训有短期和长期之分：短期的培训，如为期一两天的关于填写售货单、操作收银机的训练；长期的培训，如为期两年的关于零售商及其运营各个方面知识的管理培训。

　　进行培训需要在几个方面做出决策：①何时进行培训？（是在录用前还是在录用后的工作场所进行培训）②培训多长时间？③对新雇员进行哪些方面的培训？对现有员工呢？④谁来执行培训计划？（监督人员、同事、培训部门，还是外部专业人员）⑤在哪里进行培训？（是在工作场所还是在教室里）⑥要学习哪些教材（内容）？如何授课？⑦是否使用视听设备？⑧如何评价培训效果？

2. 培训方法的选择

　　确认了存在培训需要之后，接下来就要确定培训方法。在实践中，零售商常用的培训方法和特点如表 7-4 所示。

表 7-4　各种零售培训方法及特点

培训方法	特　点
课堂讲授（见图 7-6）	接近现实、内容连续；可利用领域内的职业教育人员和/或专家；被培训者不能积极参与

（续表）

培训方法	特　　点
演示（见图7-7）	利于演示设备或销售技巧；能展示培训各个方面的事宜；被培训者积极参与
录像	活跃；利于演示；可多次使用；缺乏被培训者的积极参与
项目指导	以固定的方式提供信息；要求被培训者作出反应；能提供行为反馈；可根据被培训者的进度做调整；初始投资大
会议	适用于管理培训；会议领导人必须鼓励参与；强化训练
敏感性训练	深入地相互影响；对管理人员了解员工十分有用
案例研究	提出现实的或假设的问题，包括环境、有关信息和疑问；在实践中学习；面对大量互不相同的问题
角色扮演	被培训者置身于真实环境之中并行使职责
行为模式训练	被培训者对录像或角色扮演课程中的行为模式进行模仿
技能指导	被培训者以自定进度的方式完成一系列任务或练习

实践中，零售商通常使用两种或两种以上的培训方法，以避免乏味，并提高培训质量。

（a）　　　　　　　　　　　　　　　（b）

图 7-7　人员培训实景图

（a）课堂讲授　（b）演示

3. 培训效果的评估

最简单的方法是将培训过的员工的业绩与未经培训的员工进行比较。这种比较还可以在从事同一岗位工作但经过不同种类培训的员工之间进行。

【案例 7-3】

专家型的销售

中盛公司是日本一家服务连锁店，长期以来，效益一直不好。管理者从消费者的意见反馈中得出结论：那就是他们的员工对于所售商品缺乏必备的知识，对消费者的问题不能做出令人满意的回答。于是，管理者从不多的经费中抽出相当一部分对员工进行培训。聘请纺织业、服装业的专业人士对员工进行从服装的原料、制作、到衣物的审美搭配等全方位的培训。通过几个月的培训后，中盛公司员工对服装的知识远远超过了人们对一个服装销售者的要求，他们成为专家型的销售者，受到消费者的普遍欢迎。在短短两年内，中盛公司成为了日本服装业的佼佼者。请问：中盛公司的成功说明了什么问题？

（二）激励员工

商店要想很好地激励员工，应注意以下两点：

（1）管理者要为员工制订目标和定额。该目标和定额应该是员工通过努力能够达到的和员工完成目标后能获得他们认为满意的报酬。

（2）管理者要提高和保持员工的士气。管理者提高和保持员工士气的方法有：

①运用商店或部门集体会议来激励员工，如上岛咖啡用每天早晨开店前的员工晨会来激励和保持员工士气。②运用弹性工作制、工作共享和照顾小孩来提高员工士气。这些方法都是能够帮助员工协调他们工作和非工作任务的方法，如弹性工作制是允许员工选择自己的工作时间的工作日程安排，工作共享是两名员工可以自愿负责由一人承担的工作，照顾小孩是由商店为员工提供幼儿看护等帮助。

在商业实践中，具体激励员工的方式还有很多，如理想激励、榜样激励、制度激励、环境激励、培训激励、文化激励等。

（三）考评员工

商店考评员工的方法有多种，主要有：

（1）定性考核法。即用划分等级或使用精练的评语来评价员工的工作表现和能力的方法。如：列述考核的基本内容，每一项都用优、良、中、差这类等级标准进行评定，然后综合每项因素，得到一个总的考核结果。

（2）定量考核法。即在确定考核指标的评定项目和得分标准之后，对每一项目规定不同的减分标准，最后通过累计各项目减分后实际得分求得总分。

（3）考勤记录法。即根据员工的出勤、缺勤、迟到和早退等记录对员工进行考核的方法。

（4）目标管理法。即由管理者和员工联合制定评价期内要实现的工作目标及员工所需达到的绩效考评，评价期间监督者和员工根据服务或环境变化修改或调整目标，期终由管理者和员工共同决定目标是否实现，并讨论失败的原因。

（5）业绩评定法。即根据员工完成工作的成绩进行考核的一种方法。

其他还有如关键事件法、排序法、360℃评价方法等考评方法。

商店应以考评为基础，对考评结果优异的员工给予奖励，对考评不佳的员工制定改进计划或辞退。

（四）酬劳和奖励员工

（1）员工可获得的奖励。商店员工从工作中获得的奖励有外在的，也有内在的。外在奖励，如给予员工的报酬、奖金、提升、公开表彰等；内在奖励，则主要是指员工从干好工作中得到的乐趣，如推销员推销产品成功会产生一种成功感等。

（2）报酬计划的确定。零售商可以采用一种或多种报酬方案，如直接工资制、直接提成制、工资加提成制、工资加定额资金制等，实践中常采用一些激励报酬方案，如工资加销售提成，即一名销售人员每月基本工资 2 000 元，每月销售额 100 000 万元以上的部分，提成 7‰等。

（3）集体激励。如某销售人员和其所在部门都超额完成销售任务时，该销售人员除能得到自己的提成外，还能得到商店给本部门的超额奖励。这种方式能鼓励员工相互合作,共同实现部门销售目标。

【案例7-4】

日本丰田的"建议奖"

日本丰田汽车公司,采取合理化建议奖(包括物质和荣誉奖)的办法鼓励公司职员提建议。不管建议是否被采纳,均会受到奖励和尊重,如果建议被采纳,并取得经济效益,那么得到的奖励就更多更重。结果该公司的员工仅1983年一年就提出165万条建设性建议,平均每人提31条,它所带来的利润为900亿日元,相当于公司该年利润的18%。请问丰田公司的成功给零售商店在员工管理方面的启示是什么?

> 讨论:品析案例,分析相关商店服务与人员管理知识点在案例中的体现。

经典案例赏析

关怀顾客始于关怀员工

美国家庭仓库公司是一家以提供自己动手改善家居为特色的连锁店,共销售产品种类有35 000多种,与家居改善有关的产品应有尽有,价格却比当地五金店便宜20%～30%。公司的主要目标是与顾客建立起持久的关系,因为一位满意的顾客按"顾客购物生命价值"来算,可值25 000多美元(38美元/每次×30次/每年×22年)。

家庭仓库公司认为关怀顾客始于关怀员工。为员工提供高薪、全面培训,把员工当合伙人对待,所有专职职员至少有7%的年度薪金以公司股票的形式发放,从而使家庭仓库公司职员在顾客服务业务中具有主人翁的感觉。每一位职员都围一条鲜艳的橘黄色围裙,上面写着:您好,我是×××,家庭仓库公司的股东,让我来帮您吧!

家庭仓库公司对员工从不采用高压销售。公司支付职员可靠的薪水,使他们能够在顾客身上花费必要的时间,而不必担心销售的事。公司鼓励销售人员与顾客建立长期的关系,即不管花多少时间都要一次又一次地耐心解释,直到解决顾客的问题。员工的任务之一,是帮助顾客少花钱,而不是怂恿顾客多花钱。

关怀顾客使家庭仓库成为当今最成功的零售商之一,过去十年里销售额以平均每年40%的速率增加,这已造成许多问题:通道阻塞、库存不足、销售人员太少、结账要排队等。尽管许多零售商很欢迎这类问题,但是家庭仓库公司却感到极大不安,因此他们迅速采取了补救行动。因为他们知道:持续的成功取决于对顾客满意的不懈追求。对待每一位顾客都应该像对待自己的父母、兄弟和姐妹一样。而你当然不愿意让你的母亲排队。

思考(结合所学知识分析下列问题):试分析美国家庭仓库成功的秘诀是什么?

思考与练习

姓名_____ 班级_____ 学号_____

(1) 假定在某个市区,有 3 家在等级、价格、质量上相同的服装商店,A 商店和 B 商店为顾客提供了免费包装礼品、信用卡付款等,而 C 商店只提供了信用卡付款服务,这样,购买服装作为礼品的顾客,一般去 A 商店和 B 商店的人数,会超过去 C 商店的人数。

请问:在这种情况下,C 商店要进行竞争该怎么办? 这说明了什么问题?

(2) 最近,在美国许多大城市出现一些"快速服装店",其目标顾客是有一定身份和地位的职业女性。她们或者工作很忙无暇购物,或者是厌烦挑选商品的烦琐过程,但都需要不断改变形象。服装店便专门为这类顾客建立"一对一"档案,从身高、体重、体形到气质、职业、性格,都有详细的记录和分析。然后根据分析结果,帮助顾客决策和购买。这种销售模式使得这种服装店的生意源源不断,并其获得很大的成功。

请问:"快速服装店"成功的主要原因是什么? 这说明了什么问题?

（3）如果有一位顾客每年购买一双皮鞋，从 15 岁到 70 岁，共需购买 55 双，而他购皮革的商店一直是实行了顾客关系管理措施的 A 店，假定每双皮鞋价值 150 元，对于 A 店来说，其所获得的这位顾客的价值为多少？这体现了顾客关系管理目标中的哪一个目标？

（4）在"派"专卖店中，只有店长有销售任务，店员的收入和销售额则丝毫没有关系，店员上岗前都要严格训练在各种情况下安排什么步骤进行规范服务。店长不直接与顾客打交道，只要对员工与顾客的每一次接触进行观察和打分，并在顾客走后对员工予以提醒或鼓励，打分表就成了员工奖金收入多少的依据。

请问：这是一种什么样的员工绩效评价体系？为什么？

商店的财务管理

本项目内容结构图

```
                        学习目标
        ┌──────┬────────┼────────┬──────────┐
      驱动任务  案例导读  知识讲解  经典案例分析  思考练习
                          │
              ┌───────────┼───────────┐
           任务一        任务二       任务三
           控制         增加         管理
         成本费用       收入利润      流动资产
```

学 习 目 标

• **终极目标**

能为商店做好成本费用控制，并能为商店做好收入、利润管理和流动资产管理工作。

• **促成目标**

（1）理解并掌握商店的成本和费用管理，能在实际工作中灵活运用预算控制法、制度控制法和标准成本控制法。

（2）理解并掌握商店的收入与利润管理，能在实际工作中利用量本利分析法与差量分析法对商店的获利能力进行分析。

（3）理解并掌握商店的流动资产管理，能为商店确定流动资金最佳规模、现金的最佳持有量，并能为商店做好应收账款的监控工作。

驱 动 任 务

（1）利用现有的数据材料，对店铺成本费用控制情况进行分析。

（2）利用现有的数据材料，对店铺收入与利润管理情况进行分析。

（3）利用现有的数据材料，对店铺应收账款管理情况进行分析。

案例导读

某商店流动资产由速动资产和存货构成,年初存货为145万元,年初应收账款为125万元,年末流动比率为3,年末速动比率为1.5,存货周转率为4次,年末流动资产余额为270万元。一年按360天计算。

请计算:(1)该商店流动负债年末余额是多少?(2)该商店存货年末余额和年平均余额是多少?(通过对本项目的学习,你将找到这些问题的答案。)

任务一　控制成本费用

学习目标

- **终极目标**

能为商店做好经营过程中的成本费用控制。

- **促成目标**

(1) 理解并掌握商店成本和费用的控制与控制要点。

(2) 能甄别商店经营过程中的各项开支,并能灵活运用控制要点中的各项指标。

工作任务

工作任务书(8-1)

总体任务	××商店成本费用控制情况分析
具体任务	(1) 现有商店成本和费用管理案例分析 (2) 现有商店成本和费用控制方法调查分析

【活动】一　现有商店成本和费用管理案例分析

【活动目标】

(1) 培养学生为商店节约成本的能力。

(2) 培养学生严谨的逻辑思维能力和准确的判断分析能力。

【活动内容与要求】

(1) 教师准备一系列不同商店进行成本与费用管理方面的案例,并将其制作成PPT课件。

(2) 课堂上将这些案例展示出来,并要求学生分析说明这些商店在成本与费用管理过程中存不存在问题以及如何解决问题等。

(3) 将全体学生分成5组,每个案例经过2分钟左右的简短讨论后,由5个小组分别对该案例进行抢答,其他组认为需要补充的,可以对该组的发言进行补充。

(4) 实施要求:事先讲好规则,全班同学以小组为单位分组聚拢在一处。

【成果与检测】

(1) 能基本完成商店成本与费用案例分析的组为良好;完成案例分析准确无误的为优秀。

(2) 能对其他小组作相应补充的为良好;不仅能为其他小组发言作相应补充,并且能改正其他小组陈述中错误的为优秀。

【活动】二　现有商店成本和费用控制方法调查分析

【活动目标】

培养学生从观察、分析现有商店成本与费用控制方法的调查过程中学习他人好的管理经验和方法,避免将来在这方面出现缺憾与不足。

【活动内容与要求】

(1) 教师为学生联系若干家商店,将全体学生分成 5 组,每组选择一家商店完成成本与费用管理情况调查。

(2) 教师可以在学完本项目内容后,将任务布置给学生,让学生利用课余时间与后两个任务中的"活动"一起去完成。

(3) 实施要求:每组可以自行确定所要调查的商店;完成调查后应有调查报告和 PPT 展示,学习下一项目时选 1 名代表进行汇报。

【成果与检测】

(1) 能完成商店成本与费用管理情况调查分析,并有调查报告与 PPT 文件的组为良好;完成调查分析并且调查报告分析透彻,PPT 文件制作精良的为优秀。

(2) 小组汇报人员语言流畅,思路清晰的为良好;小组汇报人员不仅语言流畅,思路清晰,而且能脱稿讲解,与观众有交流的为优秀。

知识讲解

(一) 成本和费用

店铺**成本**是指对象化于产品或劳务的费用,即已归属于受益对象(劳务或产品)的费用。一般把成本分为营业成本和费用两部分。而店铺营业成本是指店铺为社会提供商品及各项服务而进行的业务经营过程中所发生的各种直接支出和耗费。

店铺经营中的**费用**(也称间接成本),是指不属产品的直接支出,而必须用其他方法分摊的费用支出。按企业会计准则,即在生产经营过程中发生的各项耗费(见表 8-1)。

表 8-1 店铺经营中的费用支出

店铺经营中的费用	具 体 项 目
营业费用：实际经营中发生的各项费	运输费、装卸费、员工的工资、福利费、工作餐费、广告宣传费、燃料费、水电费、保险费、损耗费等
管理费用：为管理和组织商品经营活动发生的各项费用	外事费、交际应酬费、各项管理费、保险费等
财务费用：为筹集资金而发生的各项费用	在生产经营期间发生的利息净支出、汇兑损失、金融机构手续费等

注意：店铺在筹建期间、清算期间所发生的费用，只能分别列入筹建期间的开办费用或者清算费用，而不能记入财务费用。

> 根据有关财务规定，店铺购置固定资产、购入无形资产和其他资产而发生的支出；对外进行投资的支出和分配给投资者的利润支出；被政府有关机构罚没的财物损失；支付的各项赔偿金、违约金、滞纳金、罚款以及赞助和捐赠支出；国家规定不得列入成本、费用的其他开支等，这些费用都不能记入财务费用。

（二）成本和费用的控制

成本费用控制是商店按照成本费用管理制度和预算的要求，对店铺成本费用进行预测、决策、预算、核算、监督、考核、分析等工作的总称。

1. 成本费用的内控制度

成本费用的内控制度主要有：

（1）合法性控制。财会工作以国家规定的财经政策、财经制度和法令为基础，对店铺经营进行控制。

（2）目标性控制。以会计工作对生产、销售、财务、成本等目标的制定及其执行情况进行控制。

（3）成本费用全员控制制度。店铺所有员工都有成本费用控制的责任，每个员工对每项工作都应从成本费用控制的角度去思考，去工作，从而高效完成成本费用控制计划。

（4）授权性控制。店铺各级人员必须获得批准和授权，才能执行有关经济业务。

（5）职务分管控制。某几种相关的职务（如售货与收款、会计与出纳）应实行职务分管控制，重要的职务不要集中于一个人，应当分别由不同的人主管。

（6）可靠性控制。为保证会计信息的可靠而进行控制。

（7）财产安全性控制。为确保财产的安全、完整而采取的措施。

（8）业务处理程序标准化控制。把企业中与财务会计有关的重复出现的经济业务如财务报表等，按客观要求，规定其处理的标准化程序，以此作为工作要求。

显性成本与隐性成本

显性成本是指店铺在经营活动中实际支出的成本，通常能够在会计账上反映出来。隐性成本是指在店铺会计账上无法反映但是实际已经发生的成本。在经营决策中，我们不仅要考虑实际支出的成本，同时也应该充分认识经营成果中隐性成本所起的重要作用。

2. 成本费用的控制方法

1) 预算控制法

预算成本是按标准成本计算的一定业务量下的成本开支额。这种控制方法就是把预算指标作为目标来进行成本费用控制。预算的编制过程如图 8-1 所示：

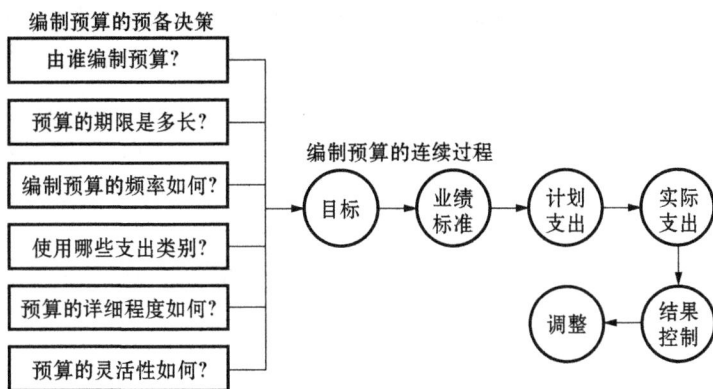

图 8-1　零售商店的预算编制过程

2) 制度控制法

这种方法强调的就是用制度去控制成本费用，即商店必须建立起与成本费用控制相适应的制度和相应的实施机构，如各项开支消耗的审批制度、日常考勤考核制度、设备设施的维修保养制度、各种材料物资的采购、验收、保管、领发制度及程序、报审批制度等。

3) 标准成本控制法

标准成本实际上就是单位成本消耗定额，其建立在科学的分析统计计算大量日常工作情况的基础上，注重的是量化的指标。运用标准成本控制法进行成本控制的基本方法如图 8-2 所示。

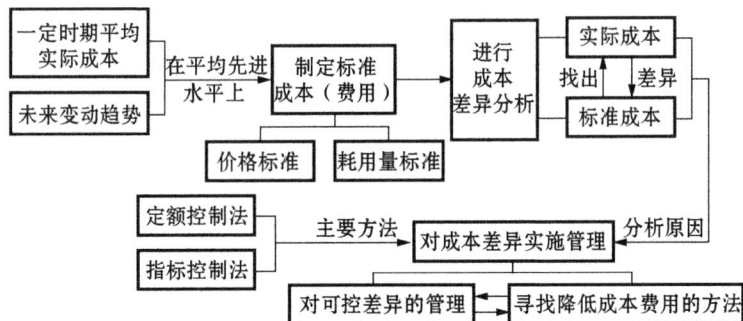

图 8-2　标准成本控制法图解

图中有两种控制成本费用的标准成本方法：

(1) 定额控制法，即对商店经营过程中成本的消耗、费用的支出控制在一个合理的范围内。经营中实际的成本使用，费用支出都不得超过这个额度。常用的定额主要有材料物品消耗定额、工作量定额。

（2）指标控制法。经营的各项指标（例如营业收入、营业成本、营业费用等）之间往往存在着一些内在联系。指标控制法主要利用这些联系来达到控制成本的目的，主要有：

①毛利率控制法。利用毛利率（销售收入与商品销售成本之间的差额，由营业费用和净利润组成）来控制成本，并且随时根据收入数量控制其成本数量，及时发现问题，及时解决。②费用率控制法。企业按照费用率计划，随时了解费用与收入的发生额及其比率，从而有效地控制费用。③收入利润率控制法。利用收入、成本、利润之间的关系，通过控制利润来控制成本。优点：能及时发现问题。缺点：只能总括地进行成本控制，至于成本开支失控的具体项目，还需进一步利用消耗定额法或其他方法进行研究。

上述的几种控制成本和费用的方法，在商业实践中可以结合起来使用，以更有效地达到控制成本和费用的目的。

（三）成本费用的控制要点

一般来说，商店应把握以下 6 个要点对成本费用开支进行控制：

（1）店员薪资总额不得超过商店支出之经费的一半：

$$\frac{薪资总额}{经费总额}\times100<50\%$$

式中，经费是指当期（如一月、一季或一年）商店费用的支出总额。

（2）人事费用与销售总额比例要小于 6%：

$$\frac{人事费用}{销售总额}\times100<6\%$$

式中，人事费用是指门店在一定时期内支付的人工成本等费用的总和。

（3）经费与销售总额之比例要在 15%以内：

$$\frac{经费}{销售总额}\times100<15\%$$

（4）经费与销售总利益之比例，要维持在 80%以内：

$$\frac{经费}{销售总利益}\times100<80\%$$

式中，销售总利益是指商店营业利润总额，即商店通过经营活动所获得的利润，不包括商店的投资净收益和营业外收入。

（5）固定费用占总经费之比例，应为 85%以上：

$$\frac{固定费用}{经费}\times100>85\%$$

式中，固定费用为商店费用支出中不随销售额增加而增加的部分。

（6）变动费用占总经费之比例应小于 15%：

$$\frac{变动费用}{经费}\times100<15\%$$

式中，变动费用为商店费用支出中随销售额增加而增加的部分。

对于超过这 6 个限额的过多开支，一定要坚决消减，以保证整个财务的健康。

在商店经营中，按成本费用与责任的关系划分，可以将商店的成本费用分为可控成本（可控费用）和不可控成本（不可控费用），请问理解这两类成本费用，这意味着什么？

【案例 8-1】

经营优化

假设某店的销售总额为 120 万元,经费总额为 20 万元,固定费用为 15 万元,人事费用为 7.5 万元,请分析该店在经营的哪些方面需要改进?

任务二 增加收入利润

学习目标

- **终极目标**

能为商店做好经营过程中的收入与利润管理工作。

- **促成目标**

(1) 理解并掌握收入与利润及其管理要点。

(2) 理解并掌握零售商如何利用收入与利润对商店获利能力进行管理的方法。

(3) 能灵活运用量本利分析法与差量分析法实现对商店获利能力的管理。

工作任务

工作任务书(8-2)

总体任务	××商店收入与利润管理情况分析
具体任务	(1) 现有商店收入与利润管理案例分析 (2) 现有商店获利能力的管理方法调查分析

【活动】一 现有商店收入与利润管理案例分析

【活动目标】

(1) 培养学生为商店提高收入、增加利润的能力。

(2) 培养学生严谨的逻辑思维能力和准确的判断分析能力。

【活动内容与要求】

(1) 教师准备一系列不同商店进行收入与利润管理方面的案例,并将其制作成 PPT 课件。

(2) 课堂上将这些案例展示出来,要求学生分析并说明这些商店在收入与利润管理过程中存不存在问题以及如何解决问题等。

(3) 将全体学生分成 5 组,每个案例经过 2 分钟左右的简短讨论后,由 5 个小组分别对该案例进行抢答,其他组认为需要补充的,可以对该组的发言进行补充。

(4) 实施要求:事先讲好规则,全班同学以小组为单位分组聚拢在一处。

【成果与检测】

（1）能基本完成商店收入与利润管理案例分析的组为良好；完成案例分析准确无误的为优秀。

（2）能对其他小组作相应补充的为良好；不仅能为其他小组发言作相应补充，并且能改正其他小组陈述中错误的为优秀。

📢 【活动】二　现有商店获利能力的管理方法调查分析

【活动目标】

培养学生观察、分析现有商店获利能力的管理方法，学习他人好的管理经验和方法，避免将来从事获利能力管理时出现缺憾与不足。

【活动内容与要求】

（1）教师为学生联系若干家商店，将全体学生分成5组，每组选择一家商店完成获利能力管理方法的情况调查。

（2）教师可以在学完本项目内容后，将任务布置给学生，让学生利用课余时间与前后两个任务中的"活动二"一起去完成。

（3）实施要求：每组可以自行确定所要调查的商店；完成调查后应有调查报告和PPT，学习下一项目时选1名代表进行汇报。

【成果与检测】

（1）能完成商店获利能力的管理方法调查分析，并有调查报告与PPT文件的组为良好；完成调查分析并且调查报告分析透彻，PPT文件制作精良的为优秀。

（2）小组汇报人员语言流畅，思路清晰的为良好；小组汇报人员不仅语言流畅，思路清晰，而且能脱稿讲解，与观众有交流的为优秀。

🔍 知识讲解

（一）收入与利润

1. 收入的概念

商店经营所产生的收入为营业收入。**营业收入**是指店铺在销售商品、提供劳务以及让渡资产使用权等日常活动中所形成的收益。

2. 利润的概念

利润是指店铺在一定会计期间内经营的最终的财务成果，它包括营业利润、投资净收益、营业外收支净额。其公式为：

利润总额＝营业利润＋投资净收益＋营业外收入－营业外支出

（1）营业利润。这是店铺从事销售产品或提供劳务经营活动所取得的利润，是利润总额的主要组成部分。用公式可表达为：

营业利润＝主营业务利润＋其他业务利润－管理费用－财务费用

式中的"主营业务利润"，是店铺从事主要生产经营活动所获得的利润。其公式是：主营业务利润＝营业净收入－营业成本－营业费用－营业税金及附加。其中的营业净收入是营业收入扣除销售退回、销售折让与折扣后的净额；营业成本一般是指销售成本；营业费用在零售店铺中是产品销售费用；营业税金及附加是除增值税以外产品应负担的各种流转税和其他附加费用。

式中的"其他业务利润"，是店铺其他业务收入与其他业务支出两者之间的差额。其可用公式表示为：其他业务利润＝其他业务收入－其他业务支出。

式中之所以把管理费用和财务费用从主营与其他业务利润中扣除，是因为不仅主管业务要包括管理费用和财务费用，而且其他业务也要负担管理费用和财务费用。

【案例 8-2】

计算营业利润

某商店 2002 年的营业净收入为 60 万元，营业成本为 30 万元，营业费用为 5 万元，其他业务利润为 20 万元，管理费用为 15 万元，无财务费用，营业税金为 10 万元，请计算该商店 2002 年的营业利润是多少？

（2）投资净收益。这是店铺对外投资所取得的收益扣除发生的损失后的净额。可用公式表达为：

投资净收益＝投资收益－投资损失

（3）营业外收入。这是与店铺正常的业务经营无必然的直接关系所取得的各项收入。

（4）营业外支出。这是与店铺正常的业务经营无必然的直接关系所支出的各项费用。

（二）收入与利润的管理

店铺对收入与利润管理的要点如表 8-2 所示。

表 8-2 店铺对收入和利润的管理

对收入和利润的管理	应注意的重点
营业收入的管理	应及时办理结算，尽早收回营业收入
	应广开渠道，扩大销售来源。如：不断提供新商品，吸引顾客；提供各种各样的促销活动，以招徕顾客等等
	应认真执行与消费者订立的合同
利润的管理	应增加收入，控制费用支出，提高利润水平
	应充分利用闲置资金进行对外投资，选择最佳的投资组合，谋求更多的投资收益，减少投资损失
	应定期检查、分析利润的计划完成情况，确保利润计划的完成。

另外，零售商利用利润对商店进行管理的方法主要有：

（1）利用量本利分析法对商店获利能力的管理。量本利分析法是利用成本、销量与利润三因素之间的关系来提高企业获利能力的方法。具体公式如下：

利润＝商品销售收入总额－变动成本总额－固定成本总额

　　＝商品销售量×单位售价－商品销售量×单位变动成本－固定成本总额

　　＝商品销售量×（单位售价－单位变动成本）－固定成本总额

式中的固定成本与变动成本是将前述的营业成本、营业费用、管理费用和财务费用分别归集到这两者中去，具体如表8-3所示。

表8-3　固定成本和变动成本归集表

变动成本： 在一定销售量（额）的范围内这类成本随着销售量（额）的变动而发生正比例变动的成本。	进货成本	仓储费
	运杂费	保管费
	装卸费	检验费
	整理费	广告费
	包装费	商品损耗
	保险费	经营人员的工资和福利费
	展览费	其他法律规定的费用
固定成本： 在一定时期和一定销售量（额）的范围内其成本总额不受销售量（额）变动影响的各项期间费用。	管理费用	
	财务费用	
	汇兑损益	
	其他法律规定的费用	

另外，利用量本利分析法还能计算商品的保本销售量（额）、单位边际贡献率等数据，限于篇幅，这里不作介绍。

（2）利用差量分析法对商店获利能力的管理。差量分析法是将各备选方案的差量收入与差量成本进行比较，选出商品经营资金投向满意方案的一种分析方法。其中差量收入是指一个备选方案中的预测商品销售收入与另一方案中的另一商品销售收入的差异数；差量成本也是如此。如果差量收入大于差量成本，则表明前一方案较优；反之则后一方案较优。

例如，某商店有甲、乙两种商品可供销售，它们的销售单价、销售数量与单位变动成本如表8-4所示。

表8-4　两类商品的销量、单价、变动成本比较表

商品名称	甲商品	乙商品
预计销售量	120 件	80 件
预计销售单价	18.50 元	29.80 元
单位变动成本	12.20 元	25.40 元

销售乙商品与销售甲商品的差量收入为：$(80 \times 29.80) - (120 \times 18.50) = 164$ 元；销售乙商品与销售甲商品的差量成本为：$(80 \times 25.40) - (120 \times 12.20) = 568$ 元。则销售乙商品而非甲商品的差量损失为：$164 - 568 = -404$ 元。

显然在上例中，销售甲商品比销售乙商品给商店带来的利润更多。

【案例 8-3】
判断是否经营

某商业的电动玩具的单位售价为 30 元，单位变动成本为 24 元，每年的固定成本总额为 12 000 元，请问：当该商品预测的年销售量为 10 000 只时，商店应不应该经营该商品？

任务三　管理流动资产

学习目标

- **终极目标**

能为商店做好经营过程中的流动资产管理工作。

- **促成目标**

(1) 理解并掌握流动资产的概念、特征及其最佳规模的确定。

(2) 理解并掌握现金的概念及其最佳持有量的确定。

(3) 理解并掌握应收账款的概念及其信用政策制订、日常管理和监控。

(4) 能为商店确定流动资产的最佳规模、现金的最佳持有量，做好应收账款的监控。

工作任务

工作任务书(8-3)

总体任务	××商店流动资产管理情况分析
具体任务	(1) 现有商店流动资产管理案例分析 (2) 现有商店流动资产规模与监控方法调查分析

【活动】一　现有商店流动资产管理案例分析

【活动目标】

(1) 培养学生为商店合理管理和利用流动资产的能力。

(2) 培养学生严谨的逻辑思维能力和准确的判断分析能力。

【活动内容与要求】

(1) 教师准备一系列不同商店进行流动资产管理方面的案例，并将其制作成

PPT 课件。

(2)在课堂上将这些案例展示出来,并要求学生分析并说明这些商店在流动资产管理过程中存不存在问题以及如何解决问题等。

(3)将全体学生分成5组,每个案例经过2分钟左右的简短讨论后,由5个小组分别对该案例进行抢答,其他组认为需要补充的,可以对该组的发言进行补充。

(4)实施要求:事先讲好规则,全班同学以小组为单位分组聚拢在一处。

【成果与检测】

(1)能基本完成商店流动资产管理案例分析的组为良好;完成案例分析准确无误的为优秀。

(2)能对其他小组作相应补充的为良好;不仅能为其他小组发言作相应补充,并且能改正其他小组陈述中错误的为优秀。

📢【活动】二　　现有商店流动资产规模与监控方法调查分析

【活动目标】

培养学生从观察、分析现有商店流动资产规模与监控方法的调查过程中,学习他人好的管理经验和方法,避免将来在这方面出现缺憾与不足。

【活动内容与要求】

(1)教师为学生联系若干家商店,将全体学生分成5组,每组选择一家商店完成流动资产管理情况调查。

(2)教师可以在学完本项目内容后,将任务布置给学生,让学生利用课余时间与前两个任务中的"活动二"一起去完成。

(3)实施要求:每组可以自行确定所要调查的商店;完成调查后应有调查报告和PPT课件,学习下一项目时选1名代表进行汇报。

【成果与检测】

(1)能完成商店流动资产情况调查分析,并有调查报告与PPT文件的组为良好;完成调查分析并且调查报告分析透彻,PPT文件制作精良的为优秀。

(2)小组汇报人员语言流畅,思路清晰的为良好;小组汇报人员不仅语言流畅,思路清晰,而且能脱稿讲解,与观众有交流的为优秀。

🔍 知识讲解

(一)流动资产及其最佳规模的确定

1. 流动资产的概念与特征

流动资产是相对于固定资产而言的,是指可以在1年内或超过1年的一个营业周期内变现或者运用的资产。流动资产的特点是:短期性,易变现性,变动性,波动性。

按资产占用形态为标准划分,流动资产具体分为:①现金,包括现金、各种银行存款和其他货币资金；②短期投资，指各种准备随时变现的、持有期不超过 1 年的有价证券以及不超过 1 年的其他投资，主要是有价证券；③应收及预付款项，包括应收账款、应收票据、其他应收款和预付货款；④存货。

2. 流动资金最佳规模的确定

从理论上来看，在流动负债既定的前提下，如果扩大流动资金所取得的边际收益等于扩大流动资金的边际成本，则此时的流动资金的规模力最佳。在店铺的实际工作中，准确地找到边际收益与边际成本相等时的流动资金规模较为困难。

常用的判断方法如图 8-3 所示。

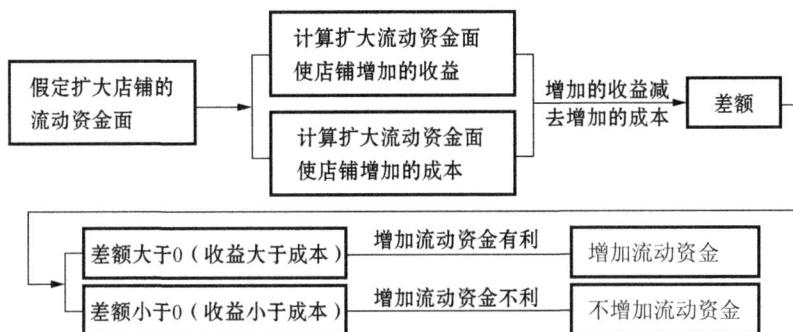

图 8-3　判断是否增加流动资金面的方法图解

另外有两个比率也是商店在确定流动资金最佳规模时需要考虑的：

（1）速动比率。现金加应收账款再除以一年内要偿还的流动负债总额。它显示零售商的资金流动性。比率大于等于 1 表明公司流动性较强，因而很容易偿还短期负债。

（2）流动比率。流动资产总额（包括现金、应收账款和应收票据、存货以及可变现的债券）除以流动负债总额。该比率为 2：1 或更大被认为是状况良好。

（二）现金管理

现金是指商店经营过程中暂时停留在货币形态上的资金，包括库存现金、支票、银行本票、各种银行存款等所有可以即时使用的支付手段。店铺保留现金主要是由于以下 3 个动机，即为了满足交易性动机、预防性动机和投机性动机。

1. 最佳现金持有量的确定

最佳现金持有量是指在正常情况下，保证店铺生产经营是低限度需要的现金和银行存款数额。常用的确定最佳现金持有量的方法有以下几种：

（1）现金周转模型。现金周转是从现金投入生产经营开始，到最终转化为现金的过程。其中确定现金周转期是确定最佳现金持有量的关键，具体公式是：

现金周转期＝存货周转期＋应收账款周转期－应付账款周转期

式中的存货周转期、应收账款周转期和应付账款周转期分别是存货、应收与应付账款转化现金收入或支出所需的时间。

确定了现金周转期之后，便可确定最佳现金持有量：

最佳现金持有量＝预计现金全年总需求量÷360×现金周转期

最佳现金持有量的确定及现金的日常管理。

何为商店持有现金的交易性动机、预防性动机和投机性动机？

（2）成本分析模型。这是通过分析店铺持有现金的投资机会成本、管理成本、短缺成本方案，以3种成本之和最低方案求得最佳现金持有量的方法。最佳现金持有量的计算，应当先分别计算出各种现金持有方案下的机会成本、管理成本、短缺成本，然后计算各种方案下的这3种成本之和，然后从其中选出总成本最低的方案，该方案的现金持有量就是最佳现金持有量。

（3）因素分析模型。这是根据上年现金占用额和有关因素的变动情况来确定最佳现金持有量的一种方法。但对于新开设的店铺，或希望扩大经营规模的店铺，及以往没有正规财务记录的店铺而言，这种方法就不能适用。

2. 现金的日常管理

进行现金日常管理的具体措施如表8-5所示。

表 8-5　现金日常管理的具体措施

现金日常管理的措施	具 体 内 容
建立健全现金内部控制制度	现金收支尽可能通过银行结算
	实行内部牵制制度，如管钱的不管账，管账的不管钱
	实行内部稽核制度
在不影响销售的情况下，尽可能地加快现金的收回	增加现款销售，减少赊销
	采用安全快捷的结算方式，加快收款速度
	收到支票后尽快处理，使之尽早存入账户，指定专人办理大额收款等
延迟应付款的支付	在不影响店铺信誉的前提下，尽可能地推迟应付款的支付时间，充分利用供货方的信用期
	利用现金浮游量及适度透支
	利用汇票方式（主要利用见票后定期付款、定日付款和出票后定期付款的汇票）付款
力争现金流量同步	店铺应根据收入现金的时间，安排付出现金的时间，尽量使流入量与流出量趋于一致，以降低现金的余额
适当进行证券投资	有较多闲置不用的现金可进行证券投资，可选择的证券品种有国债、企业债券、企业股票等，以获取较多收益

相关知识链接

现金浮游量

现金浮游量是指店铺从银行存款账户上开出的支票总额超过其银行存款账户的余额。例如，虽然店铺的银行存款余额仍为3万元，但是由于店铺已经开出了一张1万元的支票，所以店铺账面上存款只剩下2万元。在收款方到银行兑现支票以前，这笔现金并未实际支付，企业仍可以再开出一张3万元的支票。在现实操作中，由于邮政递送、支票处理等所耽搁的时间而延缓了支票的支付，形成在途资金。有时店铺账户上的资金已经为零时，而银行账户上该店铺的现金余额还有很多。如果店铺能正确估计在途资金（现金浮游量）并加以利用，就可以节约大量资金。

（三）应收账款管理

应收账款是指店铺因对外销售商品、提供服务而应向消费者收取的款项。应收账款管理的目的是在应收账款信用政策所增加的销售盈利和这种政策成本之间作出权衡，只有当应收账款所增加的销售盈利超过所增加的成本时，才宜实施赊销政策。

1. 应收账款信用政策的制订

（1）信用标准：店铺接受消费者赊销条件时消费者应具备的最低财务力量。通常以预计的坏账损失率作为判别标准。

（2）信用条件：店铺要求消费者支付赊销款项的条件。主要包括：①信用期限，店铺给予消费者的付款期限。如：店铺允许消费者在购货后的 45 天之内付款，则信用期限为 45 天。②现金折扣政策：折扣期限，即为消费者规定的可以享受现金折扣的付款时间；现金折扣率，即商店因消费者提前付款给予的价款优惠比率，如 2/10 表示消费者如能在自购货开始 10 日之内付款，将会得到总价款的 2% 的现金折扣。

（3）收账政策：信用条件被违反时，店铺采取的收账策略。店铺不论采取何种收账政策都会给店铺带来相应的支出，即收账费用。按照收账费用由低到高的排序，店铺对应的收账方法主要是：电话催收──→信函催收──→派人催收──→诉诸法律。

2. 应收账款的日常管理

（1）信用调查。这是对有关消费者信用方面的资料进行收集整理的过程，主要从以下几个方面展开：

一是店铺在接到消费者赊销请求后，直接与消费者接触，通过面谈、观察、询问、家访等方式获取消费者的直接信用资料。

二是根据消费者的职业、收入、支出、有无分期付款消费等内容，分析消费者的财务状况。

三是通过银行及信用机构的证明文件来了解消费者信用，但目前这种方式在我国还不可能实现。

四是通过其他渠道，如税务部门、消费者协会、工商管理部门、证券交易所、新闻媒体的报道等，获得消费者资信。

（2）信用评估。信用评估的方法有很多，但常用的有以下两种：

一是五因素评估法：通过对影响信用的 5 个基本因素，即消费者的品德、能力、资本、抵押品、条件（指经济环境发生变化对消费者还款能力可能造成的影响）的综合、系统分析，来判断消费者的信用状况。

二是信用评分法：信用评估的定量分析方法（见图 8-4）。

3. 应收账款的监控

（1）账龄分析法。账龄分析法就是通过编制账龄分析表，以显示消费者所欠账款账龄的长短，并按时间长短排序，最终测算店铺可能的坏账损失。账龄越长则损失发生的可能性越大。店铺应分析消费者拖欠货款的原因，分别采取不同的

图 8-4 信用评分法流程

收账方式,尽快催收。

(2) 平均收账期法。平均收账期法是通过计算应收账款的实际周转率(实际收现天数),并将其与目标周转率进行比较分析,为加强对应收账款的监控提供依据的一种方法。商店平均收账期如果仅针对消费者个人具体进行,则可以赊销合同中的信用条件作为目标周转率;但如果是以某一时期内全部应收账款为对象进行,则应以行业平均水平为周转率。全部应收账款的年度内平均收账期的计算公式如下:

应收账款平均收账期=360÷(赊销收入÷应收账款平均余额)

应收账款发生后,店铺应采取各种措施,尽量争取按期收回款项,避免坏账损失。

相关知识链接

回收期以及应付账款与销售净额之比

回收期:应收账款总额除以销售净额,然后再乘以 365。它可以衡量应收账款(顾客到期未付的款项)的质量。一般来说,在大部分销售都是以信用方式进行的情况下,回收期超过正常销售期间的 1/3 或更多(如信用期为 30 天但在第 40 天收回贷款)则表明账款回收不利。

应付账款与销售净额之比:应付账款总额除以年销售净额。这个比率把零售商对供应商的支付情况与它们之间的交易量做了比较。如果比率高于行业平均水平则表明零售商依赖供应商为其提供营运资金。

> 讨论:品析案例,分析相关商店财务管理知识点在案例中的体现。

经典案例赏析

灾难连连

某商店 2002 年的固定资产盘盈为 15 万元,A 设备卖掉后所得扣除账面净值及费用、税金为净额为 8 万元。由于当地连日暴雨以致商场进水,给商场造成的损失为 3 万元。某供货商因违约而支付给商店 2 万元违约金。商店为当地社区兴办老年人活动室提供捐赠物品和现金共计 3 万元。由于商店 7 月出售的食品造成了当地 20 人食物中毒,商店赔偿了 5 万元,并被有关部门罚款 2 万元。

思考(结合所学知识分析下列问题):该商店的营业外收支净额是多少?

思考与练习

姓名_____　班级_____　学号_____

（1）某商业企业准备经营 A 商品，A 商品的售价为 50 元，预计单位变动成本是 30 元、每年的固定成本总额为 30 000 元，请问：当该商品的年预计销售量为 1 400 件时，该企业应不应该经营该商品？

（2）某商业企业准备经营某一类商品，这一类商品中有 A、B 两个品牌，其中的 A 品牌是中低档产品，而 B 品牌的产品是中高档产品，但商店限于自己的营业面积只能在其中选择一个商品经营。这两种产品的预计销售数量、销售单价和单位变动成本分别如下：A 商品的预计销售量为 2 000 件、预计销售单价为 15 元、预计单位变动成本为 12 元；B 商品的预计销售量为 1 000件、预计销售单价为 25 元、预计单位变动成本为 20 元。

请问：该商店经营哪种商品更有利？

（3）某商店 1999 年的营业净收入为 60 万元，营业成本为 20 万元，营业费用为 10 万元，营业税金及附加为 5 万元，其他业务收入为 15 万元，其他业务支出为 10 万元，年度的管理费用为 5 万元，财务费用为 5 000 元，投资收益为 4 万元，营业外收入 1 万元，营业支出为 2 万元，请问该商店 1999 年的利润总额为多少？

项目九

商店的日常作业管理

本项目内容结构图

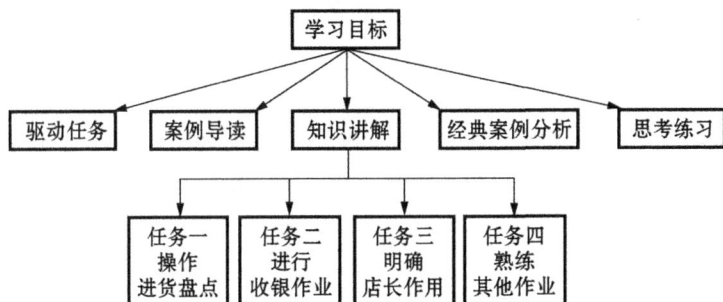

学习目标

- **终极目标**

能为商店实际操作进货作业、盘点作业、收银作业、领货作业、标价作业、补货上架作业、顾客退换货作业、变价作业、缺货管理作业，能为门店承担店长管理作业。

- **促成目标**

(1) 理解并掌握进货作业与盘点作业流程。

(2) 理解并掌握收银作业流程。

(3) 理解并掌握店长管理作业流程。

(4) 理解并掌握领货作业、标价作业、补货上架作业、变价作业、顾客退换货作业、缺货管理作业流程。

驱动任务

(1) 利用店铺经营实践资料，对店铺进货与盘点作业情况进行分析。

(2) 利用店铺经营实践资料，对店铺收银作业情况进行分析。

(3) 利用店铺经营实践资料，对店铺店长管理作业情况进行分析。

(4) 利用店铺经营实践资料，对店铺领货作业、标价作业、补货上架作业、变价作业、顾客退换货作业、缺货管理作业情况进行分析。

案例导读

无尽的等待

2002 年 5 月 1 日上午,某购物广场迎来了顾客流的高峰期。一位顾客推着一车物品在收银台前排队结账。当商品条码扫描进行到一半时,收银台前来了两位佩戴红色工牌的商品部门课长。只见这两位课长跟收银员说了几句什么,收银小姐立即放下了手中扫描了一半的商品,跟那两个课长核对起什么来。顾客没说什么,继续等着。然而 5 分钟过去了,他们 3 个人的核对工作仍然没有结束,顾客还是没说什么。10 分钟过去了,核对没有结束,顾客与他的家人无奈地交换着表情。15 分钟过去了,顾客实在忍无可忍发了火:"你们有完没完,能不能把我的东西算完账再说。"顾客边说边向其他等待买单的顾客说:"连个招呼都没有,就把我们晾到一边去了。"其他顾客连连点头表示赞同。3 个人这才结束了核对,收银员又继续开始工作,自始至终,没有人对顾客说一句"对不起",最后顾客很不满意地离开了。

请思考在上述的收银活动中存在哪些问题?应怎么解决?(通过对本项目的学习,你将找到这些问题的答案。)

任务一　进货与盘点作业

学习目标

- **终极目标**

能为商店实际操作进货作业、盘点作业。

- **促成目标**

(1) 理解并掌握商店进货作业流程。

(2) 理解并掌握商店盘点作业流程。

工作任务

工作任务书(9-1)

总体任务	××商店进货与盘点作业情况分析
具体任务	××商店进货与盘点作业案例分析

【活动】　××商店进货与盘点作业案例分析

【活动目标】

培养学生为商店实际操作进货和盘点的能力。

【活动内容与要求】

（1）教师准备一系列商店进货与盘点作业方面的案例，并将其制作成 PPT 课件。

（2）在课堂上将这些案例展示出来，要求学生分析并说明商店在进货与盘点作业过程中存不存在问题以及如何解决问题等。

（3）将全体学生分成 5 组，每个案例经过 2 分钟左右的简短讨论后，由 5 个小组分别对该案例进行抢答，其他组认为需要补充的，可以对该组的发言进行补充。

（4）实施要求：事先讲好规则，全班同学以小组为单位分组聚拢在一处。

【成果与检测】

（1）能基本完成商店进货与盘点案例分析的组为良好；完成案例分析准确无误的为优秀。

（2）能对其他小组作相应补充的为良好；不仅能为其他小组发言作相应补充，并且能改正其他小组陈述中错误的为优秀。

知识讲解

（一）进货作业

商店进货作业的程序为：订货作业→进货作业→验收作业→退换货作业→调拨作业。

1．订货作业

1）订货作业的流程和方式

订货可分成分散式订货和集中式订货两种。分散式订货是指商店仅是单店，或虽是连锁企业的分店但被授权可以自行向厂商订货的一种订货流程。集中式订货是指连锁企业的各分店将订单传至连锁总部，由总部汇总后通知自己的配送中心进行订货和配送。下面是两种订货方式的作业流程（见图 9-1）：

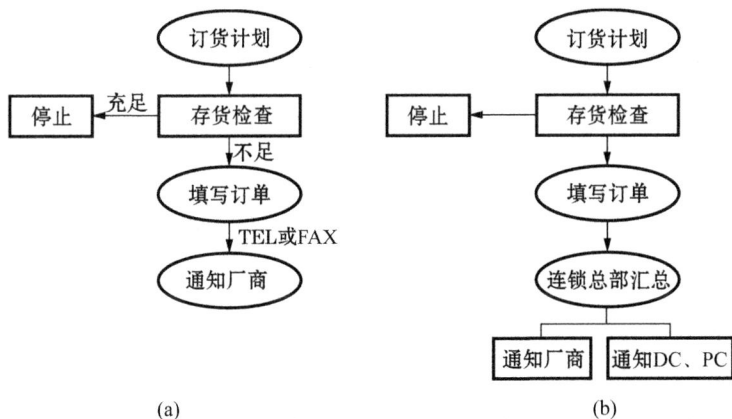

图 9-1　订货流程

（a）分散式订货流程　（b）集中式订货流程

2) EOS 订货系统

EOS 电子订货系统是用 VAN 系统和 EDI 系统而建立起来的,连接连锁总部、连锁门店、供应商、物流中心、制造商等整体的供应系统。

VAN 系统是增值网络系统,在基本网络环境下,利用电脑软件系统和通信设施将所收集到的商业信息经电脑网络,附加各种服务,再提供给第三者,如电子广告、数据库查询等。

EDI 系统是利用电脑和通讯技术,将交易双方的商品选择、订货、配送、流通、验收、付款等信息自动地传输,实现"无纸贸易"

(1) EOS 系统的基本构件。基本构件主要有:一是价格簿,即商店应根据商品类别编制商品价格簿,标明商品品牌、类别、价格、条形码,这样在运用时商店只需扫描价格簿上的条形码就能完成订货作业,而不需扫描具体商品上的条形码了。二是掌上终端机,即扫描商品条形码及数量的工具。三是数据库。

(2) EOS 系统订货的作业流程如图 9-2 所示。

3) 订货作业注意事项

(1) 订货要注意适时与适量,如 A 商店的订货时间为每天上午 8:00~9:00 等。

(2) 要事先做好计划,订货量的决定应考虑如下因素:每日销售量、订货至送达的前置时间、配送周期、最低安全存量、陈列空间、商品包装人数、厂商配送最小单位、最小订货量等。

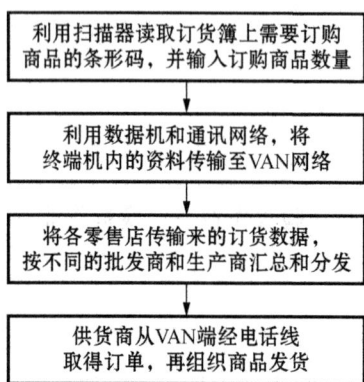

利用扫描器读取订货簿上需要订购商品的条形码,并输入订购商品数量

利用数据机和通讯网络,将终端机内的资料传输至VAN网络

将各零售店传输来的订货数据,按不同的批发商和生产商汇总和分发

供货商从VAN端经电话线取得订单,再组织商品发货

图 9-2　EOS 系统订货作业流程图

(3) 订货人员在规定的订货时间,要检查卖场及仓库的库存量,若存货低于安全存量,或遇到促销活动、节假日时,必须提前发出订单。

(4) 填写订货单时,若是以电话或传真方式传递,则订货单必须依据不同厂商来填写;如果是以 EOS 方式来传递,则订货时以掌上型终端机扫描或键入商品名称和数量,再使用数据机传送到厂商处。

2. 进货验收作业

1) 卸货

进货作业是从商品自运输工具上卸下来开始的。理想的卸货应在室内进行,但如在店外进行,应避免在营业时间于商店门口卸货。

2) 核验

商品从送货车上卸下后,未拆卸前,应在司机面前验收箱数是否正确,外包装是否无损。核验方法如表 9-1 所示。

直进商品(即从生产厂家或批发企业处进货的商品,如生鲜商品、奶制品等)的验收要注意:一是供货单位的送货单要盖用公章、送货人签名及写明送货日期才予以验收;二是验收员要认真核对送货单商品数量、产品有效期和不含税单价无误后才能验收签名,写明收货日期,再由值班主任核对签名,然后集中制单,做好收货记录。

表 9-1　进货检验方法

检验方法	具 体 内 容
直接核对法	由验货员根据送货单逐项核对进货数量的方法
障蔽核对法	验收员先不看送货单,而是边验货边制单,验收完后再与送货单核对,检查有无错漏短缺
半障蔽核对法	验收员使用一张订货单副本,上面除了数量之外,所有内容都包括其中,验收员边核对边填上数量,再与送货单上的数量核对无误后签单

3）收货记录

验收记录是进行商品验收的重要书面记载,内容一般包括:收发货单位名称、凭证号码,实收商品数量、规格、质量,数量差额和质量不符程度,验收日期、地点、验收人等。商店也可以送货单作为收货记录,上面注明实收商品数量及差额并有验收员及司机的签名,作为日后会计记账和商店盘存的依据。

4）商品短缺或残损处理

（1）配送中心供货商品短缺或残损的处理,主要方法有:①商品件数不符或铁篮内商品账物不符,当天必须向配货中心反映,以便纠正,及时补充;②商品原封内短缺或破损,由商场直接向采购部有关人员反映,现场必须有主任、验收员签名作凭证依据,一切处理均由商场解决;③商品曾开封出现短缺,现场必须有主任、验收员签名作凭证依据,一切归配送中心处理;④凡属配送中心发货的商品,若发现质量不符或为到期前一个月的商品,则每月规定时间,由配送中心根据各商场上报的退货商品和数量进行集中退货。

（2）直进商品短缺或残损的处理,主要方法有:一是验收员在验收商品时,发现短缺应及时要求供货单位补足;二是商品质量不符或有残损时,根据不同情况或要求退换,或经双方协商按质论价、降价接收;三是对于危及消费者利益的商品,应当场拒收。

5）对滞销商品处理

商店各部门对滞销商品要及时列表上报采购部,以便调整品种。

> **进货验收注意事项**
> ①进货要遵守时间,进货时间的确定应考虑厂商作业时间,交通状况,营业需要及内部员工出勤时间;②商品整理分类要清楚,在指定区域进行验收;③先退货再进货,以免退调商品占用店内仓位;④验收要仔细、严格。

3．退换货作业

退换货作业（这是指商店向供应商退换货,而非顾客向商店退换货）可单独进行也可与进货作业相配合,利用进货回程将退换货带回。在退换货作业上应注意：

（1）厂商确认，即先查明待退换商品所属的厂商或送货单位。

（2）填写退货申请单，注明其数量、品名及退货原因。

（3）办退货之前，先通知财务部门扣押货款，以免厂商不认账。

（4）退调商品要妥善保管，应规划专门区域暂存，整齐分类才易管理。

（5）一旦确认商品不符合要求，要迅速联络厂商办理退调货。

（6）退货时确认扣款方式、时间和金额，退换货最好定期办理，如每周一次或每 10 天一次。

（二）盘点作业

商品盘点可以分为定期盘点和临时盘点两种。**定期盘点**是指商场制度规定的在固定某个时期进行的商品盘点，如年末、季末、月末的盘点。**临时盘点则是在调整零售价格、改变陈列方法、调动商品负责人或发生其他变故时，对商场内全部商品或一部分商品所进行的盘点。**盘点可用商品盘点机械进行（见图 9-3）。

图 9-3　商品盘点机
(a) CASIO DT900　(b) DENSO 8000

1. 盘点的类型与方法

1）盘点的类型

门店盘点有封闭式和半封闭式两种：封闭式是门店停业与外界隔绝进行；半封闭式是营业中局部隔离进行。按盘点实施的时间，门店盘点有如下类型：

（1）日常盘点。这是每日工作结束时进行的账、物检查和确认，以确定一天的收发账目平衡的过程。

（2）月度盘点。这是每月工作结束时进行的账、物检查和确认，以确定当月收发账目的平衡。与其类似的还有周盘点、旬盘点、季盘点等。

（3）年度盘点。这是每年工作结束时进行的账、物全面检查和确认，实现对当年年度的工作结果进行一次全面检讨，以发现问题，实施预防和纠正，并为决策提供依据。

（4）其他盘点。这是在一些特殊情况下进行的盘点，如停业、整顿、结账、审计等，这些盘点是随工作状态而出现的，需要在领导指示下实施。具体有：

①停业盘点，当终止某项业务时，对该项业务的物料进行盘点，以便完全消除其存在的影响；②整顿盘点，当日常工作中因某项业务出了问题时，领导者为了彻底理清而指示的盘点；③结账盘点，某项工作进行过程中当完成一个段落时，为了

给关联人员结账或顺利开展下一步工作而进行的前期盘点；④突击盘点，一般是针对贵重物料进行的突击检查，目的是为确保贵重物品的安全。

2）盘点的方法

（1）定期盘点法。这是选择某一日期，全面盘点所有商品的一种方法，通常在一会计期间的期末进行，可以每半年或一年进行一次。具体方法有：

①盘点单盘点法。这是以商品盘点单统计盘点结果的方法，该方法在整理列表上十分方便，但容易在盘点过程中出现漏盘、重盘、错盘等现象。②盘点签盘点法。这是在盘点中采用一种特别设计的盘点签，盘点后贴在实物上，经复核者复核后撕下。该方法可在盘点时商店需紧急发货或临时进货的情况下使用，且做账和做报表都很方便。③货架签盘点法。这种方法不必特意设计盘点的标签，而是以原有的货架签作为盘点工具，盘点人员盘点完毕即将盘点数量填在货架签上，复核人员复核后确认无误即揭下原有货架签再换上不同颜色的货架签即可。

（2）循环盘点法。这是将商品物料逐区、逐类、分批、分期、分库连续盘点，或在某类物资达到最低存量时，加以机动盘点的方法。循环盘点法可以细分为以下三种方法：

①分区轮盘法，即由盘点专业人员将门店和仓库分为若干区，依序清点商品物料存量，一定日期后再从第一区起周而复始盘点；②分批分堆盘点法，即将商品记录签放置于透明塑胶袋内，拴在商品的包装上，一旦发放商品，立即在记录签上记录，并将领货单副本存于该透明塑胶袋内，盘点时对尚未运用的包装件可认定其存量无误，只将动用的存量进行实际盘点，若不符，则核查记录签与领货单即可了解清楚；③最低存量盘点法，即当库存货物达到最低存量或订购点时，通知盘点专业人员清点仓库，盘点后开出对账单，以便核查误差。该方法对经常收发的商品进行管理相当有效。

（3）联合盘点法。这种方法是将定期盘点法与循环盘点法等数种方法结合起来使用，进行盘点的方法，如将最低存量盘点法与定期盘点法结合起来使用，或将分批分堆盘点法与分区盘点法结合起来使用等。

2. 盘点作业流程

盘点作业流程主要包括：盘点前的准备工作，盘点中的作业和盘点后的处理。盘点作业流程如图9-4所示。

1）盘点前的准备工作

盘点前的准备工作主要包括以下几个方面：

（1）做好盘点计划工作。盘点计划的内容如表9-2所示。

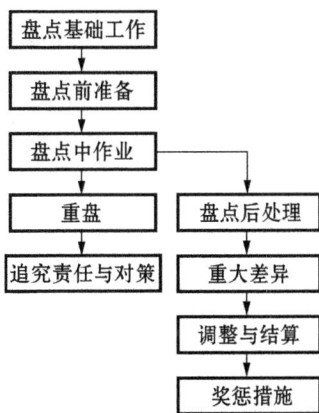

图9-4　盘点作业流程图

表 9-2　盘点计划的内容

盘点计划内容	具体要求	
盘点时间	精确到哪一天哪一时段	
盘点目的	一般为确定实际商品存货数量,核实账目存货记录	
	衡量存货价值,实施良好的商品管理控制	
盘点范围	确定是全部商品还是部分商品	
盘点人员及其职责	总盘人	负责盘点工作的总指挥,督导盘点工作的进行及异常事项的裁决
	主盘人	负责实际盘点工作的推动,确保各分区盘点工作进度与质量,是不同商品区盘点作业的负责人
	会点(初盘)人	负责数量点计
	填表人	负责填写盘点人的数量记录,要求记录准确、清楚
	核对(复盘)人	负责复核初盘人与填表人填写的数据是否准确,如果有差异应分析其产生原因
	协点人	负责盘点时物品搬运及整理工作
	抽查(监控)人	负责盘点过程中的抽查监督

商店对于选定的盘点人员还需要进行简单的培训,培训主要分为 3 部分:一是商品知识的培训,主要针对复盘人员与抽查人员;二是盘点方法的培训,针对所有盘点人员;三是盘点注意事项的培训,如盘点时应一行一行地清点,不能错行,不能按列清点;盘点终了时应向负责人汇报,经核准后始得离开岗位及其他需注意的事项等。

> 商店盘点时每一个盘点区域都应落实到人,各个商品部的工作人员应做好本部门的盘点工作。请问:这种说法是否正确? 为什么?

(2) 做好商品整理工作。为了防止商品漏盘、重盘、错盘,在盘点前应对商品集中门类整理。

(3) 做好账目及单据整理工作。账目整理主要是清理手续凭证和有关事项,核对账目,落实账面存货余额。单据的整理主要有进货单据、变价单据、净销货收入汇总、报废品汇总、赠品汇总、移仓单整理等。

(4) 对外发布通知。告知顾客和直送货物的厂商,避免顾客徒劳往返和厂家在盘点时送货。

2) 盘点中的作业

盘点中作业可分为初点作业、复点作业和抽点作业,具体作业内容(以采取盘点单盘点法的盘点为例)如表 9-3 所示。

表 9-3　盘点中的作业内容

盘点作业	具体作业内容
初点作业	先点仓库,后点卖场
	若在营业中盘点,卖场内先盘点购买频率低的商品
	最好两人一组进行盘点,一人点一人记

（续表）

盘点作业	具体作业内容
初点作业	盘点单上的数据应写清楚，以免混淆
	不同特性的商品盘点应注意计量单位的不同
	盘点时应顺便观察商品的有效期，过期商品应随即取下，并做记录
	营业中盘点应注意不可高声谈论，或阻碍顾客通行
	店长应掌握盘点进度
复点作业（可在初点进行一段时间后进行）	复点人员应手持初点的盘点表，依次检查，把差异填入差异栏
	复点人员用红色笔填写
抽点作业（可参照复点办法）	抽点的商品可选择卖场内死角，或不宜清点的商品
	也可选择单价高，金额大的商品
	对初点与复点差异较大的商品，要加以实地确认

3）盘点后的处理

（1）盘点后的主要工作：①资料整理；②计算盘点结果；③根据盘点结果实施奖惩措施；④根据盘点结果找出问题，并提出改善对策。

（2）盘亏商品处理。商品盘点工作结束后，不可能保证商品百分之百无差错，账实绝对相符。当盘点出现差错，账实不符时，应填写盘点差异记录表和商品处理报告单，并交由店长处理。

任务二　进行收银作业

学习目标

• **终极目标**

能为商店实际操作收银作业。

• **促成目标**

（1）理解并掌握商店收银作业流程。

（2）理解并掌握收银员工作规范。

（3）理解并掌握收银错误的处理技巧。

（4）理解并掌握结算时收银员的服务技巧。

（5）理解并掌握收银员装袋服务的技巧。

工作任务

工作任务书(9-2)

总体任务	××商店收银作业情况分析
具体任务	(1) ××商店收银作业案例分析 (2) ××商店收银作业流程调查分析

📢 【活动】一　　××商店收银作业案例分析

【活动目标】

(1) 培养学生为商店快速准确操作收银作业的能力。

(2) 培养学生细致、耐心的工作态度。

【活动内容与要求】

(1) 教师准备一系列商店收银作业方面的案例,并将其制作成 PPT 课件。

(2) 在课堂上将这些案例展示出来,要求学生分析并说明商店员工在收银作业过程中存不存在问题以及如何解决问题等。

(3) 将全体学生分成 5 组,每个案例经过 2 分钟左右的简短讨论后,由 5 个小组分别对该案例进行抢答,其他组认为需要补充的,可以对该组的发言进行补充。

(4) 实施要求:事先讲好规则,全班同学以小组为单位分组聚拢在一处。

【成果与检测】

(1) 能基本完成商店收银作业案例分析的组为良好;完成案例分析准确无误的为优秀。

(2) 能对其他小组作相应补充的为良好;不仅能为其他小组发言作相应补充,并且能改正其他小组陈述中错误的为优秀。

📢 【活动】二　　××商店收银作业流程调查分析

【活动目标】

培养学生学习好的收银作业方法和管理经验,提高将来从事实际收银作业或收银管理工作的能力。

【活动内容与要求】

(1) 教师为学生联系 5 家不同业态的商店,将全体学生分成 5 组,每组选择一家商店完成商店收银作业流程情况的调查。

(2) 教师可以在学完这一内容后,将任务布置给学生,让学生利用课余时间去完成。

(3) 实施要求:每组可以自行确定所要调查的商店;完成调查后应有调查报告和 PPT 文件,下次上课时选 1 名代表进行汇报。

【成果与检测】

(1) 能完成商店收银作业流程情况调查分析,并有调查报告与 PPT 文件的组为良好;完成调查分析,调查报告分析透彻,PPT 文件制作精良的为优秀。

(2) 小组汇报人员语言流畅,思路清晰的为良好;小组汇报人员不仅语言流畅,思路清晰,而且能脱稿讲解,与观众有交流的为优秀。

知识讲解

收银作业是商店销售服务管理的一个关键点,是商店日常作业中最重要的组成部分,它直接关系到商店的经济效益,也影响着顾客对商店的最后印象。下面有 3 家商店收银区域实景图(见图 9-5):

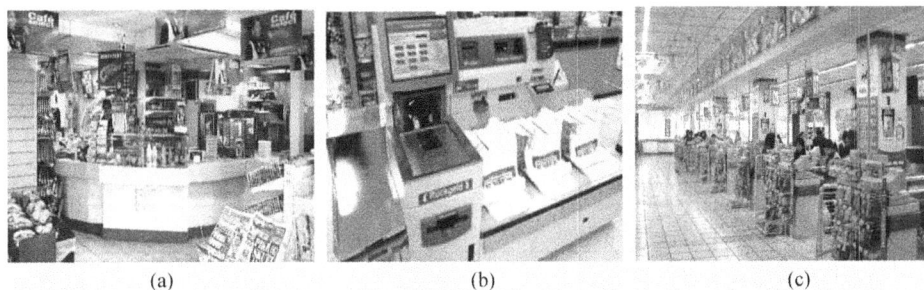

图 9-5　收银作业区域

(a) 7-11 收银台　(b) 麦德龙收银台　(c) 沃尔玛收银区

(一) 收银作业流程

收银员的每日工作流程安排可分为:营业前、营业中、营业后 3 个阶段。为了看起来清楚明晰,可以用图表来表示 3 个阶段的工作内容(表 9-4 主要以超市收银员的收银作业为例,其他业态商店收银员的收银作业内容会略有不同,但大体要求基本一致)。

表 9-4　收银员收银工作流程

	收　银　台
营业前	清洁、整理收银作业区:①收银台、包装台;②收银机;③收银柜台四周的地板、垃圾桶;④购物篮、手推车放置处
	整理、补充必要的物品:①各种型号的购物袋、包装纸;②点钞油;③汤匙、吸管、卫生筷子;④各式记录本及表单;⑤胶带、胶水;⑥干净抹布;⑦剪刀、便条纸、笔;⑧订书机、订书钉;⑨发票、空白收银条;⑩警钟;⑪装钱布袋;⑫"暂停收款"牌
	补充收银台前头货架上的商品
	备好放在收银机抽屉中的定额零用钱:①各种面额的纸币;②各种面额的硬币
	检验收银机:①发票存根联及收银联的安装且是否正确、号码是否相同;②日期是否正确;③机内的程式设定和各项统计数值是否正确或归零
	收银员服装、仪容的检查:①制服是否整洁,并合乎规定;②是否佩戴识别证
	熟记并确认当日特价品、变更售价商品、促销活动,以及重要商品所在位置
	早会礼仪训练
营业中	招呼顾客
	为顾客结算商品款

（续表）

营业中	帮助顾客将商品装袋
	特殊收银作业处理：①赠品兑换或赠送；②现金抵用券或折价券的折现；③点券或印花的赠送；④折扣的处理
	没有顾客结算付款时：①整理及补充收银台各项必备物品；②整理购物提篮、推车；③整理及补充收银台前头柜的商品；④兑换零钱；⑤整理退货；⑥擦拭收银柜台、整理环境
	收银台的抽查作业
	处理顾客作废的发票
	保持收银台及周围环境的清洁
	协助、指导新人及兼职人员
	顾客询问及周围环境的清洁
	收银员交班结算业务
营业后	整理作废发票及各种点券
	结算营业总额
	整理收银台及周围环境
	关闭收银机电源并盖上防尘套
	擦拭购物推车、提篮，并放到固定位置上
	协助现场人员处理善后工作

（二）收银员工作规范

（1）收银员上班携带的钱财和物品应先放入其他地方或保管处，在营业时身上不可带有现金，以免引起不必要的误会。

（2）收银台不可放置任何私人物品（茶水应定位放置）。

（3）开业后，收银员不允许擅离工作岗位，以免造成钱币损失，或引起等候结算的顾客的不满。若确实需要暂时离开，应将原因及离开时间告诉临近收银员，并锁上收银机，用链条将该收银通道拦住。

（4）离开收银台时，要将"暂停收款"牌放在收银台上的，并将现金全部锁入收银机的抽屉内，钥匙要随身携带或交由值班长保管。

（5）在一般情况下，如果还有排队等候结账的顾客，不可立即离开收银台。将离开收银台的原因和回来的时间告知临近的收银员或售货员。

（6）收银员在营业过程中应始终保持良好的态度，面带微笑，唱收唱付，忙而不乱，轻拿轻放。不可在营业时间看书看报，更不可当着顾客的面与他人聊天。

（7）收银员要熟知重要商品、特价商品的价格及位置，熟知商场推出的各种促销活动，以便随时对顾客的提问作出解答。

（8）收银员要熟知商品装袋原则，按要求将商品依序装入袋中。

（9）不可任意打开收银机的抽屉查看，点算金钱。

（10）收银员必须使用规范的服务用语。

（三）收银错误的处理技巧

收银错误的处置方式如表 9-5 所示。

表 9-5　收银错误的处理方式

常见的收银错误	收银员可采取的处理方式
为顾客结算时发生收银错误	真诚地向顾客道歉，解释原因并立即予以纠正
	如果收银单已经打出，应立即收回，并将正确的双手递给顾客，并因耽误顾客时间而再次向顾客道歉
	请顾客在作废的结算单上签字，并登记入册，请值班经理签字作证
	向顾客的合作表示感谢
顾客携带现金不足或临时退货的处理	应好语安慰，不要使顾客感到难堪，并建议顾客办理不足支付部分的商品退货
	如果已经打好结算单，应将其收回，重新为顾客打一份结算单
	如果顾客临时决定退货，应热情、迅速地为顾客办理退款手续
	作废结算单的处理程序与第一种收银错误的处理方式相同
营业员下班前核对营业收入时发现收入收付发生错误的处理	应将差额部分写出书面报告，以解释原因
	如果货款短缺，应分析是人为因素造成的还是非控制因素造成的，以决定收银员是部分赔偿或全部赔偿
	如果实收金额大于应收金额，说明收银员多收了顾客的货款，直接影响到零售店铺的形象，应责令收银员支付同等的多收金额，以示惩戒

注意：在具体的收银工作中无论多收或少收，都应由收银员全面负责，以增强其责任心。严重的，不仅要通报批评，而且要辞退。

【案例 9-1】

POS 系统与收银错误

甲开了一个商店，由于经常发生收银错误，因此甲决定使用 POS 系统，于是花了 5 万元安装了全新的 POS 系统。安装调试完成之后，甲认为这样收银就不会再出现差错了。请问：是不是商店使用了先进的 POS 系统就会把收银出错率降到零？为什么？

（四）收银员装袋服务的技巧

收银员在为顾客结算完货款以后，就要帮助顾客将商品装入袋中。这一过程看似简单，其实也要讲求一定的技巧，具体有：①质地比较硬的和重的商品应该垫底；②容易流出汁水的商品应单独另外装袋；③形体比较方正的商品应装入两侧，起支撑作用；④瓶装饮料和膨化食品应装入中间；⑤易碎商品、冷冻食品，要提醒顾客轻拿慢放；⑥要将零售店铺的促销广告或赠品放在大袋中；⑦要知道每个便携袋的最大承载量；⑧装完袋以后，要用礼貌用语对顾客说："欢迎您再来！"。

（五）结算时收银员的服务技巧

零售店铺收银员在为顾客结算时，应为顾客提供系统的服务，将这一系统过程细化,具体项目和操作环节如表 9-6 所示。

表 9-6　收银员在结算过程中向顾客提供的服务

具体步骤	标准用语	服务的具体内容
欢迎顾客	"您好,欢迎光临!"	(1)面带笑容,目光正视顾客; (2)等待顾客将提篮或手推车中的商品放在收银台上; (3)将收银机的屏幕侧向顾客。
扫描或登录商品,并告诉顾客总金额	"一共……元。"	(1)左手取出商品,并找到商品包装上的条形码; (2)用扫描器扫描条形码; (3)将扫完的商品与未扫的商品分开,以免混淆; (4)检查收银台上和手推车中是否还有未扫描的商品; (5)将提篮从收银台上拿开,并叠放在一起。 (6)如果是百货商店、专卖店、专业店等业态的商店,则根据售货员开具的销售小票结算商品总金额。
唱收顾客的现金	"收您……元。"	(1)确认顾客交付的金额,并检验其真伪; (2)将顾客交付的金额输入计算机; (3)将现金放压在收银台的磁盘上; (4)如果顾客没有付款,再重复一遍金额,不能用不耐烦的语言,例如"快点"等。
唱付给顾客零钱	"找您……元,您数一数。"	(1)找出正确的零钱; (2)打出收款结算单,将大钞放在下面,连同零钱双手递给顾客; (3)待顾客没有疑问时,立即将磁盘上的钱放入收银台的抽屉中,并关上抽屉。
将商品装袋		根据装袋原则,将商品装入购物袋。
送客	"谢谢,欢迎您再次光临!"	(1)将提袋交给顾客; (2)扫视收银台,确认顾客没有遗忘物件; (3)面带微笑,目送顾客离去。

注意事项:

(1) 以上的收银结账步骤表是一张综合表,它综合了不同业态的商店的收银步骤。适用于超级市场,仓储式商场或便利店等业态的商店。百货商店、专卖店、专业店等商店一般不用购物车和购物篮购物,同时商品的装袋服务不是由收银员完成,而是由销售该商品的售货员完成。另外,百货商店的结账通常是凭售货员开具的销售小票,而不是直接凭商品,这一点与超级市场等业态的商店有所不同。

(2) 收款过程必须做到唱收唱付,清楚准确,并让顾客知道商品的价格,避免在货款结算方面与顾客发生不愉快。

(六) 收银作业的其他注意事项

(1) 顾客要求兑换零钱,一般情况下收银员应予以婉言拒绝,但若是顾客购物后对找零有些特殊要求,收银员可予以满足,另外,若店门外设有儿童游戏机,则可让顾客兑换小额硬币零钱,但必须设定最高限额。有些门店为了不影响收银员工作,针对顾客兑换零钱的要求规定由服务台处理,则收银员应耐心引导顾客至服务台兑换。

（2）营业结束，收银员清空收银机后，收银机的抽屉必须开启，直至明日营业开始。其不上锁的理由是，一旦下班停止营业后，如果有窃贼进入门店，使其不至于为了窃取现金而破坏收银机，增加门店的损失。

（3）门店职工不得在上班时间购买本店的商品，若在其他时间在本店购物则应按普通顾客处理，如需带入其在店内的工作场所，则需在其购物发票上加签收银员姓名，并需店长签名。本店职工调换商品应按门店规定的换货手续进行，不得私下调换。

（4）凡是通过收银区出店的商品都要付款结账。有些商品的出店，如向工厂或配送中心退货则应从指定地方退出，不得通过收银通道，以避免厂商人员或店内职工擅自带出店内商品。商品的进入如无特殊需要，一般不经过收银通道。

（5）收银工作中常见的例外处理主要有：

①商品扫描例外的处理。收银过程中常见的扫描例外及处理方式有：条码失效，其原因为条码损坏、有污渍或磨损，处理方法是手工输入条码或核实后手工输入条码；条码无效，其原因为编码错误或条码重复使用、假码，处理方法是核实商品价格后作为例外商品售卖，并上报门店相关部门，跟踪处理；多种条码，其原因为商品包装改变，如买一赠一，或赠品条码有效，处理方法是核实正确条码后收银，并由部门跟进消除这种现象；无条码，其原因为生鲜商品未打贴条码，处理方法是要求顾客称重后贴价签后再予以结账。②商品消磁例外的处理。商品消磁例外的情况主要为漏消磁或消磁无效，原因是商品未经消磁或消磁不正解所致，处理方法是重复消磁。③付款的例外处理。付款的例外及其处理方式主要有：收到伪钞，收银员可要求顾客更换，顾客如有异议，双方可一同到银行鉴别；收到残钞，如不影响币值的，收银员可授受，否则可要求顾客更换；刷卡不成功，收银员应向顾客道歉，并说明需要重新刷卡，如属于机器问题，则可更换机器刷卡，如属于卡本身的问题则可向顾客解释，并请求更换其他银行卡或现金付款。④找零的例外处理。找零的例外及其处理方式主要有：无零钱，收银员如果零钱不足，必须向收银主管兑换零钱，不能私自向其他收银员兑换、暂借或用私人的钱垫付；顾客不要的少量硬币，必须放在收银机的外边，若有顾客付款时硬币不够，可用此充数。

（6）收银过程中的现金管理。其主要内容有：

①零用金管理。零用金应包括各种面值的纸钞及硬币，数额可根据营业状况而定，每台收银机每日的零用金应相同，每天营业前应将零用金准备妥当，除每日开机前的零用金外，各门店还须备有足够数额的存量，以备收银员兑换零钱的额外需要。②大钞管理。当收银机抽屉内的大钞累计到一定数额时（可由门店根据营业状况加以规定，如 2 000 元），应立即请收银主管或店长收回至店内保险箱保存，此作业称为中间收款，收款时应暂停收银，将收取的现金数额、时间登录在该收银台中间的收款记录内，由收银员与收银主管分别签名确认。款项送至保险箱时，还须将日期、时间、收银机号、金额、累计数填写在保险箱收支本内，登录者须签名以示负责。③交接班金钱管理。交班收银员应取出收银机中的现金，将额定的零用金清点备妥留给下一班的收银员，然后清点营业款，填写现金解款单，将现

金移交财务部门。④营业收入管理。商店应配备保险箱用于存放过夜营业款,钥匙由店长保管。每天应固定一个时间(一般选择在 15:00～16:00 之间)做单日营业的总结算,应将现金、购物券等一起进行结算,由收银员与值班长点算清楚后填写每日营业收入结账表并签名。在收银员清点营业款后,值班长店打印收银员日报表,并与现金解款单核对,将收银损益在现金解款单中写明,然后将现金与现金解款单封包并加盖骑缝章,并在现金交接簿上登记后移交店长。

店长将营业款存入保险箱,如银行上门收款的,则在其上门时在交接簿上登记并交给银行收款员;如解交银行的,则应由专人(最好两人)存入指定银行,并对存入银行的时间、路线等作出规定,以免发生意外。店长每日打印销售日报表,并收齐收银员日报表、现金解款单,按连锁总部规定时间(如每周二、周五)送到总部财务部。

收银员为顾客服务时不正确的举止和语言

①埋头打收银机,不说一句话,脸上没有任何表情。②未用双手直接将找回的钱和发票交到顾客手上,而是直接放在收银台上。③当顾客有疑问或提出询问时,讲不该讲的话,如"不知道","不知道,你去问别人","买光了","没有了","货架上看不到就没有了嘛","那你想怎么样",等等。④收银员互相聊天,嬉笑,当顾客走近时,也不理会。⑤当顾客询问时,只告诉对方"等一下",即离开不知去向。⑥在顾客面前批评或取笑其他顾客。⑦当顾客在收银台前等候结账时,收银员突然告诉顾客这里不结账了,请到别的收银员处结账,即离开,让顾客重新排队等候结账。

任务三 明确店长作业

📖 学习目标

- **终极目标**

能担任连锁门店的店长,胜任门店店长管理工作。

- **促成目标**

(1)理解并掌握店长工作职责与工作流程。

(2)理解并掌握店长工作重点。

📚 工作任务

工作任务书(9-3)

总体任务	××商店店长管理作业情况分析
具体任务	(1) ××商店店长管理作业案例分析 (2) 各类连锁门店店长工作内容调查分析

【活动】一　××商店店长管理作业案例分析

【活动目标】

(1) 培养学生作为连锁门店店长管理门店的能力。

(2) 培养学生细致、耐心的工作态度。

【活动内容与要求】

(1) 教师准备一系列商店店长作业方面的案例,并将其制作成PPT课件。

(2) 在课堂上将这些案例展示出来,要求学生分析并说明案例中的连锁门店店长在日常作业过程中存不存在问题、如果有问题,应该如何解决。

(3) 将全体学生分成5组,每个案例经过2分钟左右的简短讨论后,由5个小组分别对该案例进行抢答,其他组认为需要补充的,可以对该组的发言进行补充。

(4) 实施要求:事先讲好规则,全班同学以小组为单位分组聚拢在一处。

【成果与检测】

(1) 能基本完成连锁门店店长作业案例分析的组为良好;完成案例分析准确无误的为优秀。

(2) 能对其他小组作相应补充的为良好;不仅能为其他小组发言作相应补充,并且能改正其他小组陈述中错误的为优秀。

【活动】二　各类连锁门店店长工作内容调查分析

【活动目标】

学习掌握各种管理技巧,提高将来从事门店实际管理工作的能力。

【活动内容与要求】

(1) 将全体学生分成5组,每组选择一种类型的连锁门店完成门店店长工作内容的调查,主要通过网络来获得不同门店店长的工作内容。

(2) 教师可以在学完这一内容后,将任务布置给学生,让学生利用课余时间去完成。

(3) 实施要求:每组可以自行确定所要调查的连锁门店;完成调查后应有对门店店长工作内容的分析报告和PPT文件,下次上课时选1名代表进行汇报。

【成果与检测】

(1) 能完成连锁门店店长工作内容调查分析,并有分析报告与PPT文件的组为良好;完成调查分析并且分析报告分析透彻,PPT文件制作精良的为优秀。

(2) 小组汇报人员语言流畅,思路清晰的为良好;小组汇报人员不仅语言流畅,思路清晰,而且能脱稿讲解,与观众有交流的为优秀。

知识讲解

（一）店长的工作职责

店长的工作职责主要有：①负责商店的经营管理；②完成上级下达的各项经营指标；③监督商店的商品进货验收、仓库管理、商品陈列、商品质量管理、商品损耗等有关作业；④监督和审核商店的会计、收银作业；⑤商店职工考勤，仪容、仪表和服务规范执行情况的监督与管理；⑥职工人事考核，职工提升、降级和调动的建议；⑦顾客投诉与意见处理。

（二）店长的作业流程

由于市场上大多数零售店铺的营业时间为早上 9：00 时到晚上 21：00 时，其中有两个大的营业高峰，即 10：00～12：00、17：00～20：00。中午 12：00～14：00 是一个小高峰。零售店铺店长的上班时间通常为 8：00～18：00，基本上涵盖了 3 个营业高峰的时段，也非常便于掌握当天的营业状况。其具体工作流程如表 9-7 所示。

表 9-7　店长工作流程

时间段	具体工作内容	工 作 重 点
8：00～9：00	例会（每星期一次）	总结与布置
	检查职工出勤情况	职员出勤、人力临时调配、仪表仪容及精神状况
	卖场、仓库情况确认	商品陈列、售点广告以及卫生状况；进货与库存状况；收银员的准备工作以及问讯服务台的准备工作
	了解昨日的营业状况	销售额；客流量；价格变动；突发事件
9：00～10：00	店铺开门检查	各部门准备工作就绪；卖场环境准备工作就绪
	各部门行动计划重点确认	销售计划；促销计划；出勤计划；在岗培训计划
10：00～11：00	营业问题点追踪	前一营业日，未实现销售计划的原因分析以及改进措施；分析不同时段的销售状况，进行纵向比较，并指示有关部门限期改善
	大类商品及各品牌商品销售状况的跟踪分析	生产企业没有及时供货的确认；重点品牌、重点商品、季节商品、热销商品所占货架面积的确认；不同时段的销售额确认
11：00～12：30	库存状况确认	仓库、冷藏库、冷冻库库存商品种类确认
	营业高峰情况掌握	各商品部门销售情况及促销进展状况；后场人员调度支援收银、促销活动；服务台加强促销活动的广播宣传
12：30～13：30	午餐	卖场人员分次就餐

（续表）

时间段	具体工作内容	工 作 重 点
12:30~15:30	了解竞争对手的有关状况	竞争对手正在进行的促销活动;竞争对手与本店有关情况的比较,例如重点商品、品牌、客流、销售拓、卖场清洁程度、服务人员的仪容等
	部门会议	各部门协商有关事项;如何实现今天的销售计划
	职员培训	新聘职员的在岗训练;定期在职培训;节假日销售或促销活动训练
	工作日志及各种计划、报告的撰写准备工作	职员出勤状况;顾客投诉与抱怨情况;针对竞争店促销活动的具体措施;本周、本月的营业计划;营业会议的时间安排
15:30~16:30	时段、部门营业额确认	当日销售目标的完成情况;各商品部的销售情况;销售高峰的营业指标
	巡视卖场及其他部门	卖场的清洁状况;商品陈列状况;理货员补货情况;售点促销情况
16:30~18:30	营业高峰情况掌握	工作人员交接班的情况;货架上商品的种类及数量;收银台顾客付款结算情况;服务台的促销广播情况及卖场的环境情况
18:30 以后	指示副店长代理	交代这一时段营业中应注意的事项;交代关店事宜

（三）店长工作重点

1. 管理供应商

店长对供应商的管理主要有:

（1）选择供应商。店长选择供应厂商时要考虑以下几个方面:正规的生产厂家;信誉好的生产厂家;有一定经营优势的生产厂家;产品品牌有一定知名度的生产厂家。

（2）督促供应商准时配送。

（3）监督检查供应商品的品质。商品品质具体包括商品的配料成分、生产日期、保质期、卫生检验合格状况以及食用方法等内容,店长应合同中明确商品品质方面的责任,一旦出现问题,可以迅速处理。

2. 管理工作人员

店长管理工作人员主要包括出勤状况管理、服务水平管理（即顾客满意管理）、工作效率管理。

3. 销售商品管理

店长对销售商品的管理主要包括:

（1）缺货管理。要求店长及时与总公司的配送中心和供应厂商联系,必要时可建立长期稳固的业务关系,以确保商品的及时供应,将缺货率降低到最低程度。

（2）商品陈列管理。店长对此管理的重点是:尽量使商品满陈列;商品陈列要有关联性;商品陈列要与销售促进相配合;货架上的商品要确保先进先出。

（3）商品损耗管理。要求店长应在进货不实、顾客偷窃、职员自盗、残货过多、标价失误等方面下工夫,努力降低商品损耗率。

4. 组织员工教育培训

店长必须根据零售店铺的需要与特定情况,亲自制定培训课程计划,并运用一定的工具使员工意识到参加这些训练的意义和必要性。店长也要及时收集员工培训的反馈信息,了解员工对培训知识的接收程度。必要时,还应对其培训状况进行考核,奖励先进,鞭策落后,并据以修订培训计划和培训课程安排。下面有一则员工培训结果登记表,它可以成为店长决定不同员工晋升的依据(见表9-8)。

表 9-8 员工培训成绩记录表

参加培训职员的基本情况				
员工姓名				
所属部门				
参加培训的时间				
培训项目成绩				
与顾客面谈的技巧				
与顾客沟通的能力				
商品知识				
个人仪表				
个人对职业的态度				
在业务中的努力程度				
时间的掌握				
称颂他人				
业务熟练程度				
对商店的整体看法				
得分合计				

任务四 熟练其他作业

学习目标

• **终极目标**

能为商店实际操作领货作业、标价作业、补货上架作业、变价作业、顾客退换货作业、缺货管理作业。

• **促成目标**

(1) 理解并掌握领货作业与补货上架作业。

(2) 理解并掌握标价作业与变价作业。

（3）理解并掌握顾客退换货作业与缺货管理作业。

工作任务

工作任务书（9-4）

总体任务	××商店领货作业、标价作业、补货上架作业、变价作业、顾客退换货作业、缺货管理作业情况分析
具体任务	（1）××商店相关作业案例分析 （2）××商店顾客退换作业与缺货管理作业调查分析

【活动】一　　××商店相关作业案例分析

【活动目标】

（1）培养学生实际操作领货、标价、补货上架、变价、退换货与缺货管理的能力。

（2）培养学生认真、细致、耐心的工作态度。

【活动内容与要求】

（1）教师准备一系列领货、标价、补货上架、变价、退换货作业与缺货管理方面的案例，并将其制作成 PPT 课件。

（2）在课堂上将这些案例展示出来，要求学生分析并说明案例中的这些作业内容和流程存不存在问题、如果有问题，应该如何解决？

（3）将全体学生分成 5 组，每个案例经过 2 分钟左右的简短讨论后，由 5 个小组分别对该案例进行抢答，其他组认为需要补充的，可以对该组的发言进行补充。

（4）实施要求：事先讲好规则，全班同学以小组为单位分组聚拢在一处。

【成果与检测】

（1）能基本完成领货、标价、补货上架、变价、退换货作业与缺货管理方面案例分析的组为良好；完成案例分析准确无误的为优秀。

（2）能对其他小组作相应补充的为良好；不仅能为其他小组发言作相应补充，并且能改正其他小组陈述中错误的为优秀。

【活动】二　　××商店顾客退换作业与缺货管理作业调查分析

【活动目标】

（1）培养学生灵活运用顾客退换作业与缺货管理作业技巧的能力。

（2）培养学生为商店合理设计顾客退换作业与缺货管理作业流程的能力。

【活动内容与要求】

（1）将全体学生分成 5 组，每组选择两家互相竞争的商店完成顾客退换货作业与缺货管理作业调查。

（2）教师可以在学完这一内容后，将任务布置给学生，让学生利用课余时间去完成。

（3）实施要求：每组可以自行确定所要调查的两家商店；完成调查后应有对两家商店的分析报告和PPT课件，下次上课时选1名代表进行汇报。

【成果与检测】

（1）能完成商店顾客退换货作业与缺货管理作业调查分析，并有分析报告与PPT文件的组为良好；完成调查分析并且分析报告分析透彻，PPT文件制作精良的为优秀。

（2）小组汇报人员语言流畅，思路清晰的为良好；小组汇报人员不仅语言流畅，思路清晰，而且能脱稿讲解，与观众有交流的为优秀。

知识讲解

（一）领货作业

在商店经营中，卖场中陈列的商品在不断减少，理货员要不断注意商品的变化，及时到仓库领取商品以补充商品陈列。领货时，应注意如下事项：

（1）理货员领货必须填写领货单（见表9-9，一式三联）。

表9-9　商店领货单　　　　　　　　年　　月　　日

某商店仓库部类：食品部

领货事项		发货事项	
商品名称		商品名称	
商品品牌		商品品牌	
商品品种		商品品种	
领取数量		发货数量	
领取时间		发货时间	
理货员姓名		发货员姓名	

（2）领货单上，理货员必须写明商品大类，品种，货名，数量及单价，并一式三份，一份由理货员持有，一份由仓库保管员持有，一份交有关管理部门保存；

（3）理货员对商店内仓库管理员发出的商品，必须按领货单上的事项逐一核对，以防止商品串号和提错货物；

（4）理货员应对当天的领货数量在下班后进行结算，并登记在商店的领货汇总单上。

（二）标价作业

标价是将商品代码和价格用标价机打在商品包装上，并在商品陈列处的货架或陈列柜的价格标签上标明价格。

1. 标签类型

（1）部门别价格标签，表示商品部门的代号及价格，使用于杂货或规格化的日配品。

（2）单品别价格标签，表示每一单品的代号及价格。如用于生鲜食品，又可分为称重标签（如猪肉：1.6 元/100 克）及定额标签（如鸡蛋：0.5 元/个）两种。

（3）店内码标签，表示每一单品的店内码及价格，用于生鲜食品时，也可分为称重标签和定额标签两种。

（4）纯单品价格标签，只表示每一个商品的单价，无号码。一般多出现于规模较小，管理不太先进的中小型商店。

2. 标价作业注意事项

（1）要求价格标签的字迹清晰，整洁准确，易读易认。

（2）要求价格标签不能轻易撕下，具有一定的持久性，最好采用一次性使用的折线标签纸。收银员最好备一份商品价格表，当有疑问时可以查对。

（3）价格标签最好贴在商品正面的右上角，如右上角有商品说明文字，可贴在商品的右下角。同种商品的标签应贴在相同位置，并能使收银员和顾客容易找到。以下是几种特殊商品的标签位置：罐装商品，价格标于罐盖上方；瓶装商品，价格标于瓶肚与瓶颈的连接处；礼盒最好使用特殊标价卡，不要直接标价在礼盒上。

（4）打价格标签时，要确实核对进货传票及陈列处的价格卡，且不可同样商品有两种价格。

（5）变价时，可将原标签去除重新打价，但若价格调低，也可在原价旁打新价并标明，刺激顾客购买。

（6）标价作业最好不要在卖场进行，以免影响顾客的视线及行动，因此也可要求厂商代为标价。

> 请您想一想，商店的商品标价有哪些作用？

（三）补货上架作业

补货上架作业有定时补充和不定时补充之分。定时补充是在营业高峰时段补充；不定时补充是随销随补。

1. 补货上架作业流程

补货上架作业流程具体可分为两种：一种是有仓库商店的补货作业；另一种是无仓库商店的补货作业。它们的作业流程如图 9-6 所示。

2. 补货上架作业注意事项

（1）理货员应严格按照商品配置表的要求进行补货作业。

（2）应按先进先出原则进行补货上架作业。

（3）整理商品排面，以呈现商品的丰富感。

（4）生鲜食品为加强鲜度管理，应采取三段式补货陈列。

> 三段式补货陈列要求：在早上开店时，应陈列全部生鲜食品项，数量保持在当日预定销售量的40%，中午再补充30%的陈列量，下午营业尖峰前再补充30%的陈列量。

（四）顾客退换货处理

每一个商店都有自己管理顾客退换货的相应制度，所以为顾客调货或退货的条件是不同的。一般地，由于商品内在质量问题引起的退换货，商店都会同意。

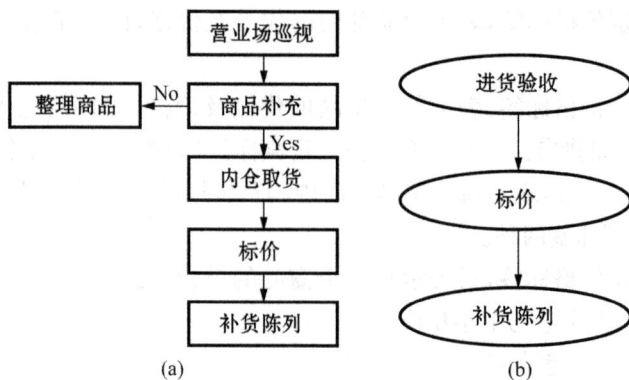

图 9-6 作业流程

(a) 有仓库商店的补货作业流程 (b) 无仓库商店的补货作业流程

1. 商店退换货作业注意事项

(1) 食品原则上是不予调换或退款的,除非是商品质量问题。

(2) 卫生品使用过后也不应退换,其他商品若被顾客损坏包装和商品而本身无质量问题、也不应退换。

(3) 接受顾客要求调换商品或退款,商店应指定专门人员接待(如该类商品的销售员,班组长等),不要让收银员接待,以免影响收银工作的正常进行。

(4) 接待人员要认真听取顾客要求调换商品和退款的原因,做好记录,这些记录可成为商店今后改进工作的依据。

(5) 接待人员要注意顾客是否持有发票或销售小票,同时要注意购买时间。

(6) 调换商品的价格与原商品的价格不同时:高于原商品价时,要求顾客补差;低于原商品价时,要退还部分货款。

2. 退回商品的处理方式

(1) 退回的商品要设置专门区域摆放,不要与正常商品混合,以便管理。

(2) 如果是供货方的责任,可办理进货退回,应规定一个固定时间集中办理进货退回。

(3) 如果既不能办理进货退回,而仍然有一定使用价值的商品,可以降价销售或作为促销品。

(4) 尚可使用的商品可折价销售或赠送给员工。

(5) 如果毫无使用价值的商品,应做报废处理。

【案例 9-2】

某商店在商品经营过程中出现了下列这些情况:

(1) 某学院为发本校员工的福利,于 5 月 15 日在某商店购买了 A、B 两种商品,商店为其开了一张总的购物发票,但 3 天后该校员工发现 B 商品有质量问题,因而学院将所有 B 商品向该商店退货。

（2）消费者张某在该商店买了一个"三角牌"电水响壶，回家后发现自己妻子也买了一个，于是张某连忙拿着该水壶到该商店要求退货。

请问：对于这两种情况，商店应该如何处理？

（五）变价作业

变价作业就是调整商品原销售价格的作业，既有价格调低作业，也有价格调高作业。

1. 变价作业内容

（1）店内美工人员（或兼职的有关人员）应做好 POP，告知消费者，并布置好卖场气氛。

（2）销售服务人员应做好商品标价变换，商品准备及商品陈列位置的调整等工作。

（3）已导入 POS 系统的店铺，后台电脑人员应重新录入变价后的价格信息。

（4）收银员应确认变价的商品项目及期限，以回答顾客的有关询问并利于快速准确的收银。

（5）如果出现商品缺货要能适时处理。

（6）密切观察竞争对手的反应。

2. 变价后的追踪处理

（1）检查 POP、商品标签、电脑系统中商品价格是否恢复原状。

（2）总结变价实施后的经营成效并写成报告，给以后的变价作业作参考。

（六）缺货防止管理

商品缺货管理的对策主要有：

（1）商品缺货现象属于库存有货但未及时陈列的，应注意在营业高峰前先补货。

（2）商品买完而商店没有及时订货，应加强卖场巡视，掌握库存动态，商品要定位管理，订货周期要相对稳定。

（3）商店已经订货，但商品未到，应建立商品配送时间表，寻找其他替代商品，或到其他商店购入补上。如果是连锁经营，可在不同店铺之间调配。

（4）商店已经订货但订货量不足，应按照 ABC 管理法重新制定重点商品安全库存量表。

（5）如果是配送中心不能及时配送商品，进货应以商店的日常销售、商店的库存和配送中心的库存三者结合为依据，不能光看配送中心的库存量；对于重要商品，应提前订货。

（6）如果是商品销售量急剧增大，应做好市场调查工作，做好促销前的准备工作，每日检查销售状况，注意同业销售动态，了解消费趋势，密切关注紧急事件的发展状况。

（7）如果是广告商品未引进，商品采购人员应积极引进广泛宣传的新产品。此外采购人员应与供应商店保持密切的联系，采购人员应掌握市场商品信息。

（8）如果是消费者指名购买而商店未进货，商店人员应向购买者表示歉意，并做好缺货登记，督促采购员及时进货，最好能与顾客保持联系，一旦货到应立即通知顾客或亲自上门送货。

（9）对经常出现仓库有货但货架上缺货的现象，应对理货员采取必要的处理措施；如果消费者经常指名的商品而商店未订货，应对采购人员进行相应考核。

（10）要定期或不定期对缺货情况进行分析，使商店管理人员和采购人员随时了解商品经营情况，尽量减少经营中的商品缺货现象。

理货员的工作职责

理货人员是指不与顾客进行面对面商品交易活动的销售人员。其工作职责具体有：①掌握所属商品部门中商品的品名、属性、规格、价格水平以及保质期；②遵照零售店铺仓库管理和商品发货的有关程序进行领货工作；③掌握商品标价的有关规定与知识，给零售店铺商品打贴标价；④熟悉商品陈列位置，及时对货架上的商品进行补充；⑤掌握商品陈列方法和技巧，正确对商品进行陈列摆放；⑥搞好卖场责任区内的通道和货架的清洁卫生工作；⑦巡视卖场责任区，确保商品安全。

讨论：品析案例，分析相关商店日常作业管理知识点在案例中的体现。

经典案例赏析

丢失的 1 万元

一天晚上，天下着大雨，门外漆黑一片。此时，商场营业已结束，收银员均在收银机前做当日营业款的清点工作。这时，只听有人敲门，值班师傅问："什么事情？"门外人答："因肚子饿想买点点心"。在征得值班长同意后，值班师傅将门打开放人进店购物。只见那人进入卖场后，挑选了两盒八宝饭，到 2 号收银机处付款；而此时，值班长收好 1 号收银机的营业款后也到 2 号收银机，当顾客付款出门后，值班长突然发现刚收好的 1 号机的营业款的钱袋（用的是商场给顾客的包装袋）不见了，内存 1 号机当天营业款 1 万余元。当值班长与值班师傅追出门外，寻找该人时，哪里还有该人的踪迹。

思考（结合所学知识分析下列问题）：试分析 1 号机营业款失窃的原因？请谈一谈这一事件给你的启示。

思考与练习

姓名_____ 班级_____ 学号_____

请教师帮同学们联系几家商店（也可以由同学们自己联系），然后分组模拟操作下列盘点表格，并对盘点活动进行分析评价。

某商店商品盘点表

单位：　　　　　　　　　　20　年　月　日　　　　　　　　第　页共　页

| 类型或编号 | 品名 | 单位 | 数量 | | | 单价 | 金额 |
			仓存	场存	合计		
合计							

主管　　　　　　　会计　　　复核　　　　实物负责人　　　　制表

某零售企业盘点责任区域分配表

| 姓名 | 盘点类别 | 区域代号 | 盘点单编号 | | | 盘点金额 |
			起	止	张数	
合计						

某商店商品盘点执行报告

单位：　　　　　　　　　　　　　　　　　　　　　　　　　　日期：

	执行状况	问题点	改善对策
初盘			
复盘			
抽盘			

抽盘：　　　　　　　复盘：　　　　　　　初盘：

商品盘点差异记录表

No.＿＿＿＿＿

××部　××商品　　账面金额：　　短少金额：
×年×月×日盘点　　盘点金额：　　浮动金额：

原因分析：

处理意见：

负责人：

商品处理报告单

配货仓卡号	厂家或经销商	商品名称	单位	数量	零售价	金额	处理原因	处理意见

项目十 商店的后勤管理

本项目内容结构图

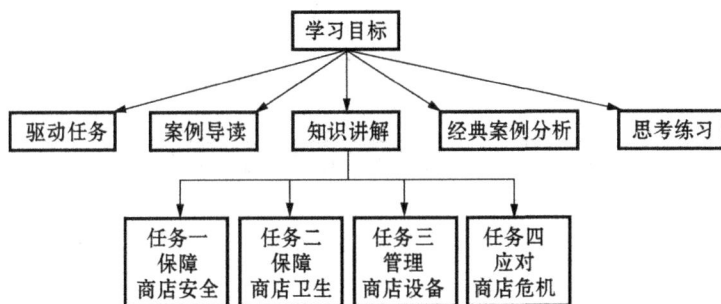

```
                    学习目标
       ┌──────┬──────┼──────┬──────────┬────────┐
    驱动任务  案例导读  知识讲解  经典案例分析  思考练习
              ┌────────┼────────┬────────┐
           任务一     任务二    任务三    任务四
           保障       保障      管理      应对
           商店安全   商店卫生  商店设备  商店危机
```

学习目标

• **终极目标**

能为商店做好火灾、抢劫、偷窃等突发事件的事前防范和事后处理工作,能为商店内部与外部做好卫生管理工作,能为商店管理好设备,提高设备的使用寿命,并能处理好商店的危机事件。

• **促成目标**

(1) 理解并掌握商店的安全管理。

(2) 理解并掌握商店的卫生管理。

(3) 理解并掌握商店的设备管理。

驱动任务

(1) 利用店铺经营实践资料,对店铺的防火、防抢、防盗情况进行分析。

(2) 利用店铺经营实践资料,对店铺内、外部卫生管理情况进行分析。

(3) 利用店铺经营实践资料,对店铺的设备管理情况进行分析。

(4) 利用店铺经营实践资料,对店铺的危机应对情况进行分析。

案例导读

高成本的防盗贼

某商店开业以后生意非常火爆,由于采用的是开架销售方式,且没有相应的防盗警报系统,于是商店经常发生商品失窃现象,给商店带来了较大的损失。商店管理人员为了杜绝这种现象,准备安装防盗系统,但一打听价格十分高昂,而且使用成本也很高。于是管理人员只得另辟蹊径,想出了以下办法:在相应货架上摆上"偷一罚十"的警示牌,并请了三个保安不间断地在商场中游走监视,员工下班时由领班负责搜身。这种方法实施以后,商品失窃现象果然大为减少,但也出现了一个明显的副作用,商店的生意一下子清淡下来,且职员的离职比例也大为提高。

> 请问:这是为什么?(通过对本项目的学习,你将找到这些问题的答案。)

任务一　商店的安全管理

学习目标

- **终极目标**

能为商店做好火灾、抢劫、偷窃等突发事件的事前防范和事后处理工作。

- **促成目标**

(1) 理解并掌握商店应对火灾的防范与处理。

(2) 理解并掌握商店应对抢劫的防范与处理。

(3) 理解并掌握商店应对盗窃的防范与处理。

工作任务

工作任务书(10-1)

总体任务	××商店的安全管理情况分析
具体任务	××商店应对火灾、抢劫、盗窃进行防范与处理的案例分析

【活动】一　××商店应对火灾、抢劫、盗窃进行防范与处理的案例分析

【活动目标】

(1) 培养学生为商店防范火灾、抢劫、盗窃和发生火灾、抢劫、盗窃时进行及时处理的能力。

(2) 培养学生分析、判断、推理的能力。

【活动内容与要求】

(1) 教师准备一系列火灾、抢劫、盗窃防范和处理方面的案例,并将其制作成

PPT 课件。

（2）课堂上将这些案例展示出来,并要求学生分析商店在火灾、抢劫、盗窃的预防和处理过程中存在的问题,同时掌握防范与处理要领。

（3）将全体学生分成 5 组,每个案例经过 2 分钟左右的简短讨论后,由 5 个小组分别对该案例进行抢答,其他组认为需要补充的,可以对该组的发言进行补充。

（4）实施要求:事先讲好规则,全班同学以小组为单位分组聚拢在一处。

【成果与检测】

（1）能基本完成案例分析的组为良好;完成案例分析准确无误的为优秀。

（2）能对其他小组作相应补充的为良好;不仅能为其他小组发言作相应补充,并且能改正其他小组陈述中错误的为优秀。

知识讲解

（一）突发事件的防范与处理

商店易发生火灾、抢劫等意外事故。所以商店安全管理的重点是:防突发事件、防抢、防盗等,尤其是火灾,这是商店防范的重点。

1. 建立安全管理小组

不管发生什么突发事件,为了使突发事件产生后能有序地组织与处理,商店最好在事先就成立一个安全管理小组,明确各类人员的任务分工及处理方法。安全小组的组成人员有:

（1）组长（一般由商店经理或经理指派的人担任）。职责:平时的安全预防;事件发生时的全面指挥。

（2）组长助理（一般由商店副经理或经理助理担任）。职责:协助组长做好事件发生时的组织指挥工作。

（3）救灾组成员。职责:负责各种救灾设施和器材的检查、维护与使用;负责水源的疏导、障碍物的拆除,以及救灾抢救任务。

（4）疏散组成员。职责:负责事件发生时广播店内危险状态,打开各安全门和收银通道,协助顾客疏散。

（5）通讯报案组成员:负责事件发生时的对外报案及内外通讯联络,接应救灾人员,协助疏散顾客等任务。

（6）医疗组成员。职责:负责事件发生时伤员的抢救及紧急医护等任务。

店铺的保安部是店铺安全管理的核心机构,店铺的保安部根据店铺规模的大小各有设置,例如一些特小型的店铺,总人员也就几个人,不可能设立独立的保安部门。那么就可设一人专职负责安全工作,如果人员太少,也可设定一人兼职安全工作。不能因人员少,而忽视安全工作。

2. 火灾事件的防范与处理

（1）火灾事件的事前防范。事先防范的要求：将"防火器材位置图"和"人员疏散图"张贴在店内的指定位置，定期保养和检查各种消防设施，定期对全体员工进行培训，定期举行防火演习等。商店的消防安全管理检查项目如表10-1所示。

表10-1　店铺消防安全管理项目检查表

项　目	内　容
紧急出口	(1)所有紧急出口是否畅通 (2)紧急出口是否上锁？遇紧急情况时可否立即打开 (3)警报器是否性能良好 (4)紧急照明灯插头是否插入电源？性能是否良好
灭火器	(1)数量是否正确 (2)灭火器是否定位 (3)灭火器指示牌是否挂好 (4)外表是否干净 (5)灭火器性能是否良好 (6)灭火器有无过期
消防栓	(1)是否容易接近？有无被挡住 (2)水源开关是否良好 (3)是否可立即操作
急救箱	(1)有无急救箱设置 (2)箱内的药物有无过期？是否齐全
电器设备	(1)机房是否通风良好？里面有无堆放杂物 (2)电器插座是否牢固，有无损坏 (3)电线是否依规定装置 (4)电器物品是否性能良好？可否正确操作 (5)冷冻(藏)库温度是否正确？有无杂乱现象
消防安全注意事项	(1)有无编制《安全管理小组》？员工是否清楚自己任务 (2)是否张贴防火器材位置图及防火疏散图 (3)员工是否知道如何正确使用灭火器材 (4)是否定期举办防火演习

有人说，商店对员工的安全培训和教育能定期进行，就可以起到安全防范的作用了，至于平时也就不需要再唠叨这方面的内容了。这种说法正确吗？为什么？

（2）发生火灾时的处理方法。如果是小火警，则应迅速扑灭，并向经理报告。如果是大火，则可按下列程序（见图10-1）处理。

（3）火灾发生后的处理方法（见图10-2）。

注意：如果是小火警并已扑灭，也需向经理汇报，找出原因，以防患未然。

（二）商店遭遇抢劫的预防与处理

1. 抢劫的预防

1）商店布局与商品陈列要保持干净整洁。

商店布局与商品陈列的不科学、不合理往往会给歹徒实施抢劫行为提供便利条件，以下是容易遭到抢劫的商店特征（见表10-2），商家应采取措施尽力避免。

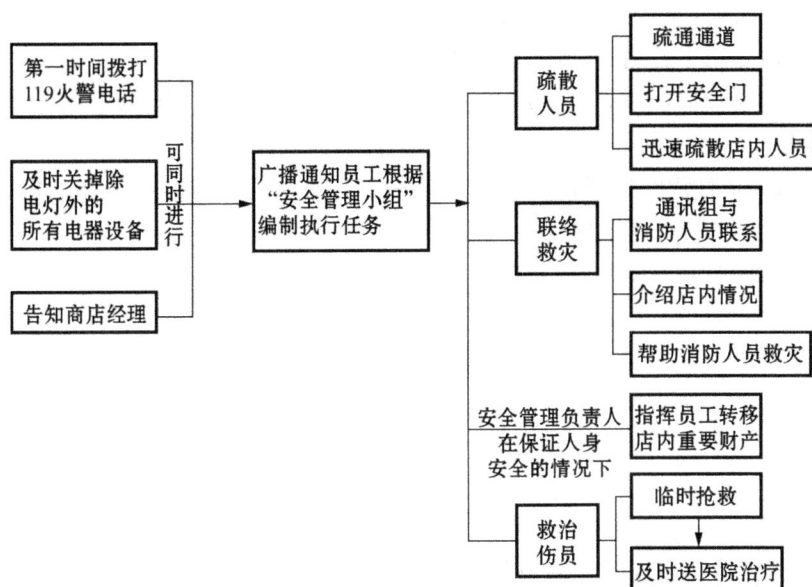

图 10-1　发生火灾时的处理程序图

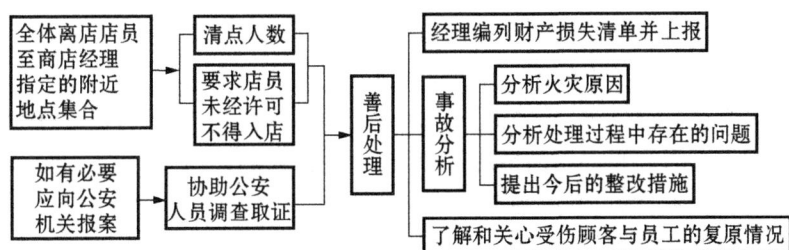

图 10-2　火灾后处理方法流程图

表 10-2　易遭受抢劫的商店特征及防范

项目	特　征	预　防
商品	商品乱堆乱放，陈列杂乱拥挤，歹徒会意识到"这是一家疏于管理的店"，遭抢的可能性大	重新研究商场的内部布局和商品陈列方法，陈列要整齐，留有一定的过道空间
灯光	灯光暗淡，卖场混乱，这是歹徒最喜欢的作案环境	灯光明亮，尤其是超级市场尽量使用高亮度节能灯光，使商场如同白昼
橱窗	橱窗乱贴海报，遮住视野，使歹徒作案时较为隐蔽	注意店内 POP 广告不要悬挂和张贴太低，以免妨碍视线
顾客、服务员	顾客稀少或服务员人手不够，这是最容易遭抢劫的时候	在顾客稀少时要十分警惕，服务员人手少，保安员不能随便离场
店外交通	店门外马路的岔路多，有容易逃走的路线	店门设计应尽量朝着大马路，不要朝着小岔路，店门不宜开口太多

抢劫罪
抢劫是指以非法占有为目的，暴力、胁迫或者其他方法当地抢走公私财物的行为。

2）商店内现金管理要严格规范

（1）收银机下设置保险柜，收入大钞应直接投入保险柜。

（2）建立投库制度，规定收银机内的现金不得超过一定金额，超过则需投入保险柜内。

（3）24小时营业的便利店可在店口张贴告示"本店自深夜起现金不超过200元，请自备零钱"，以降低被抢的可能性。

（4）收银员在交接班时点钱动作要快，尽量避免在顾客面前长时间数钱。

3）商店人员应保持高度的警惕性

（1）平时要对店员进行防抢教育和训练，以防意外发生时的应对。

（2）与公安机构或保安公司建立密切合作关系，并张贴告示，以警示潜在的犯罪分子。

（3）店员应随时注意可疑情况，如2～3人结伴进店且服装、仪容不整的；未熄火且停在店外很久的汽车；在门外逗留观察商店内部的可疑人物；在店内长时间逗留，且佯装购物或阅读书刊者。

2. 发生抢劫时的处置方法

当商场遇到抢劫时应保持冷静沉着，具体要注意以下几方面：

（1）不作任意的惊叫以及无谓的抵抗，以免惊动歹徒，而发生人身危险。

（2）双手动作应让歹徒看得清楚，以免歹徒误解而造成伤害。

（3）为避免意外伤害，应告诉歹徒，仓库、厕所或其他地方是否还有同伴。

（4）在不影响人身安全的情况下，尽可能拖延时间，假装合作。

（5）乘歹徒不备时，迅速按下报警器。

（6）记住歹徒的特征，以便以后辨认。

（7）不要作无谓的斗争，造成人身伤害。

在发生抢劫时，应以人员生命健康的安全为原则。

3. 遇抢后的处置方法

遇抢后应立即做好以下工作（见图10-3）：

有资料显示，目前中国零售企业一年因盗窃而遭受的损失高达250亿元以上，全球每年零售损失高达1400亿美元。同时，一些统计资料表明，国外商场的内盗所造成的损失要高于外盗的损失，资料显示：员工偷窃占到商店比例的70%～80%，这一比例远远高于商店外来者偷窃的比例。

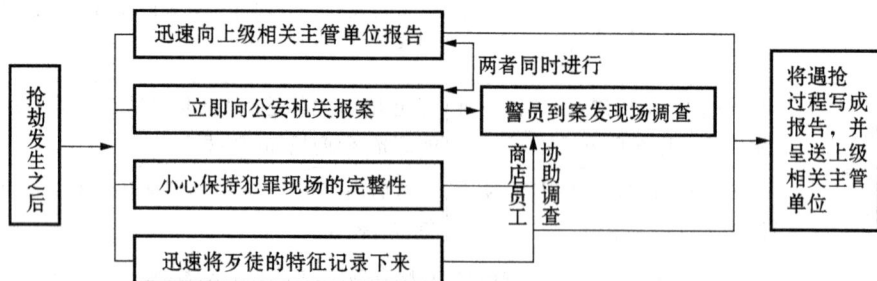

图10-3　商店遇抢后的处置程序图

（三）商店遭遇盗窃的防范及处理

对于开架自选的商店来说，商品失窃现象主要分内盗和外盗两种现象。内盗是商店员工偷窃商店的物品，外盗则是顾客或假装成顾客的人偷窃或偷吃商店里的商品。

1. 商店内盗的防范与处理

1）员工偷窃的主要形式

具体表现见表 10-3 所示。

表 10-3 员工偷窃的主要形式

员工偷窃的形式	具 体 表 现
随身隐藏	员工利用各种机会,隐藏商品在身上带出卖场
食用和使用	员工经常利用管理的漏洞在卖场内食用和使用商品,如清洁完卖场卫生后,用商品香皂洗手,再用商品毛巾或面巾纸擦拭等
收银员漏结账	如一些收银员故意对购买商品数量较少的顾客在结算时不输入电脑,只是人工结算收取现金,而顾客不以为意,最后这部分款项由收银员自己私吞等
其他偷窃形式	如里应外合偷窃、隐蔽偷窃（将商品置于垃圾桶内）、利用"废弃商品"处理而将没有问题的商品私占等

2）商店内盗的防范

商店内盗防范的措施主要有：

（1）挑选诚实的员工，这样既可避免和减少内盗现象的发生，又能保证员工较好地完成商店的防外盗工作。对不诚实的员工，企业要有严格的措施，如：沃尔玛商店，采用的就是"零容忍"政策，不允许自己的员工对企业有任何的不忠实。

（2）加强员工的培训教育，培养员工爱岗敬业、遵纪守法的工作作风，塑造良好的企业文化。

（3）健全内部职责考核制（如最低商品失窃制度、商品失窃连带责任制等），以此建立监督、检查机制，让所有员工齐抓共管，相互监督。

（4）设置收银机监视系统(POS/EM)，即采用收银操作界面与闭路电视监控画面相叠加的技术，减少在收银、退货操作过程当中，收银员可能会有的盗窃行为。

（5）突击盘点，即当商店经理在日常的销售统计中发现有些商品被私吞了或被员工"顺手牵羊"，可以对那类商品找个理由进行突然盘点，时间选择在商店休息时间或营业结束后，由经理或店长突然发布命令，以此来防范相应的内盗行为和威慑有关人员。

【案例 10-1】

垃圾袋中的秘密

某商店有一位员工平时工作非常认真，他总是在回家时帮助倒垃圾，这使经理对他非常有好感。但是过了 2 个月左右，商店经理发现库存量不对劲，调查后发现此类事件多发生于那位员工上班的时候，虽然觉得有些难以置信，但仔细留意以后，发现有时候他的行动很特别。一天，工作结束后，该员工说"这个我去扔掉"，然后提起黑色塑料垃圾袋想要离开商店。看到那个袋子，经理一下子明白了一切。请问：请你想一想，经理明白了什么？

2. 商店外盗的防范与处理

在店铺经营中,偷窃行为是时有发生的。对于店铺偷窃事件,应以预防为主,所以需事前防范。

1) 偷窃者类型

商店工作人员在工作中,若能仔细观察,可发现偷窃者主要有以下这些类型(见表10-4)。

表 10-4 偷窃者的主要类型

偷窃者类型	具体表现
偷鸡摸狗型	表现为贼头贼脑,在店内行走漫无目标,害怕店员接近或询问
套近乎型	表现为经常上商店与营业员聊天,待其降低警惕心后,乘机行窃
故作碰撞型	表现为故意碰落商品,在拾取时乘机行窃
固定光顾型	表现为专门针对防范薄弱的商店下手
破坏型	以青年人居多,表现为常将商品移位或拆封
集体作案型	表现为几人一伙,互相掩护,前后呼应,制造混乱,乘机行窃
智慧型	表现为熟悉商店作业程序,窃后不留痕迹
小偷小模型	以小孩居多,表现为拿完就跑
大偷大模型	在店内滞留时间长,服装肥大或提袋大,见什么偷什么
做贼心虚型	表现为东张西望,眼神不安,好在店内死角地带游动

2) 偷窃行为的方式

入店偷窃方式虽然无以计数,但不管怎样,不外乎以下五种(见表10-5)。

表 10-5 偷窃行为的方式

偷窃行为的方式	具体实例
手中藏物	如将珠宝、化妆品等小商品放在手中,携带出店
隐匿商品	如将商品藏在口袋、皮包、雨伞中等,然后携带出店
更换商品	如将自己的旧衣服换下,穿商店的新衣服出店
更换价签	如将较高商品的价签换成较低商品的价签
拥挤购物	如通过制造拥挤现象来趁机窃取商品

3) 偷窃行为的防范

(1) 员工可亲切地向每位顾客问好,打招呼,并且主动适时地给予协助,在方便顾客的同时,时刻提醒窃贼注意,使之不敢轻举妄动。

(2) 经常对员工进行有关知识培训,互相交流经验,使新员工能尽快熟悉各类偷窃者的特点,达到一有窃贼出现,就能敏捷地察觉出来并知道采取什么手段的效果。

(3) 营造舆论导向氛围。如上海易初莲花超市一进卖场就看到悬挂的警示标语:"本超市装有先进监视设备,所有偷窃行为都将受到法律惩罚。",这种气氛对吓唬非职业窃贼十分有效。

（4）理货员、保安员或营业员要经常在店内走动,每隔一段时间环绕一下卖场。

（5）配备便衣保安,他们定期在店内巡视,随时注意周遭顾客的购物情况,提高警觉心。

（6）注意观察一些细节。如天暖却穿着厚大衣或茄克、晴朗天拿雨伞的人;手推车中放着敞口手提包或将选定商品放在手推车四周的人;老在一个地方徘徊的人等等。

（7）理货员要经常整理并检查商品的排面,避免因为排面的凌乱让人有机可乘。

（8）尽量将高单价或是体积小的商品陈列在柜台附近,以利收银员就近管理。

（9）在商店内外配备防盗设施,尤其是卖场死角地带,增设辅助设施,如反射镜、闭路电视、监控系统等,用以阻吓警示偷窃的顾客。

（10）在每一个商品的标签上暗藏一个铅笔尖大小的微波发生器。如有人偷窃,隐蔽处的发生器就会在出口处触发报警。

（11）在商店的进口、出口、试衣室、送货区等地方的设计都应考虑到防窃因素。通道设计原则应以无论顾客是否购物都必须经过一个结账处与服务处。

（12）收银员要把好最后一道关。收银员应将停止收款的出口及时拦上,确保顾客从有收银员的通道通过,同时注意检查手推车、购物篮的底部,确保没有更小物品藏于其下。

不正当的防贼方法

（1）杀鸡儆猴法,即抓住一个窃贼就大肆渲染,以警示他人。

（2）禁止入内,即有些商场通过宣布某类人禁止入内的方式来防止商品盗窃。如法国欧洲特级市场曾宣布:"未成年儿童必须有大人陪伴才能进入该店",结果引起社会广泛抨击,使商店形象受损。

（3）标语恐吓,如将"贼手莫伸"、"偷一罚十"等标语置于商店内部。

（4）鹤立鸡群,即商店为营业员设置其高无比的椅子,以监视顾客。

美国有一家出租窃贼的公司,不少商店到这里租用假贼在商店中做戏,佯装被抓,引起众人围观,使有意偷窃者产生恐惧,减少偷窃行为。请问:这种方法可否在中国商店中大量使用? 为什么?

4）偷窃发生时的处理

（1）发现窃贼时,立即盯梢并注意其行踪,以注视、咳嗽等方式引起窃贼的注意,使他们自动终止偷窃行为并将偷窃商品物归原处。

（2）只有在证据确凿的情况下,并且确定窃贼离开收银柜台之后商品仍在窃贼身上方可采取行动,如果不能确定,绝不可将窃贼拦下。

（3）对于情节轻微者，以"是否有商品忘记了交款"或"是否拿错了东西"等问题来诱导窃贼将赃物交回。

（4）只有在确定窃贼未付款并离开商店经营范围以后，才可捉拿，并立即通知商店负责人。阻止嫌犯时，应由两位以上的人员执行，以为人证，其中一人应与窃贼同性别。

（5）捉拿过程必须有技巧，要礼貌地请窃贼到指定的处理地点，不要在街上或店内讨论。除非阻止窃贼逃跑外，不可使用暴力，更不可对窃贼进行搜身。

（6）如果窃贼不止一人，必须逮捕拿有赃品的窃贼，并且确知赃品是在何处被窃贼转交他人。

（7）对于情节轻微者，窃贼对偷窃的商品可能比较感兴趣，不妨劝他们出钱买下。

5）偷窃发生后的处理

（1）商店经理或在场负责人在指定地点处理偷窃事件，同时必须有两位以上的职员在现场作证，其中至少一人与窃贼同性别。

（2）要求窃贼主动将未付款的商品放在桌上，不要对窃贼搜身。对于拒不承认的窃贼，还可通过出示证据使其就范。

（3）要求窃贼填写声明书，并签名表示一切陈述属实。要求窃贼交出有效证件，以登记记录，如居民身份证等。

（4）对于盗窃事件的最后处理，商店可以自行订立规范条件，是送公安部门处理，还是警告后释放。

（5）对于情节比较恶劣的，可以利用质疑处以外的区域联络公安部门，并告知报案人的姓名、店名、地址、事件的全部经过，并要求对方前来协助。

（6）警察到来之后，将窃贼交给警察，由警察做进一步的查询。

（7）事后应定期对偷窃情况进行总结，找出商店经营中的漏洞，并制定相应的制度，以防止同样的事件再次发生。

（8）建立偷窃者档案，以后遇到他们时提高警惕。

商店的防盗措施可以是多种多样的，但有一条基本原则需要遵循，即双方有了争议的时候，要想到用法律的手段来解决问题。其实，争议无外乎存在两个焦点：一是行窃者不认账；二是确属错抓。前者在证据确凿的情况下，讲清道理，启发行窃者认错，最后不行交当地公安机关；后者则必须诚恳向顾客道歉。

【案例 10-2】

失踪的三百元

某超市收银员小孙由于内急，就匆忙把刚收进的 3 张百元大钞向收银机的抽屉里一塞，跟旁边收银台的同事打了一个招呼，锁上了收银台就去上厕所了，其中几张大钞的角露在了收银台抽屉的外面。结果等她上厕所回来发现露出角的几张大钞已全部被偷。请问：这说明了什么问题？

任务二　保持商业卫生

学习目标

- **终极目标**

能为商店内部与外部做好卫生管理工作。

- **促成目标**

（1）理解并掌握卖场的卫生要求。

（2）理解并掌握食品经营卫生要求。

（3）理解并掌握仓库卫生规范。

工作任务

工作任务书（10-2）

总体任务	××商店的卫生管理情况分析
具体任务	××商店卫生管理的案例分析

【活动】　　××商店卫生管理的案例分析

【活动目标】

（1）培养学生为商店进行卫生管理的能力。

（2）培养学生分析、判断、推理的能力。

【活动内容与要求】

（1）教师准备一系列卫生管理方面的案例，并将其制作成 PPT 课件。

（2）课堂上将这些案例展示出来，并要求学生分析商店在卫生管理过程中存在的问题，同时掌握卫生管理的要领。

（3）全体学生分成 5 组，每个案例经过 2 分钟左右的简短讨论后，由 5 个小组分别对该案例进行抢答，其他组认为需要补充的，可以对该组的发言进行补充。

（4）实施要求：事先讲好规则，全班同学以小组为单位分组聚拢在一处。

【成果与检测】

（1）能基本完成商店卫生管理方面案例分析的组为良好；完成案例分析准确无误的为优秀。

（2）能对其他小组发言作相应补充的为良好；不仅能为其他小组发言作相应补充，并且能改正其他小组陈述中错误的为优秀。

🔍 **知识讲解**

（一）卖场的卫生要求

各种店铺的卫生要求主要有以下几个方面（见表10-6）：

表10-6　店铺卫生要求

项　目	具　体　要　求
环境卫生	宽敞明亮，空气流通、清新宜人，温度、湿度适宜
场地卫生	保持通道畅通，地面清洁，随时清理通道的物品，清除废弃物
设施卫生	做好货柜、货架、收银台、购物车等设施和工作台、操作用具的卫生
商品卫生	随时整理商品，保持商品摆放美观整洁，将沾污、破损、过期商品及时清理出来
服务人员卫生	着装整洁符合规范
	剪指甲，保持手部、面部的清洁卫生
	加强锻炼，保持健康的身体，展示良好的精神风貌

（二）食品经营卫生要求

食品类商品特别是生鲜食品、熟食食品、果蔬类商品在超市经营中的比例是很大的，其保质期短，管理难度大，加强卫生管理对于保证商品品质，维护正常经营是有很大帮助的。

1. 个人卫生规范

食品经营岗位的人员，依照国家规定应当持有健康证，身体健康状况必须符合国家规定。患有皮肤病或手部有创伤、脓肿者，及患有传染性疾病者不得接触生鲜食品，不宜从事该项工作。对从业人员的身体健康状况进行全面的检查，是十分必要的。

对食品经营人员的要求有下几个方面：

（1）进入食品作业场作业或参观时的卫生要求：应穿戴清洁束领的工作衣、帽及口罩。

（2）食品制作人员及打包员的卫生要求：必须保持双手卫生。这些人员必须洗手的情形有：①工作开始前；②中途离开岗位后回来时；③休息或饮食后；④接触生肉、蛋、蔬菜及不干净的餐具、容器等之后；⑤拾起污物或直接处理废弃物后；⑥洗手后经过2小时又继续烹烧、加工时。

（3）食品作业时员工须有的卫生习惯：①如在作业场内不得随意脱掉帽子、手套，解开衣扣，不得随意整理头发，摸鼻子，揉眼睛；②不得随地吐痰，严禁在作业场内吸烟等。

（4）直接与食品原料、半成品和成品接触人员的卫生禁忌：①不允许佩戴饰物，如戴手表、戒指、手链、项链和耳环；②指甲要剪短，不得涂指甲油，喷洒香水；

③不得用勺直接尝味或用手抓食品销售,不接触不洁物品;④手部受到外伤时,不得接触食品或原料,经过包扎治疗戴上防护手套后,方可参加不直接接触食品的工作;⑤工作场所不得存放个人用品,如书包、衣物等。

2．作业场地卫生规范

(1) 保持作业场地天花板完整无破损、无尘土、无蜘蛛网;排水管道要畅通防止积水。

(2) 作业场内不准堆放与作业无关的物品。

(3) 作业场应有良好的照明及空气调节设施,作业场内应有防止病原体侵入的设施,如防蚊、防蝇、防蟑螂、防跳蚤、防鼠等。

(4) 设置冷冻、冷藏库储存原料、半成品与成品。

(5) 不同种类的食品应按区作隔处理,以避免相互混杂、污染。

3．设备卫生规范

设备卫生主要是保持冲洗设备、加工设备、容器、运输工具等的卫生。

(1) 配置高温及高压热水冲洗设备。实验表明82℃的热水,为脂肪的最佳溶解温度,所以,生鲜食品作业场应用82℃的热水,并用高压喷洗枪冲洗场地、加工设备及运输工具。

(2) 每天清洗各项设备。与生鲜食品有接触的设备,每天应于作业前、作业后及午休前做3次清洗工作。清洗工作要认真仔细,不要随意,不要应付工作。

(3) 清洗并消毒处理刀具。切割用的刀具,每天亦需清洗3次,并于作业结束后以消毒过的毛巾擦干,放入刀具杀菌箱内消毒。

(4) 在加工、制作熟食之前所有工具如夹子、案板、刀等必须经常清洗、消毒,保持干燥,避免与其他物品接触。

(5) 切割用具如刀、案板等使用一次之后,也就是在切不同食物的时候,要立即清洗,不能一把刀既切生肉又切熟肉,还切蔬菜。工具消毒时,一定要放入盛有消毒水的容器中浸泡一个小时。

(6) 熟食散装展示时应使用消毒的托盘,并置于透明玻璃柜内。

(7) 需包装展示的,应用保鲜膜包好。包装材料当然应该符合国家关于食品包装材料的卫生管理规定的要求,并具备耐高温性能。

(8) 凡进场使用的容器均须以容器洗涤机冲洗、消毒后,才能存放生鲜食品。

(9) 运输车辆必须每天清洗,并检查车厢内的温度是否符合冷藏或冷冻的标准。

【案例 10-3】

生肉刀莫切熟食

张师傅是一家大型超市生肉部的一名刀手,有一次在其工作过程中,他邻近熟食部同事李师傅准备趁没顾客的时候上趟厕所,就请同部门的赵师傅与邻近张师傅帮忙看一下。哪知道,李师傅刚走,他那儿就来了一批客人,赵师傅忙都忙不过来,顾客中有一个性子比较急的人,看见张师傅闲着,就强烈要求张师傅帮忙,切 3 斤熟牛肉。张师傅就拿着自己斩肉的刀为他切了 3 斤,此过程恰被经过的值班经理看到。事后,商店扣了张师傅 50 元钱,张师傅很是想不通,自己明明是为顾客着想,为什么店里还要扣自己的奖金呢? 请问:你知道这是为什么吗?

4. 废弃物处理

必须要迅速妥当地处理每日大量废弃物。处理程序如图 10-4 所示。

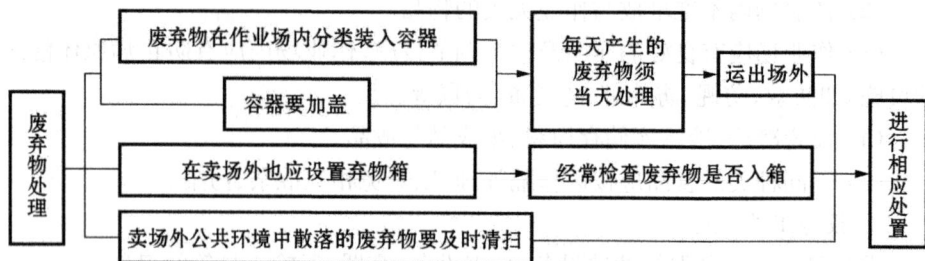

图 10-4　废弃物处理流程

及时清扫散落在卖场外公共环境的废弃物主要是为了避免影响商店良好的服务形象。

(三) 仓库卫生规范

为防止缺货,店铺一般都设有内仓,其卫生管理的要求是:①为防止商品受潮,商品应隔地堆放。②堆放商品时不得紧贴墙壁,至少应留 5 厘米的距离。③须有防鼠防蟑螂等设施,并定期做好除虫消毒作业。④按类别堆放商品,做好库存商品的定位作业。⑤仓库应保持通风良好,并控制温度。⑥应按先进先出法处理库存商品。

> 请你想一想,一家经营多种商品的大型超市如果忽视卫生会产生什么后果?

任务三　管理商店设备

学习目标

• 终极目标

能为商店管理好设备并提高设备的使用寿命。

• 促成目标

(1) 理解并掌握商店设备的使用管理。

(2) 理解并掌握商店设备的维修管理。

工作任务

工作任务书(10-3)

总体任务	××商店的设备管理情况分析
具体任务	××商店设备管理的案例分析

🔊 【活动】　　　××商店设备管理的案例分析

【活动目标】

(1) 培养学生为商店进行设备管理的能力。

(2) 培养学生分析、判断、推理的能力。

【活动内容与要求】

(1) 教师准备一系列商店设备管理方面的案例,并将其制作成 PPT 课件。

(2) 课堂上将这些案例展示出来,并要求学生分析商店在设备管理过程中存在的问题,同时掌握设备管理的要领。

(3) 将全体学生分成 5 组,每个案例经过 2 分钟左右的简短讨论后,由 5 个小组分别对该案例进行抢答,其他组认为需要补充的,可以对该组的发言进行补充。

(4) 实施要求:事先讲好规则,全班同学以小组为单位分组聚拢在一处。

【成果与检测】

(1) 能基本完成商店设备管理方面案例分析的组为良好;完成案例分析准确无误的组为优秀。

(2) 能对其他小组作相应补充的为良好;不仅能为其他小组发言作相应补充,并且能改正其他小组陈述中错误的为优秀。

🔍 知识讲解

(一) 商店设备的使用管理

店铺的设备管理,旨在提高商店经营效益,减少机器的人为损坏,降低店铺的运营成本。

1. 商店设备建档与责任制管理制度

商店设备建档与责任制管理的具体要求如表 10-7 所示。

表 10-7　商店设备建档与管理制度

商店设备建档与管理制度	具 体 要 求	
做好设备分类编号,建立设备技术档案	设备的分类编号(一般采用三节号法)	第一节号码标明设备的种类
		第二节号码标明设备所在位置
		第三节号码标明设备的组内序号,如有附件可用括号内的数字表示
	建立台账和卡片	台账有固定资产收付登记账,设备台账和设备的分类编号台账
		卡片主要是工程部为设备建立的记载设备型号、性能、参数等的登记卡

（续表）

商店设备建档与管理制度	具体要求
分级归口,建立岗位经济责任制	由于店铺设备分散在各部门,各环节使用,因此为加强管理,要按谁使用谁负责的原则,建立经济责任制
	按部门分级,按种类归口划片包干,将设备的日常管理使用落实到部门
	班组和个人负责日常保管,工程部技术人员负责维修保养,财务人员负责设备价值运动的考核

注意:设备技术档案要分类建立、分类管理,其内容包括设备名称、种类、规格型号、零配件、技术资料和原值、预计使用年限等。其作用在于方便使用过程中维修保养和更换零件时查阅。另外,与各种设备分级归口,层层落实相配合,建立经济责任制的目的是使设备始终保持完好,使其使用效果得到不断提高。

【案例 10-4】

越来越淡化的制度

某商店对店内的设备进行了分类建档和分类管理制度,每件设备都由专门的责任人负责管理。在实施这一制度的过程中,商店最初确实也是这么实施的,但随着时间的推延,生意的繁忙,商店管理者再也无暇过问设备管理情况,于是许多责任人员的岗位变动或离职之后,设备管理责任人却没有变化,以致到后来出现了某设备无人管无人问的境地,最终导致了商店的停业。请问:这说明了什么问题?

2. 商店设备的使用管理

(1) 对操作人员进行培训,保证设备的正常运行,发挥设备的正常功能,达到设备的正常使用寿命。对操作人员的培训要求使他们做到"二好三会"(看好设备、管理好设备;会使用、会修理、会排除故障)。

(2) 针对重要设备,建立"五项纪律":①专人专责,"闲人"免"碰";②不得擅离岗位,发现异常及时检修;③认真执行交接班手续,做好值勤工作;④对设备的附件、维修工具等进行妥善管理,登记造册;⑤按规定进行清扫设备、加油润滑等日常保养。

(3) 制订设备维修保养计划,建立保养制度和检查制度。根据设备说明书和使用手册,建立每台设备的保养要求,依此做出年保养计划,并利用日、周、月保养记录,落实保养要求和保养计划。

根据设备的使用特性,建立相应的保养制度。设备的保养方法主要有两种:

① 日常保养,即对设备进行清洁、润滑、紧固易松动的螺丝、检查零部件的完整等例行性保养工作,一般是在设备的外部进行。

② 内部保养,即对设备进行内部清洁、润滑以及局部或主体部分的解体检查和调整。

操作人员的培训,要求操作人员会排除设备故障,是指其会专门维修设备。请问:这种说法正确吗?为什么?

设备的检查是设备维护过程中一项必要的活动。检查的方法一般可有：

① 时间间隔的检查方法：一是每日检查，即一般在交接班时，由设备操作人员执行检查，并同日常保养结合起来，做到边检查，边保养，以便及时发现不正常的技术状况，进行必要的日常保养工作；二是定期检查，即按照计划日程表，由专职维修人员定期进行检查，以便全面掌握设备的磨损情况，及时修理。

② 性能的检查方法：一是功能检查，即对设备的各项功能进行检查和测定；二是精度检查，即对设备的精确度进行检查和测定。

（二）商店设备的维修管理

1. 维修策略

（1）事后维修，即在设备发生故障后再维修，适用于维修简单，有备用的设备。如：商店某一照明灯管烧掉了，换一个新的上去等情况就属于这种维修方式。其不适用于大型的或重要的设备。

（2）预防性维修，即掌握设备运转、零部件磨损的规律，及时消灭设备的缺陷和隐患，把事故消灭在发生之前。如：中央空调系统、消防系统、食品加工系统机器设备等的维护应适用预防性维修。

（3）改善性维修，即对于店铺因经费紧张而购买的二手设备、低价设备，或者是设备局部不尽如人意，在条件允许情况下，可通过改良设备来达到降低成本、提高原设备工作效率的效果。但在进行改善性维修前应考虑其成本，将应将改良成本和效益与购进新设备的成本与效益相比较，来决定是否进行设备改良。

2. 维修方式选择

1）设备的维修方式

（1）自行维修，即由商店自备设备维修人员，当在操作人员发现问题不能解决或消费者发现设备故障时，维修工一般应凭报修单前往维修，在规定时间内修理完毕后填写记录表，按时汇总。

（2）委托维修，即对工艺复杂、故障率低、维修技术水平和专业知识水平要求高的设备，如中央空调系统、电脑管理系统等，可委托专业的机构来维修。

2）设备维护管理应考虑的技术经济指标

（1）设备完好率。即完好设备总数占所有设备总数的百分比，考核设备维修后测定的技术状况的技术效果指标。其公式为：

$$设备完好率=\frac{完好设备总数}{设备总数}\times100\%$$

（2）设备故障率。即设备发生故障停用的时间与其正常使用时间的百分比，评价一些大型、重要设备预防维修的效率。比率越低，则说明设备维护管理的效率越高。其公式为：

$$设备故障率=\frac{故障停用时间}{正常使用时间}\times100\%$$

（3）设备维修费用收入率。即商店设备年度维修费用额与主营业收入的百分比，可以评价商店每1元商品的主营业收入中含有多少维修费用，当然这一比

设备的维修与维护保养的关系
设备的修理与设备的维护是密切联系，不能互相代替的。这是因为它们的工作内容不同，作用也不同。修理主要是修复和更换已磨损的零部件，维护保养则是处理设备在使用和运转过程中随时发生的技术状况的变化。

例是越低越好。其公式为：

$$设备维修费用率=\frac{年度维修费用额}{主营业收入}\times100\%$$

【案例 10-5】

小李经营着一家店铺,在他店铺中有一台大功率空调,由于这台空调是二手货,因而在使用过程中经常发生故障,修了 3 次后,他请的专业维修人员建议小李买一台新的,因为旧的修好也会经常坏,既影响经营,又要支出维修费用。可是小李觉得买台新的费用要 2 万元,旧的修修还能用,因而没有听从这一建议。在后来的一个月内空调又坏了 3 次,其中零部件费用支出分别是 2 000 元、3 000 元和1 000 元,因为空调问题还造成了三天停业,造成的营业损失达 15 000 元。这时,小李才后悔没有听从专业维修人员的建议。请问:这说明了什么问题?

任务四 应对商店危机

学习目标

• 终极目标

能根据连锁门店的不同情况正确处理商店危机。

• 促成目标

(1) 了解商店经营失败的原因。

(2) 理解并能灵活运用应对商店危机的对策及赔偿店铺脱手的方法。

工作任务

工作任务书(10-4)

总体任务	商店危机的原因分析、对策选择与赔钱店铺的脱手处理
具体任务	(1) ××商店经营危机的原因分析及对策选择 (2) ××商店脱手转让的处理

【活动】一 ××商店经营危机的原因分析及对策选择

【活动目标】

(1) 培养学生观察判断的能力。

(2) 培养学生分析评价的能力。

【活动内容与要求】

(1) 将全班学生分成 A、B 两组,相对而坐,围成圆圈。

(2) 教师通过抽签,给每组发放一种经营出现问题的连锁门店资料。

（3）A、B两组分别根据发放的资料分析评价门店经营危机的原因,然后互换资料,再由 A 组来评价 B 组的分析有没有问题,反之亦然。

（4）分析的重点:在较短的时间内扫描资料、找出重点、探究其原因,并对其归纳总结。

【成果与检测】

（1）能分析出门店经营危机的主要原因并能提出一定对策的组为良好;能分析出全部原因并提出一系列对策的组为优秀。

（2）评价方态度积极、观点正确为良好;表现突出为优秀。

📢 【活动】二　　　××商店脱手转让的处理

【活动目标】

训练学生根据商店的不同性质顺利办理关停或转让手续的能力。

【活动内容与要求】

（1）教师选择个体户、个人独资企业、合伙企业、有限责任公司、股份有限公司等 5 家不同性质的商店作为商店关闭手续的调查对象,详列需要调查的内容,并要求学生填写相应的文书。

（2）将全体学生分成 5 组,每组选择一种性质的商店进行商店关闭手续的调查和相关文书的填制,上次课结束时教师将相应材料发给每一小组。

（3）每一小组完成调查并形成调查报告和填制好关闭商店所需的各种文书,课堂上用 5 分钟时间汇报自己的调查结果。

（4）实施要求:必须运用 PPT 课件进行汇报,每组推举 1 名同学为代表,课后将调查报告与填制好的文书上交。

【成果与检测】

（1）能完成商店关闭手续调查并有调查报告与填制好的文书材料的组为良好;完成调查并且调查报告详尽完整、相关文书制作准确无误的为优秀。

（2）小组的汇报人员语言流畅,思路清晰的为良好;小组的汇报人员不仅语言流畅,思路清晰,而且能脱稿讲解,与观众有交流的为优秀。

🔍 知识讲解

（一）开店失败的原因

（1）选址不当。店铺生意从本质上说,应该属于"植物型"的经营模式。无论什么样的店铺都应该找到适宜它生长的"土壤",如果找的"土壤"不对,店铺经营就会失败。

（2）管理不善。店铺生意是非常需要管理的生意。管理不善造成开店失败的原因很多,如用人不当、慢待顾客、进货失误、补货不及时、现场管理混乱等。在现实生活中,常常会出现有些店铺仅更换了一个店主或者经理,其他的都没有改变,但经营业绩却截然不同,原因很明显,那就是管理所起的作用。

> 专家研究发现,开创一个事业,要想获得成功,市场可行性占去成功因素的40%,管理则占30%,其余的30%是天时、地利和人和,即便是家小小的店铺,管理同样是不可或缺的。不少店铺关门大吉的教训便是店主缺乏管理经验。

(3)缺乏足够的专业知识、经验和业务关系。专业知识、经验和业务关系是店铺生意的进入障碍。所谓进入障碍,是指做特定生意必须达到的前提条件。在实务中,一般的进入障碍有两个重要因素:一是资金;二是专业知识。开店在解决了资金问题之后,就只剩下特定行业的专业知识、经验与业务关系。

专业知识,是特定行业的知识,这种知识仅仅是特定行业所独有的。例如,餐饮业中大厨师的烹饪知识与技巧,服装的生产技术、流行信息、面料知识等。而专业知识中的核心专业知识则是店铺赚钱的原因,如开服装店的核心专业知识就是进货的眼光,包括个人的品味、流行资讯的把握、供应渠道、对消费者的理解等。

可以说,所有的店铺生意都有其核心的专业知识、经验以及特定的业务关系,这是获得竞争优势的关键。缺乏这些,生意通常会导致失败,这是开店做生意的一大特点。

【案例 10-6】
同样的店铺,不一样的收益

有两家相邻的服务店:A店和B店,经营同样的服装,所有营销措施都相类似,但A店赚钱,B店赔钱。经调查,许多光顾过A、B店的消费者普遍认为B店的服装不时尚、品位不行,而A店经营的服装却能切合流行的脉博,很得目标顾客群的青睐。请问:这是什么原因造成的?

(4)资金不足。对于开店来说,所需资金主要包括两部分:一是店铺开办资金;二是店铺经营资金。一般而言,店铺开办资金应占总投资的五到七成。店铺经营资金是采购商品的资金,通常应当是店铺月营业额的3倍。因为在实际操作中,店铺采购的第一批商品可能出现失误,必须及时筹集适销对路的第二批商品,否则店铺可能陷入被市场无情挤出的窘境。

(5)所有权纠纷。有时,一些生意兴隆的店铺也会在很短的时间内倒闭,出现这种情况,多半是店铺内部出现了问题,最常见的便是店铺的所有权出现了纠纷。如:现在有很多店铺是由几个老板共同投资创建的,一人一个主意,当股东之间出现不可调和的矛盾时,店铺的生意势必受到影响,有时甚至是毁灭性的,这直接导致了生意兴隆店铺的倒闭。

(二)应对店铺危机的对策

1. 资金周转不灵的应对之策

造成资金周转不灵的原因可能是多种多样的。面对资金周转不灵危机,应对

的核心是增加现金,下面三种常用的方法效果会很好:

(1) 寻求新的资金来源,比如借贷、要求供应商给予更多的商业信用额度。

(2) 将可以变现的商品或者资产变现,比如降价处理滞销的商品,将店铺的一部分出租给其他人。

(3) 如果是由于新的项目导致的资金危机,则可以适当暂缓该项目。特别要注意的是:不要在资金紧张的时候再头脑发热、盲目追加投资。

2. 人员危机的应对之策

由于某种不可预测的缘由,商店的重要员工可能会突然辞职不干了,这时店主往往会措手不及,生意也许就会出现危机。应对这种危机应当从以下两方面入手:

(1) 防患于未然,尽量防止重要员工的突然离职,店主一般可采取给予合理报酬,描绘未来美好前景等方式增加店铺对其的吸引力。同时应当在员工中安插眼线,布置广泛的情报网,提前得知重要员工的动向与苗头。

(2) 有备无患。作为店主,应当在不断的经营实践和学习中,成为自己所从事行业的"内行",这样的话,即使出现重要员工的突然离职,也不至于手忙脚乱。另外,应有意识地培养后备人才,这也是解决问题的好方法。

3. 信任危机的应对之策

店铺的经营不善,并不至于使店铺立即倒闭或者破产,但如果此时员工因为对店铺前途缺乏信心而纷纷辞职,那商店离关门的日子就真的不远了。可以说,不少店铺的倒闭或破产是由于信任危机而造成的,或由于信任危机而加速的。

店主在处理信任危机时,应向员工分析清楚店铺目前的状况,如果只是简简单单地说"好,没什么,我们会挺过去的"这类空话,可能会适得其反,员工们会认为店主是在骗他们,他们势必会继续对商店不信任,进一步加重信任危机。因此,重要的是,要提出切实可行的解决方案,用自己的信心去感染员工,使其重新恢复士气,与店主一起共渡难关,走出危机。

4. 信誉危机的应对之策

店员的服务态度、商品质量的问题,都会引来信誉危机。对于以经商为事业的店主来说,商业信誉是非常重要的。商业信誉是维持老客户、扩大新客户队伍的根本要素之一。

有时,出现信誉危机,也可以转化为好的事情。商品出了质量问题,员工处理不当可能会增加顾客的不满,但如果店主能审时度势,使顾客的问题能够得到满意的解决,那么店主对商品质量和顾客的这种重视态度,会给消费者留下一个好印象,这时,危机很可能会成为一次免费的广告机会,从而取得消费者信任。

总之,店铺开门做生意,出现危机是难免的。店主针对危机要做的主要有:

(1) 尽量避免危机发生,如店主在经营过程中重视现金的流量、重视控制门店生意的各个环节、注意遵纪守法等,这些措施往往能避免一些危机的产生。

(2) 出现了危机,店主应以积极的态度去化解危机,最好的方式是在危机出现端倪时就将其化解,在实践中有时危机往往也蕴含着新的发展机遇,如果店主能很好地化解危机,则也意味着其能把握住新的发展机遇。

为什么有时信誉危机对商店来说,同时又意味着机遇?

（三）赔钱店铺的脱手

1. 店铺清算的原因

（1）生意只有几年的生命周期。不少店铺的店址仅仅是过渡性建筑,比如城市改造过程中的临时门市,这种情况就决定了店铺只有有限的生命周期。更多的情况则是由于店铺所经营的主力商品,也可能只有几年的生命周期,市场一经饱和,店铺也只有随之关门或者更换经营其他商品了。

（2）店主不想干了。有时,店铺清算的原因也可能只是由于老板另有他图,不想再干了,这种情况与赚不赚钱无关。

（3）店铺不能赚钱。店主开店的目的通常是想拥有自己的一份事业和多赚钱,如果店铺不能盈利,又没有发展前途,再维持下去也没有意义了,把它盘出去,清算后再去选择其他的,显然更为明智。

（4）不得不清算。这主要是指那些不遵守商业道德、不遵纪守法的店铺,由于某种原因而被查封,强制清算。

【案例 10-7】

服装店的过渡

学服装的小李一直想开个服装店,但投资最少也得 10 万元,由于一时筹不到那么多钱,于是他先用所筹得的钱开了家餐饮店,餐饮店赚了不少钱,但小李却在赚了 10 万元后将餐饮店关了,开了一家服装店。请问:小李的这种情形,属于上述哪一种店铺清算的原因？为什么？

2. 赔钱店铺脱手的原则

（1）尽量减少损失。店主首先要考虑的显然是如何尽量把损失降到最低。如有积压产品,应折价变现。店主要为下一步的发展和自己的生活考虑,能利用的设备尽量利用,不能利用的尽量卖出变现。最佳的结果是店铺能被人整体接手。

（2）依法承担责任。在清算时,店主对商店应负责的债务要负责,该还钱的要还钱、认账,这是店主做人的问题,甚至可以认为,这是店主为下一步的发展做的准备。因为店铺关了,并不意味着店主就不在这一行业从业了,如果店主在店铺清算时把自己弄得声名狼藉、臭名远扬,则行业内的从业人员肯定不会愿意再与其打交道。这样店主要想继续在该行业中开创新的项目则会十分困难的。

（3）履行对员工的义务。对处于弱势的人的态度,最能反映一个人的品行。店主在进行清算时,一定不要损害员工的利益。店铺关门,店主得去找新的创业项目,员工也得重新开始找工作,所以,这对员工同样是个挫折,店主没有理由赖员工的工资。如果店主的行动感染了员工,使其愿意和自己一起去开创新的事业的,这样的店主往往比较容易成功。

3. 赔钱店铺脱手的步骤

1）做出决定

店主首先要对店铺及市场的现状有透彻的了解,对清算可能引起的影响进行客观评价,综合考虑后,再做出清算的决定,因为清算对于一个可以起死回生的店铺,会使店主的事业失去了一次重振雄风的机会。

2) 孰轻孰重细掂量

做出了决定要清算时,要根据具体情况,决定什么是最重要的,再掂量一下。如果决定退出老板的行列,那么,保存现金就是最重要的,为以后的生活做些准备;如果想在同一个行业里再创业,就得保持良好的声誉和良好的人际关系,为以后的事业做些准备,留条后路。

3) 按照法律进行清算

由于商业企业的性质有个体户、个人独资企业、合伙企业、公司这几种,针对这几种企业我国分别有不同的法律对其进行规范,因而其清算程序各有不同:

(1) 个体工商户性质商店的清算程序。个体工商户歇业时,应当办理歇业手续,缴销营业执照。自行停业超过六个月的,由原登记的工商行政管理机关收缴营业执照。个体工商户缴销、被收缴或者吊销营业执照时,应当向债权人清偿债务。

(2) 个人独资企业性质商店的清算程序(见图 10-5)。

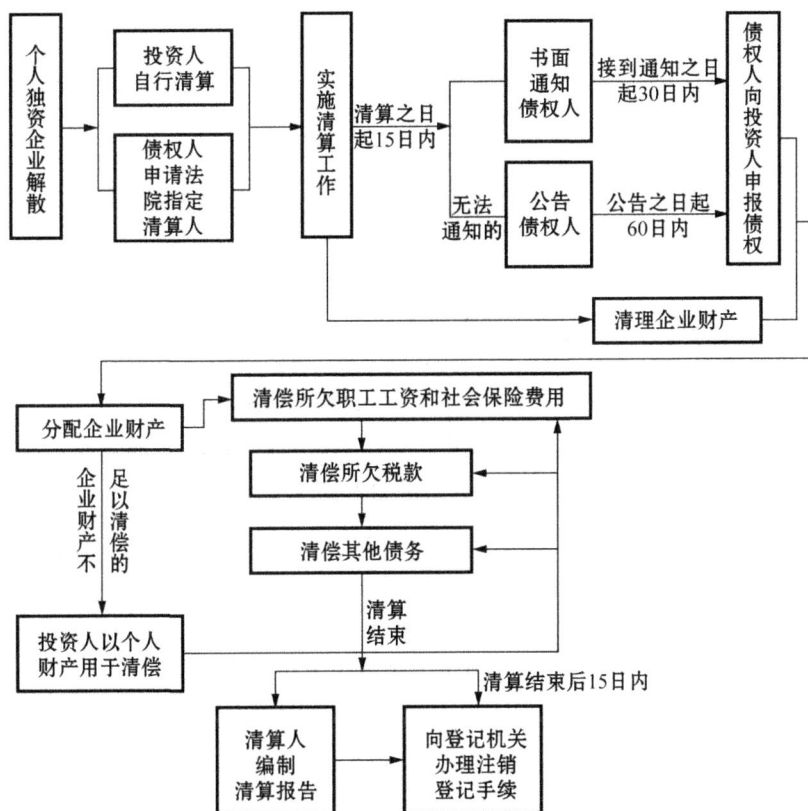

图 10-5　个人独资企业的清算程序

个人独资企业解散后,原投资人对个人独资企业存续期间的债务仍应承担偿还责任,但债权人在五年内未向债务人提出偿债请求的,该责任消灭。

清算期间,个人独资企业不得开展与清算目的无关的经营活动。在按上述程序清偿债务前,投资人不得转移、隐匿财产。

(3) 合伙企业性质商店的清算程序(见图10-6)。

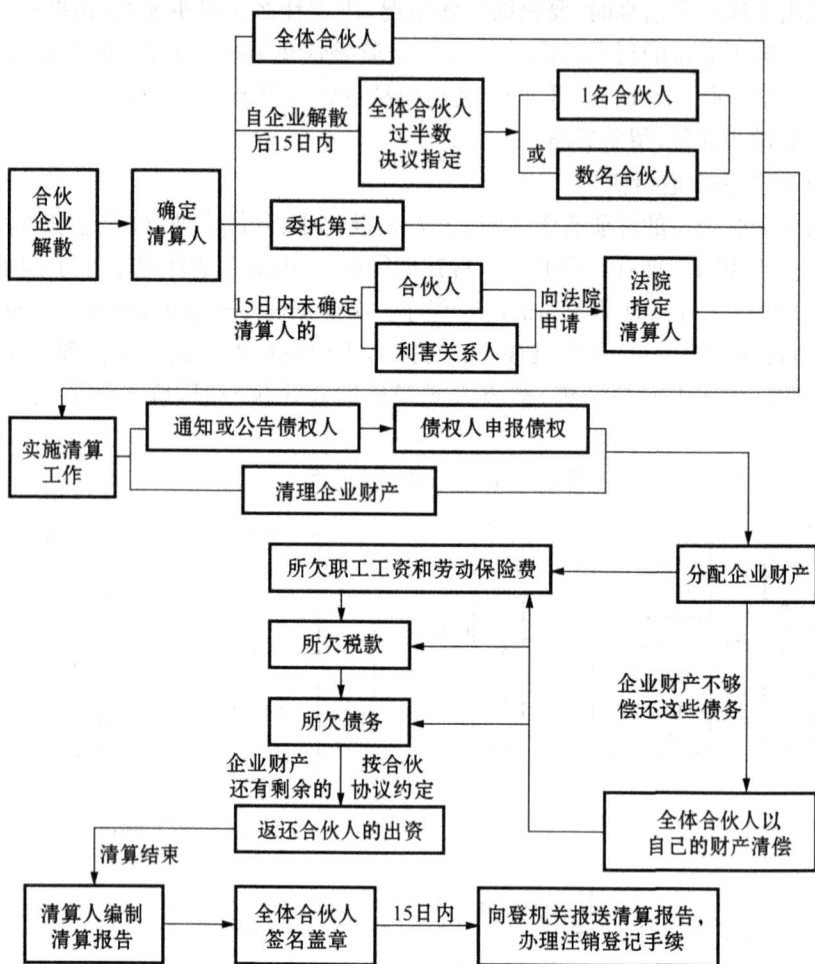

图 10-6　合伙企业的清算程序

清算人在清算期间执行下列事务:①清理合伙企业财产,分别编制资产负债表和财产清单;②处理与清算有关的合伙企业未了结的事务;③清缴所欠税款;④清理债权、债务;⑤处理合伙企业清偿债务后的剩余财产;⑥代表合伙企业参与民事诉讼活动。

合伙企业解散后,原合伙人对合伙企业存续期间的债务仍应承担连带责任,但债权人在5年内未向债务人提出偿债请求的,该责任消灭。

相关知识链接

合伙企业的清算事由

合伙企业有下列情形之一时,应当解散:①合伙协议约定的经营期限届满,合伙人不愿继续经营的;②合伙协议约定的解散事由出现;③全体合伙人决定解散;④合伙人已不具备法定人数;⑤合伙协议约定的合伙目的已经实现或者无法实现;⑥被依法吊销营业执照;⑦出现法律、行政法规规定的合伙企业解散的其他原因。

(4) 公司性质商店的清算程序。这里只阐述非破产原因而导致的清算。

公司非破产原因导致清算的程序如图 10-7 所示。

公司清算组在清算期间行使下列职权:①清理公司财产,分别编制资产负债

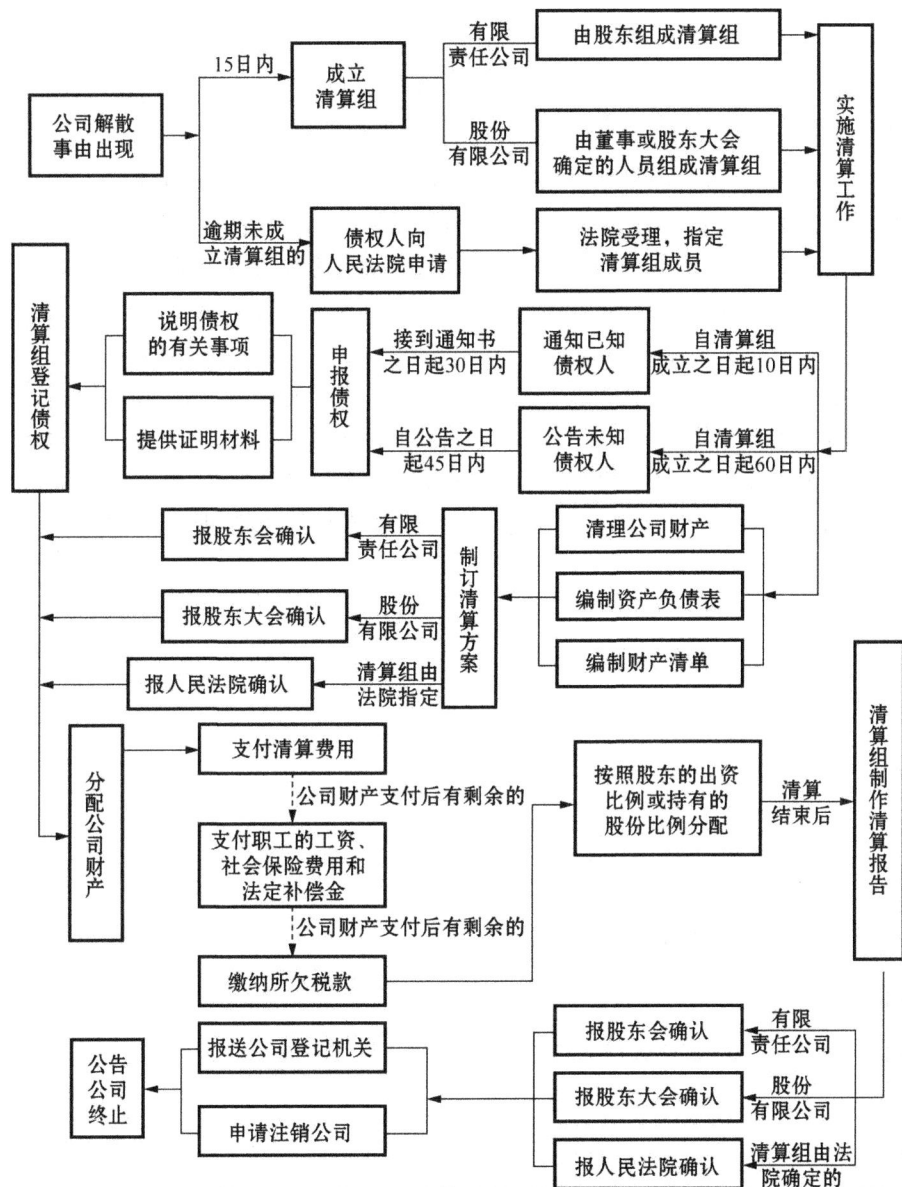

图 10-7　公司非破产原因导致清算的程序图

表和财产清单;②通知、公告债权人;③处理与清算有关的公司未了结的业务;④清缴所欠税款以及清算过程中产生的税款;⑤清理债权、债务;⑥处理公司清偿债务后的剩余财产;⑦代表公司参与民事诉讼活动。

注意:①在申报债权期间,清算组不得对债权人进行清偿;②清算期间,公司存续,但不得开展与清算无关的经营活动。公司财产在未依照上述规定清偿前,不得分配给股东。

作为公司性质的商业企业,其破产清算与非破产清算有什么区别?

讨论:品析案例,分析相关商店后勤管理知识点在案例中的体现。

经典案例赏析

只打有准备之仗

某大型超市解放路店在西安市民焦灼的热盼中终于开业了,如潮的人群证明了广大市民对于大型自选超市这种零售业态的接受和认可。

开业40分钟后,人群渐近高峰期,这时突然高压线上火花闪现,不好,停电了!刹那间整个购物广场陷入了一片黑暗之中,一切都很突然。但就在这种忙乱中,除了出口处的顾客向外你拥我挤外,收银台前顾客还都在有秩序地买单,有的顾客虽然有些抱怨,但场内秩序未出现异常,没有任何意外的事情发生,而且让人欣慰的是也未造成大量商品流失。

在整个工作过程中,被编入安全管理小组中的防损部成员在维护现场秩序、疏导顾客等方面发挥了核心作用。原来商店的整个安全管理小组在开业前做了大量的培训工作:针对卖场可能发生的一切状况进行现场演练,每天进行五六次各种形式的演练,其中包括停电应急措施,以便在停电时做出灵活有效的应急处理。

开业当天,防损部又针对人员布控、防控等方面的工作做了周密细致的安排,这些充分的前期培训与准备工作在突然停电时有效地控制了现场秩序、平息稳定了顾客的情绪。

思考(结合所学知识分析下列问题):该商店的停电应急处理给了你什么启示?

思考与练习　　　　姓名_____　班级_____　学号_____

(1) 1991年1月7日,天龙商场发生火灾,他们的员工极为镇静,对消费者说,"这是演习,请大家配合,迅速撤离",并组织消费者有序撤离,未造成人员伤亡。

请问:这说明了什么问题?

(2) 1999年12月31日,广东东莞市大朗"爱家"超市因怀疑怀孕7个月的妇女卢善辉偷窃商场的商品,迫令其脱掉衣服强行对其搜身,并不顾孕妇的苦苦哀求,残忍地剁掉了她4根手指的事件,在社会上引起了强烈的反响,一时间人们纷纷指责"爱家"的虎狼行径,并对受害者卢善辉投去了无限同情。7年多时间过去了,让人震惊的"爱家"事件已基本平息,但商场怀疑顾客偷东西而强迫顾客脱光衣服搜身、殴打、侮辱顾客等事情仍屡屡发生。

请问:这些事件说明了商店在防盗方面出了什么问题?

(3) 2002 年 6 月上旬的一个上午,某购物广场防损员针对收银台偶尔出现的商品与条码不符的情况进行了跟踪。商场进口的日本红富士上贴有商品标签,防损员拿掉标签后去计量处计量,计量员没有看到标签,就按普通红富士的价格给防损员计了价(一斤进口红富士卖 5元多,而一斤普通红富士只卖 2 元);而去收银台买单,收银员也未发现,防损员将调包后的苹果轻而易举地拿出了商场。

请问:在这一案例中该购物广场在经营方面存在哪些问题?如何改进?

(4) 营业即将结束之时,店里顾客稀少,收银台前也冷清了许多。此时有位中年男子在收银台前结账,收银员按标签打价。当打到冷冻商品时,发现标签脱落,该收银员即进入卖场查询价格,离台时间大约 1 分钟;当收银员回到岗位时,发现那位中年男子已不知去向,收银机票箱也打开着,放在左侧的票面为 100 元的营业款全部被盗,损失 5 000 余元。

请问:这个案例给了你什么启示?为什么?

参 考 文 献

［1］ 肖怡,刘宁. 现代商店经营管理实务［M］. 广州：广东经济出版社,2003.

［2］ 刘晓征. 新编门店经营管理必备制度表格［M］. 北京：企业管理出版社,2005.

［3］ 王霖. 特许经营［M］. 北京：中国工人出版社,2000.

［4］ 杨瑛. 开家赚钱小店［M］. 北京：中国纺织出版社,2006.

［5］ 惟言. 新手开店亦赚［M］. 北京：中国纺织出版社,2005.

［6］ 左永生. 小店创造大财富［M］. 北京：中国宇航出版社,2006.

［7］ 李小勇,刘菲菲,张玉娟. 100 个成功的店铺经营［M］. 北京：机械工业出版社,2005.

［8］ 徐汉文. 现代企业经营管理［M］. 大连：东北财经大学出版社,2005.

［9］ 王志伟. 商业经营实务［M］. 上海：华东师范大学出版社,2010.

［10］ 曹泽洲. 连锁企业门店运营与管理［M］. 北京：清华大学出版社,2008.

［11］ 吴一夫. 开店管店转店［M］. 北京：中国言实出版社,2004.

［12］ 吴佩勋. 零售管理［M］. 上海：上海人民出版社,2009.

［13］ 徐国良,王进. 企业管理案例精选精析［M］. 北京：中国社会科学出版社,2009.

［14］ 梅子惠,曹承锋. 企业管理案例分析教程［M］. 北京：高等教育出版社,2010.

［15］ 赵有生. 现代企业管理［M］. 北京：清华大学出版社,2006.

［16］ 程志超. 公司诊断——组织行为分析［M］. 北京：经济管理出版社,2011.

［17］ 肖怡. 零售学［M］. 北京：高等教育出版社,2008.

［18］ (美)迈克尔·利维,(美)巴顿·A. 韦茨. 零售学精要［M］. 北京：机械工业出版社,2009.

［19］ (美)巴里·伯曼,(美)乔尔·R·埃文斯. 零售管理［M］. 北京：中国人民大学出版社,2011.

［20］ 荆林波. 现代零售战略与管理［M］. 北京：中国物资出版社,2007.

［21］ 张倩. 零售业连锁超市管理与动作［M］. 成都：西南财经大学出版社,2010.

［22］ 陈国生. 现代企业管理案例精选［M］. 北京：对外经济贸易大学出版社,2006.

［23］ 宋冀东,赵轩,王修书. 现代企业管理［M］. 北京：电子工业出版社,2005.

［24］ 后东升. 零售业卖场现场管理课程［M］. 北京：中华工商联合出版社,2006.

［25］ 易森清. 销售渠道与终端管理［M］. 北京：清华大学出版社,2010.

［26］ 郑毅. 零售管理［M］. 北京：科学出版社,2005.

［27］ 伲玉杰. 零售管理［M］. 北京：中国人民大学出版社,2010.

［28］ 陈文汉. 零售学［M］. 北京：北京大学出版社,2009.